AF433557

ספר

עֵץ חַיִּים

לרבינו

חיים ויטאל ז״ל

שֶׁקִיבֵּל מִמָרָן הָאֲרִ״י זללה״ה

שַׁעַר הַשְׁבִירה

שַׁעַר ט׳ פרק א׳

ד״מ ע״א – ד״מ ע״ג

תש״פ

SimchatChaim.com

בהוצאת

שִׂמְחַת חַיִּים

בס"ד

הקדמה

** י**רפא **ה**מאציל **ו**יושיע **ה**בורא את כל חולי בני ישראל, וישלח להם רפואה שלימה, רפואת הנפש ורפואת הגוף, בכל אבריהם ובכל גידיהם לעבודתו יתברך.

בי"ב במנחם אב תשס"ה, הובהלתי לבית החולים, הרופאים לא נתנו לי סיכוי יותר מכמה שעות לחיות בגלל מספר תסבוכות. עם כל זאת בזכות התפילות של בני ישראל הקדושים, ברחמיו הרבים, ריחם עלי הקדוש ברוך הוא, ונשארתי בחיים.

עם כל זאת, הובחנה אצלי מחלה קשה בכליות, ונאמר לי שהצטרך למכונת דיאליזה. בשבילי זה היה שוק!!! אף פעם לא הייתי אצל רופא, או בבית חולים. כך בעל כרחי התחברתי למכונת דיאליזה, ומכונה זאת הייתה[1] קשורה בי ככלב במשך שמונים חודשים בדיוק, כמניין **יסוד**, במשך 10-12 שעות ביום.

בשבת פרשת **ויחי יעקב** י"ב טבת תשע"ב, בזכות בני ישראל, שכולם אהובים כולם ברורים כולם גיבורים כולם קדושים... וכולם פותחים את פיהם באהבה שלוש פעמים ביום, ואומרים - **ברוך אתה... רופא חולי עמו ישראל**, וכללותם כל האברכים, תלמידי הישיבות, רבנים וחכמים, חסידים, מקובלים עם תינוקות של בית רבן, זקנים עם נערים, בחורים וגם בתולות, בארץ הקודש ובעולם. ומצד שני בנות ישראל היקרות מפז, שהתפללו וקבלו עליהם כל מיני קבלות, מהפרשת חלה עד צניעות וכיסוי הראש, עם הרבנים, המנהלים, המורים, המורות **והתלמידות של בית יעקב דטורונטו** שכל יום התפללו, וכללו בתפילתם שבקעה את כל הרקיעים אותי, ונושעתי אני הקטן. הושתלה בי כליה. והתנתקתי ממכונת הדיאליזה.

אמר המלך דוד - לולי[2] תורתך שעשעי אז אבדתי בעניי. מה שנתן לי חיות היא התורה הקדושה, בשעות הרבות שהיתי מחובר למכונת הדיאליזה)כ12 שעות ביום(, ערכתי סדרתי וכתבתי במחשב את הקונטרסים שלמדתי במשך שנים. וקונטרסים אלו הפכו לחיבור, ואחרי התלבטויות ובקשות מבני גילי, החלטתי בעזרתו יתברך להדפיס קונטרסים אלו.

ידוע הוא כי כל דברי האר"י זלל"ה ותלמידו נאמן ביתו, רבינו חיים ויטאל הם סתומים וחתומים באלפי שרשראות ומנעולים, והרב ז"ל גלה טפח וכיסה אלפים אמה, וכלל דבריהם הוא משלים, עם כל זאת העוסק במשל פועל בעלמות העליונים בנמשל. לכן צריך זהירות גדולה לא להגשים את המשלים, בסוד המבואר בספר הזוהר הקדוש - **ועלייהו אתמר** ועליהם נאמר - **ארור האיש אשר יעשה פסל ומסכה וגומר, ושם בסתר, מאי בסתר** מהו בסתר - **בסתרו דעלמא** בסתר העולם. **ובגין דא אמר קודשא בריך הוא לא תעשון אתי** ומפני זה אמר הקדוש ברוך הוא לא תעשון אתי אלה"י **כסף ואלה"י זהב, והכי אוקמוה חבריא לא תעשון אתי כדמות שמשי שמשמשין אותי** וכך העמידוהו החברים לא תעשון אתי כדמות שמשי שמשמשים אותי **במרום, לצייריא בסתר דילי שום ציור או דמיון** לצייר בסתר שלי שום ציור או דמיון, **דכל מאן דצייר לעיל לקודשא בריך הוא** שכל מי שמצייר למעלה לקדישו ברוך הוא, **בסתר)דאיהי שכינתיה, כלילא מעשר ספיראן** שהיא שכינתו, כלולה מעשר ספירות**, שום ציור, וצלם, ודמות, כגוונא דמצייירין בשמשין דיליה** שמצייירים בשמשים שלו, **נשמתיה אתלבשא בההוא צלמא** נשמתו מתלבשת באותו צלם....

---

[1]

גמרא סוטה ד"ג ע"ב - גמרא סוטה ד"ג ע"ב – רבי אלעזר אומר, **קשורה בו ככלב**, שנאמר - ולא שמע אליה לשכב אצלה להיות. עמה לשכב אצלה בעולם הזה. להיות עמה לעולם הבא.

[2]

תהלים קי"ט צ"ב

וכן הוא בסוף ענף ד' דשער א' בספר עץ חיים שער ההקדמות, וז"ל הטהור - ואמנם דבר גלוי הוא כי אין למעלה גוף ולא כח גוף חלילה. וכל הדמיונות והציורים אלו לא מפני שהם כך חס ושלום. אמנם **לשכך את האוזן** לכשיוכל האדם להבין הדברים העליונים, הרוחניים, בלתי נתפסים, ונרשמים בשכל האנושי. לכן ניתן רשות לדבר בבחינת ציורים ודמיונים, כאשר הוא פשוט בכל ספרי הזהר. וגם בפסוקי התורה עצמה כולם כאחד עונים ואומרים בדבר הזה, כמו שאמר הכתוב עיני הוי"ה המה משוטטים בכל הארץ. עיני הוי"ה אל צדיקים. וישמע הוי"ה. וירח הוי"ה. וידבר הוי"ה. וכאלה רבות. וגדולה מכולם מה שאמר הכתוב - ויברא אלהי"ם את האדם בצלמו בצלם אלהי"ם ברא אותו זכר ונקבה וגו'. **ואם התורה עצמה דברה כך** גם אנחנו נוכל לדבר כלשון הזה, עם היות שפשוטו הוא למעלה שם שאין שם אלא אורות דקים בתכלית הרוחניות, בלתי נתפשים שם כלל, וכמו שאמר הכתוב - כי לא ראיתם כל תמונה, וכאלה רבות. ואמנם יש עוד דרך אחרת כדי להמשיך ולצייר בה הדברים העליונים, והם בחינת כתיבת צורת אותיות, כי כל אות ואות מורה על אור פרטי עליון, וגם תמונת זו דבר פשוט הוא כי אין למעלה לא אות ולא נקודה, **וגם זה דרך משל וציור לשכך את האוזן** כנזכר......

ולכן כל המבואר כאן בחיבור זה הוא כדי **לשכך את האוזן**. והתרשימים שבסוף החיבור הם כדי **לשבר את העין**, לכן אין שום ביאור והסבר שלם, ואין שום תרשים שלם בתכלית השלמות.

ידוע כי[3] דברי תורה עניים במקומן ועשירים במקום אחר, **ועל אחת כמה וכמה** בדברי הרב ז"ל, שכל סוגיה חסרה[4] במקומה, וחלקיה מפוזרים במקומות אחרים. **זאת ועוד** הרב ז"ל מערבב בדרוש אחד כמה וכמה סוגיות, כאשר בפשטות דבריו נראה שכל הדרוש הוא דרוש אחד, ולא מחולק לסוגיות שונות, ושמועות שונות, **ביאור** דברי הרב ז"ל כאן הם **בעומק, והוא בעצם ליקוט** עד איפה שידי הקצרה הגיעה, מכל חלקי ספר עץ חיים, ושמונה השערים המצוינים לרב ז"ל, מבוא שערים ושאר ספרי הרב ז"ל, והוא גם על פי הקדמת רחובות הנהר למרן הרש"ש, דרושי פנימיות וחיצוניות, דרוש הדעת, סוגיות ערכין, סוגיות דכללות והתכללות, פרטות וכללות, וסוגיות עובי ואורך, ועל פי ביאור גדולי רבותינו חכמי המקובלים לדורותם זלה"ה זי"ע.

ידוע כי[5] אין בר בלי תבן, כך אין ספר בלי טעויות, ועוד יודע אני כי דל ועני אני, **ואין**[6] **עני אלא בדעה.** לכן מבקש אני בכל לשון של בקשה אם יש לכל אחד שאלות, הערות, הארות, תיקונים, נא לשלוח ל - <u>book@simchatchaim.com</u> והשתדל לענות, ולתקן את הצריך תיקון.

ברכה והצלחה בלימוד התורה הקדושה
ובעיקר בפנימיות התורה, תורת האר"י הח"י.
ורפואה שלימה לכל חולי ישראל.

אח"י

ב"ה

3

גמרא ירושלמי, ראש השנה פ"ג הלכה ה' די"ז ע"א – דברי תורה עניים במקומן, ועשירים במקום אחר.

4

תורת חכם דע"ב ע"ב – חסר לשון הוא, כמו שיראה המעיין.

5

גמרא ברכות נ"ה א' - מה לתבן את הבר נאם ה', וכי מה ענין בר ותבן אצל חלום, אלא אמר ר' יוחנן משום ר' שמעון בן יוחאי, כשם שאי אפשר לבר בלא תבן, כך אי אפשר לחלום בלא דברים בטלים.

6

גמרא נדרים מ"א ע"א – אין עני אלא בדעה.

הקדמה קצרה לחיוב לימוד תורת הקבלה

ישמחו **ה**שמים **ו**תגל **ה**ארץ ירעם הים ומלאו. שזכינו בדור שלנו שפנימיות התורה, שהיא היא תורת הקבלה, מתפשטת לכל, וכל מקום בעולם היום לומדים בתורת החן". הדור שלנו יש הרבה התעוררות ללמוד סתרי התורה הקדושה, הנקראת חכמת הקבלה. בירושלים של המאה ה18 בישיבת **בית אל** היו בקושי מנין של מקובלים, והיום תורת הקבלה מופצת בכל מקום בארץ ובעולם. לעניות דעתי אחת הסיבות העיקריות לשינוי זה הוא רצונם של בני התורה, החוזרים בתשובה ועמך לדעת את סוד החיים, למה ברא הקדוש ברוך הוא את העולם, ואת טעמי המצות, ר"ל אי אפשר היום בדור שלנו, להסביר על פי הפשט את הסיבה מדוע אסור לאכול בשר וחלב, מדוע צריך להניח תפילין, למה לשמור דווקא שבת ולא יום שלישי, אי אפשר להגיד כל הזמן **זאת גזרת הכתוב, כך רוצה הקדוש ברוך הוא**, האנשים מחפשים הסברים למצות, לסיפורי התנ"ך, לגלגולי נשמות, ועוד. ורק על ידי עסק בפנימיות התורה, אדם מסיג את ההסברים לקושיות שיש לו. **זאת ועוד** חיים אנחנו בדור של חומריות, והאנשים מחפשים את רוחניות שבחיים, אז מה עושים, נוסעים למזרח, להודו, סין, תאילנד למצוא רוחניות, ולא יודעים **ששורש כל הרוחניות בעולם נמצאת בתורה הקדושה**, עם כל זאת כאשר הלומד את פשט התורה, **הוא לא מכיר** את הקדוש ברוך הוא, והוא בלי יראת שמים ושמחה אמתית. כותב הרב המקובל האלוה"י רבינו יהודה פתייה בפרושו הנפלא על עץ חיים - כי לימוד עץ חיים הוא עמוק מאד מאד, כי הוא **מים שאין להם סוף**, והוא קשה מאד גם לחכמים ההוגים בו תמיד, וכל שכן למתחילים. כי הוא חזק מצור, וקשה מברזל, שאי אפשר לחצוב ממנו מאומה, אם לא על ידי כלי מחצב חזקים כציפורן שמיר. וכל המתחיל בלימוד עץ חיים, אם לא יהיה לו רב, או לפחות איזה מפרש המפרש לו כוונת הפרק ההוא לפי פשוטו, נבול יבול, ואינו יכול לעמוד על הפרק כי אם לאחר יגיעה רבה, ושקידה עצומה, וכולי האי ואולי. כי הרבה פעמים יסבור המעיין שהבין העניין ההוא כראוי, ואחר שילמוד עוד איזה פרקים אחרים, ירגיש כעצמו שלא הבין את פרקים הקודמים, והניסיון יעיד על זה, עד כאן דברי קודשו. עם כל זאת חייב כל אדם לעסוק בתורת החיים.

צדיק אתה הוי"ה וישר משפטיך. כתב הרב רבינו חיים ויטאל ז"ל בהקדמה לשער ההקדמות - והנה מה שכתב בתחילת דבריו, ואפילו כל אינון דמשתדלי באורייתא כל חסד דעבדי לגרמייהו וכו', עם היות שפשטו מבואר ובפרט בזמנינו זה, בעונותינו היום אשר התורה נעשית קרדום לחתוך בה אצל קצת בעלי תורה, אשר עסקם בתורה על מנת לקבל פרס, והספקות יתירות, וגם להיותם מכלל ראשי ישיבות, ודיני סנהדראות, להיות שמם וריחם נודף בכל הארץ, **ודומים במעשיהם לאנשי דור הפלגה הבונים מגדל וראשו בשמים**, ועיקר סיבת מעשיהם היא מה שאמר אחר כך הכתוב - **ונעשה לנו שם...** והנה על הכת הזאת אמרו בגמרא כל העוסק בתורה שלא לשמה, נוח לו שנהפכה שליתו על פניו, ולא יצא לאויר העולם. ואמנם האנשים האלה מראים תמימה וענוה באמרם כי כל עסקם בתורה הוא לשמה. והנה החכם הגדול התנא רבי מאיר ע"ה העיד עליהם שלא כך הוא, באומרו לשון כללות - כל העוסק בתורה לשמה זוכה לדברים הרבה וכו', **ומגלים לו רזי תורה, ונעשה כנהר שאינו פוסק**, והולך וכמעין המתגבר מאליו, בלתי הצטרכו לטרוח ולעיין בה, ולהוציא טיפין טיפין של מימי התורה מן הסלע, הנה זה יורה שאינו עוסק בתורה לשמה כהלכתה, ומי זה האיש אשר לא יזלו

עיניו דמעות בראותו המשנה הזאת, **ורואה חסרונו ופחיתותו**, עד כאן לשונו. לכן כל אחד צריך לטעום מעץ החיים.

חצות לילה אקום להודות לך על משפטי צדקך. כתב רבינו אליהו מני זצ"ל רבו של הרי"ח הטוב, בספרו הקדוש כסא אליהו שער ד' וז"ל - ואם זיכך הוי"ה ללמוד בחכמת האמת, הנה עצה היעוצה היא שכל סדר הלימוד בנגלה תתנהג בו ביום דווקא. **אבל בלילה תלמוד בחכמת האמת, והעיקר הלימוד אחר חצות**, כי זה הלימוד צריך ישוב דעת הרבה, וכשיקרוץ האדם אז דעתו מיושבת עליו יותר. גם גה הלימוד צריך הסתר והצנע, **וכל דבר שיהיה בלילה ובפרט אחר חצות יהיה נסתר יותר מן היום**. ותעשה ועד עם החברים בבית המדרש אם הוא צנוע, **או בביתך ותלמדו בכל לילה**, עד כאן לשונו. וישב ללמוד בלילה תחת עץ החיים.

קראתי בכל לב ענני הוי"ה חקיך אצרה. בהקדמה[7] לשער ההקדמות מבאר הרב ז"ל - ואמנם אל יאמר אדם אלכה לי ואעסוק בחכמת הקבלה, מקודם שיעסוק בתורה במשנה ובתלמוד, כי כבר אמרו רבינו ז"ל - אל יכנס אדם לפרדס **אלא אם כן מלא כריסו בבשר ויין**, והרי זה דומה לנשמה בלתי גוף, שאין לה שכר ומעשה וחשבון, עד היותה מתקשרת בתוך הגוף, בהיותו שלם מתוקן במצוות התורה בתרי"ג מצות. **וכן בהפך** בהיותו עוסק בחכמת המשנה והתלמוד בבלי, ולא ייתן חלק גם אל סודות התורה וסתריה, כי **הרי זה דומה לגוף היושב בחושך**, בלתי נשמת אדם נר הוי"ה המאירה בתוכה, **באופן שהגוף יבש בלתי שואף ממקור חיים**, אשר זהו ענין אומרו במקום אחר ההוא הנזכר לעיל וז"ל - דאילין אינון דעבדי לאורייתא יבשה, ולא בעאן לאשתדלא בחכמת הקבלה וכו'. באופן כי התלמידי חכמים העוסקים בתורה לשמה, ולא לשמו, לעשות לו שם. צריך שיעסוק בתחילה בחכמת המקרא, והמשנה, והתלמוד, כפי מה שיוכל שכלו לסבול. ואחר כך יעסוק לדעת את קונו בחכמת האמת, וכמו שציוה דוד המלך ע"ה את שלמה בנו - דע את אלה"י אביך ועבדהו. ואם האיש הזה יהיה כבד וקשה בענין העיון בתלמוד, מוטב לו שיניח את ידו ממנו, אחר שבחן מזלו בחכמה זאת, ויעסוק בחכמת האמת. וזה שמבואר כל תלמיד חכם שאינו רואה סימן יפה בתלמוד בחמשה שנים, שוב אינו רואה, עד כאן דברי קודשו. ומזה כל אחד ואחד חייב להדבק במקור החיים.

חסדך הוי"ה מלאה הארץ חקיך למדני. בשער הגלגולים, בהקדמה ט"ז כתב הרב ז"ל - עוד צריך שתדע, כי האדם צריך לקיים כל התרי"ג מצות, במעשה, ובדבור, ובמחשבה. וכמו שאמרו ז"ל על פסוק - זאת התורה לעולה ולמנחה וכו', כל העוסק בפרשת עולה, כאלו הקריב עולה וכו'. וכוונו בזה שהאדם מחוייב לקיים כל התרי"ג מצות בדבור, וכן על דרך זה במחשבה. ואם לא קיים כל התרי"ג בשלשה בחינות הנזכרות, מחוייב להתגלגל עד שישלים אותם. **עוד דע**, כי האדם מחויב לעסוק בתורה בארבעה מדרגות, **שסימנם פרד"ס**, והם, פשט, רמז, דרוש, סוד וצריך שיתגלגל עד שישלים אותם. ובהקדמה י"ז כותב הרב ז"ל, וז"ל - שהאדם **מחוייב לעסוק בתורה בארבעה מדרגות שבה**, והיא זאת, דע, כי כללות כל הנשמות הם ששים רבוא ולא יותר. והנה התורה היא שרש נשמות ישראל, כי ממנה חוצבו, ובה נשרשו. ולכן יש בתורה ששים רבוא פירושים, וכלם כפי הפשט. וששים רבוא ברמז. וששים

ע"ח ד"א ע"ד.

רבוא בדרש. **וששים רבוא בסוד**. ונמצא, כי מכל פירוש מן הששים רבוא פרושים, ממנו נתהווה נשמה אחת של ישראל, ולעתיד לבא כל אחד ואחד מישראל, ישיג לדעת כל התורה כפי אותו הפירוש המכוון עם שרש נשמתו, אשר על ידי הפירוש ההוא נברא ונתהווה כנזכר. וכן בגן עדן אחר פטירת האדם, ישיג כל זה. וכן בכל לילה כאשר האדם ישן, ומפקיד נשמתו ויוצאה ועולה למעלה, הנה מי שזוכה לעלות למעלה, מלמדים לו שם אותו הפירוש, שבו תלוי שרש נשמתו. ואמנם הכל כפי מעשיו ביום ההוא, כך באותה הלילה ילמדוהו, פסוק אחד, או פרשה פלונית, כי אז מאיר בו יותר פסוק ההוא משאר הימים. ובלילה האחרת יאיר בנשמתו פסוק אחר, כפי מעשיו של אותו היום, וכולם על דרך הפירוש ההוא אשר תלויה בו שרש נשמתו כנזכר, עד כאן דברי קודשו. ור"ל שכל יהודי ויהודי חייב להשיג את שורש נשמתו, וללמוד את סוד החיים.

יבאוני רחמיך ואחיה כי תורתך שעשעי. מבואר במדרש משלי - אמר רבי ישמעאל, בוא וראה כמה קשה יום הדין שעתיד הקדוש ברוך הוא לדון את כל העולם כולו בעמק יהושפט. בזמן שתלמידי חכמים באים לפניו, אומר לכל אחד מהם - כלום עסקת בתורה, אמר לו הן, אומר לו הקדוש ברוך הוא הואיל והודית, אמור לפני מה שקרית, ומה ששנית בישיבה, ומה ששמעת בישיבה. מכאן אמרו - כל מה שקרא אדם יהא תפוש בידו, שלא תשיגהו בושה ליום הדין. מכאן היה רבי ישמעאל אומר - אוי הלה לאותה בושה, אוי לה לאותה כלימה, ועל זה ביקש דוד מלך ישראל בתפילה ובתחנונים לפני המקום ואמר - הוי"ה בוקר תשמע קולי בוקר אערך לך ואצפה. בא לפניו מי שיש בידו מקרא ואין בידו משנה, הקדוש ברוך הוא הופך את פניו ממנו, ושרי גיהנם מתגברים בו כזאבי ערב, ונוטלין אותו ומשליכין אותו לתוכה. בא לפניו מי שיש בידו שני סדרים או שלושה, אז הקדוש ברוך הוא אומר לו - בני, כל ההלכות למה לא שנית אותם, ואם אומר הקדוש ברוך הוא הניחוהו, מוטב, ואם לאו עושין לו כמידת הראשון. בא לפניו מי שיש בידו הלכות, הקדוש ברוך הוא אומר לו - בני, תורת כהנים למה לא שנית, שיש בה טומאה וטהרה, וטומאת שרצים וטהרת שרצים, טומאת נגעים וטהרת נגעים, טומאת נתקים ובתים וטהרת נתקים ובתים, טומאת זבים וולידה וטהרת זבים ולידה, טומאת מצורע וטהרתו, סדר ווידוי יום הכיפורים, וגזירות שוות, ודיני ערכים, וכל דין שדנו ישראל לא דנו אלא מתוכו. בא לפניו מי שיש בידו תורת כהנים, אומר לו הקדוש ברוך הוא - בני, חמישה חומשי תורה למה לא שנית, שיש בהם קריאת שמע, ותפילין, ומזוזות. בא לפניו מי שיש בידו חמישה חומשי תורה, אומר לו - בני, למה לא למדת הגדה, ולא שנית, שבשעה שחכם יושב ודורש, אני מוחל ומכפר עוונותיהם של ישראל, ולא עוד אלא בשעה שעונין אמן יהא שמיה רבה מברך, אפילו נחתם גזר דינם אני מוחל ומכפר להם עוונותיהם. בא לפניו מי שיש בידו הגדה, אומר לו הקדוש ברוך הוא - בני, תלמוד למה לא שנית, שנאמר - כל הנחלים הולכים אל הים והים איננו מלא, זה התלמוד, שיש בו חכמות הרבה. בא מי שיש בידו תלמוד, הקדוש ברוך הוא אומר לו - בני, הואיל ונתעסקת בתלמוד, **צפית במרכבה, צפית בגאוה**, שאין הנייה בעולמי, אלא בשעה שתלמידי חכמים יושבים ועוסקים בתורה, מציצין ומביטין ורואין והוגין המון התלמוד הזה - **כסא כבודי היאך הוא עומד. רגל הראשונה במה היא משמשת, שנייה במה היא משמשת, שלישית במה היא משמשת, רביעית במה היא משמשת, חשמל היאך הוא עומד, ובכמה פנים הוא מתהפך בשעה אחת, לאי זה זה רוח הוא משמש, הברק היאך הוא עומד, כמה פנים של זוהר נראין בין כתפיו, לאיזה רוח משמש, כרוב היאך הוא עומד, לאי זה רוח הוא משמש.** גדולה מכולם

עיון כיסא הכבוד, היאך הוא עומד, עגול הוא כמין מלבן, ומתוקן הוא, כמה גשרים יש בו, כמה הפסק בין גשר לגשר, וכשאני עובר באיזה גשר אני עובר, ובאי זה גשר האופנים עוברים, ובאיזה גשר הגלגלים עוברים. **גדולה מכולם מצפורני ועד קודקודי, היאך אני עומד, כמה שיעור בפיסת ידי, וכמה שיעור אצבעות רגלי. גדולה מכולם כיסא כבודי, היאך הוא עומד, לאיזה רוח הוא משמש, באחד בשבת לאיזה רוח הוא משמש, בשני בשבת לאיזה רוח הוא משמש, בשלישי בשבת לאיזה רוח הוא משמש, ברביעי בשבת, בחמישי בשבת, בשישי בשבת לאיזה רוח משמשין, וכי לא זהו הדרי, זהו גדולתי, זהו הדר יופי, שבניי מכירין את כבודי במידה הזאת.** ועליו אמר דוד - מה רבו מעשיך הוי"ה, כולם בחכמה עשית, מלאה הארץ קניניך. עד כאן לשון המדרש. ממדרש זה לומדים על חובת כל אחד ואחד מישראל את לימוד כל חלקי הפרד"ס, ובעיקר את בחינת הסוד שבתורה, הנקרא[8] מעשה מרכבה, ובמעשה בראשית. ומבאר הרב בית לחם יהודה על השינוי שיש בפסוקים במעמד הר סיני, בפסוק אחד כתוב - ויחן שם **ישראל** תחת ההר. ומספר פסוקים יותר מאוחר כתוב וירא **העם** וינועו מרחק. וידוע כי כאשר כתוב בתורה **ישראל**, מדובר **בבני ישראל**, וכאשר כתוב **העם**, מדובר על **הערב רב.** וז"ל הרב בית לחם יהודה - ובזוהר בהעלותך דף קנ"ב ע"א קרי להעוסקים בחכמת האמת, אינון דהוי קיימי בטורא דסיני. וז"ל - חכמין עבדי דמלכא עלאה אינון דקיימו בטורא דסיני, לא מסתכלי אלא בנשמתא, דאיהי עיקרא דכלא אורייתא ממש וכו'. ונראה בעיני אם מותר, משמע אותן שאינן יודעים סודות התורה לא עמדו על הר סיני, עד כאן לשונו. ונראה לי בביאור כוונתו כי בתחילה כשיצאו ישראל לקראת האלהי"ם, היו מתייצבים בתחתית ההר, ואחר כך נאמר וירא העם וינועו ויעמדו מרחוק, כי היו יראים פן תאכלם האש הגדולה הזאת וימיתו. והיה מקצת מהעם שהיו ששים ושמחים לקראת השכינה, ולא רצו לזוז ממקומם הראשון, ולעמוד מרחוק, אפילו אם ימיתו ממש. ועליהם הוא מה שכתב בזוהר הנזכר - אינון דקיימו בטורא דסיני, כלומר ולא נעו ועמדו מרחוק, אלא עמדו בטורא דסיני מתחלה ועד סוף, ולכן הם זוכים לחכמת האמת. ואותם הנשמות אשר נעו עם העם ועמדו מרחוק, כן הם עושים גם עתה, שנסים ועומדים מרחוק לחכמת האמת מיראתם, פן תאכלם האש הגדולה הזאת. ולכן על כל אחד ואחד מבני ישראל הקדושים מחויב לעמוד תחת עץ החיים.

יראיך יראוני וישמחו כי לדברך יחלתי. בספר הזוהר הקדוש מבואר מדוע התפילות של בני ישראל לא נענות, וז"ל תיקוני הזוהר תיקון מ"ג - **בראשית תמן את"ר יב"ש** במלת בראשית יש אותיות את"ר יב"ש, **ודא איהו ונהר יחרב ויבש** היסוד הנקרא נהר יחרב ויבש ממי השפע, ואין לו מה להשפיע למלכות, **בההוא זמנא דאיהו יבש** באותו הזמן שהיסוד הוא יבש, **ואיהי יבשה** המלכות הנקראת יבשה, היא יבשה כי לא מקבלת שפע מהיסוד, אז כאשר **צווחין בניך לתתא** מתפללים וצועקים בני ישראל, **ביחודא ואמרין** וביחוד שאומרים בני ישראל **שמע ישראל** שיבא ז"א הנקרא ישראל להתיחד עם נוקבא בשעת התפילה דעמידה, עם כל זאת **ואין קול** של התפילה או הקריאת שמע שעוזרים לזיווג דזו"ן **ואין עונה** ואין מי שיענה וימלא את הבקשות בתפילתם. **הדא הוא דכתיב** וזהו שכתוב - **אז** בני ישראל יקראונני בני ישראל בעת צרתם בקריאת שמע ובתפילה, **ולא אענה** ואני לא אענה אותם בתפלתם, מפני

שלא לומדים ומתעסקים בפנימיות התורה. **והכי מאן דגרים דאסתלק** וכל מי שגורם הסלקות פנימיות תורת **הקבלה וחכמתא מאורייתא דבעל פה ומאורייתא דבכתב** מהתורה שבעל פה והתורה שבכתב, **וגרים דלא ישתדלון בהון** וגורמים גם לאחרים שלא יתעסקו וילמדו את חכמת הקבלה, **ואמרין דלא אית אלא פשט באורייתא ובתלמודא** ואומרים שאין בתורה ובתלמוד אלא פשט התורה, בלי פנימיות הסוד, **בודאי כאלו הוא יסלק נביעו מההוא נהר** בודאי נחשב לו כאילו הוא מסתלק את נביעת שפע החכמה והבינה מן היסוד, **ומההוא גן** ומן הנוקבא הנקראת גן, **ווי ליה** לאותו יהודי **טב ליה דלא אתברי בעלמא** טוב לו שלא היה נברא, **ולא יוליף ההיא אורייתא דבכתב ואורייתא דבעל פה** ולא היה לומד תורה שבכתב ותורה שבעל פה, כי דינו כעם הארץ שלא למד כלל, ועוד **דאתחשב ליה כאלו אחזר עלמא לתהו ובהו** שנחשב לו כאילו החזיר את העולם לתהו ובהו, ר"ל לסוד שבירת הכלים לפי שמגביר הקליפות כאשר הנהר והגן יבשים, **וגרים עניותא בעלמא ואורך גלותא** וגורם עניות בעולם ומאריך את הגלות השכינה וביאת המשיח. עד כאן דברי הזוהר הקדוש. וכותב רב חיים ויטאל זלה"ה בהקדמה וז"ל - אמנם שעשועות של הקדוש ברוך הוא בתורה, והיותו בורא בה את העולמו, היתה בהיותו עוסק בתורה בבחינת הנשמה הפנימית שבה, הנקרא - רזי תורה, הנקרא מעשה מרכבה, **היא חכמת הקבלה** כנודע אל היודעים, וטעם הדבר הוא להיותו עולם האצילות העליון מאד, טוב ולא רע, דלא יכיל להתערבא עמיה קליפה, ועליה אתמר - וכבודי לאחר לא אתן, כנזכר בספר התיקונין דף ס"ו תיקון י"ח, וכן בספר הזהר בפרשת בראשית דף כ"ח ע"א עיין שם. ולכן גם התורה אשר שם [**אח"י** - בעולם האצילות] איננה רק מופשטת מכל לבושי הגופנים, מה שאין כן למטה בעולם היצירה, עולם דמטטרו"ן, הנקרא עבד טוב, והוא הנקרא עץ הדעת טוב מסטרא, ומסטרא דסמא"ל שהוא קליפין דיליה, **נקרא עבד רע**, כי התורה אשר שם, הם שית סדרי משנה **הנקראים שפחה** כנזכר לעיל, וכנזכר בפרשת בראשית שם דף כ"ז ע"א. ולכן נקראת משנה, לפי ששם יש שינויים הפוכים **טוב מסטרא דעבד טוב**, היתר, כשר, טהור. **רע מסטרא דעבד רע**, איסור, טמא, פסול. גם הוא מלשון כי מרדכי היהודי משנה למלך, שהיה שפחה הנקרא עבד מלך, מלך גם נקרא מלשון שינה, כנזכר בפרשת פינחס דף רמ"ד ע"ב - קם זמנא תנינא ואמר, מארי מתניתין נשמתין ורוחין ונפשין דילכון אתערו כען ואעברו שינתא מניכון דאיהו, ודאי משנה אורח פשט, דהאי עלמא ואנא לא אתערבא בכו, אלא ברזין עילאין דעלמא דאתי דאתון בהון, לא ינום ולא ישן. וזה יובן במה שמבואר יותר למעלה שם - **ורבנן דמתניתין ואמוראי, כל תלמודא דלהון על רזין דאורייתא סדרו ליה**. ונמצא כי המשנה והש"ס הם הנקרא גופי תורה. והנה דבריהם כחלום בלי פתרון, **ורזיה וסתריה הפנימים הנקרא בנשמת התורה, הם הם פתרון החלום הנפתר בהקיץ**, בסוד - אני ישנה ולבי ער, וכמו[9] שאמרו חכמים ז"ל - **במחשכים הושיבני כמתי עולם, זה תלמוד בבלי**, אשר איננו מאיר אלא על ידי ספר הזוהר, **הם הם רזי תורה וסתריה** אשר עליהם נאמר - ותורה אור. ואין ספק כי כמו שהיוצר נקראת עבד ושפחה בערך האצילות, ונקרא קליפין ולבושין דחול, כנזכר בהקדמת ספר התיקונין ד"ג ע"ב וז"ל - וביומי דחול לביש עשר כתות דמלאכיא דמשמשי לעשר ספירות דבריאה. ואם כן אין לתמוה כי התורה אשר שם שהיא המשנה, תהיה נקרא שפחה וקליפין דתורה דאצילות, וזה סוד כל הבשר חציר הנזכר לעיל במאמר הראשון, כי כמו שהחטה שהיא בגימטריא כמנין כ"ב אותיות התורה, הגנוזה תוך

<hr>

סנהדרין דכ"ד ע"א.

כמה קליפין ולבושין שהם הסובין והמורסן והתבן והקש והעשב, הנקרא חציר, כן המשנה אצל סודות התורה נקרא חציר, וזה נרמז בספר הזוהר פרשת כי תצא ברעיא מהמנא דף רע"ה ע"ב - **אצל רבנן ווי לאינון דאכלין תבן דאורייתא, ולא ידעי בסתרי אורייתא, אלא קלין וחמורין דאורייתא, קלין אינון תבן דאורייתא, וחמורין אינון חטה דאורייתא, ח"ט ה' אלנא דטוב ורע וכו'**. ואלו באתי להרחיב דרוש זה לא יספיקו מאה קונטרסין בלי ספק בלי שום גוזמא, האמנם החכם עיניו בראשו כי דברי אמת אני אומר, ואל יתמה האדם בראותו ספר הזוהר איך קורא אל המשנה שפחה וקליפין, כי עסק המשנה כפי פשטיה, **אין ספק שהם לבושין וקליפין חיצונים בתכלית אצל סודות התורה הנגנזים**, ונרמזים בפנימיותה כי כל פשטיה הם בעלם הזה בדברים חומרים תחתונים..... על כן על כל בני ישראל לאכול מעץ החיים.

מה אהבתי תורתך כל היום היא שיחתי. ומבאר הרב ז"ל בהקדמה לשער המצות, כי עסק לימוד פנימיות התורה הוא חלק בלתי נפרד מתלמוד תורה, וז"ל - גם בעניו עסק התורה שהיא אחת מרמ"ח מצות עשה, אם לא השלים אותה, **שהוא עניו עסקו בפרד"ס התורה**, שהוא ראשי תיבות **פשט רמז דרש סוד**, בכל בחינה מהם כפי אשר יוכל להסיג, **עד מקום שידו מגעת**, לטרוח ולעשות לו רב שילמדנו. ואם לא עשה כן, הרי חסר מצוה אחת של תלמוד תורה, שהיא גדולה ושקולה ככל המצות, וצריך **להתגלגל** עד שיטרח הארבעה בחינות של פרד"ס כנזכר. וכן מבאר הרב בית לחם יהודה בהקדמתו הקדושה, וז"ל - ומה מאד נמלצו [**אח**]**י** - מלשוו מליצה] בזה דברי הנביא ירמיה)סימן כ"ב(באומרו - אל תבכו למת וכו'. שהוא מדבר עם הציבור המתקבצים להספיד על איזה צדיק הנפטר רח"ל, על שנחסר צדיק אחד מהמדור שהיה מניו בזכותו עליהם. וקאמר להו הנביא אל תבכו וכו', **לפי שרובם של צדיקים אינם זוכים לעסוק בכל ארבעה חלקי הפרד"ס, ואם כן מוכרחים הם לחזור ולבוא בגלגול כדי להשלים לימודם בארבעה חלקים**, כי אפילו הוא עסק בשלוש חלקי הפרד"ס, לא יצא ידי חובתו, ועליו נאמר הן כל אלה יפעל א"ל פעמים שלש עם גבר, להחזירו בגלגול. ואם כן הויא פסידא דהדרא. ואפשר שבו ביום שנפטר הוא חוזר ומתגלגל, כנזכר בזוהר פרשת אמור, יעו"ש. ואם כן אין לכם פסידא כל כך. אמנם בכו בכו להלך, לאותו צדיק שכבר עסק בארבעה חלקי הפרד"ס. כי תיבת להלך היא חסר ו', ואם תחשוב תיבת להלך ארבעה פעמים עם ארבעה הכוללים, שהם כנגד ארבעה חלקי הפרד"ס, הם בגימטריא פרד"ס. **שזה הצדיק לא ישוב עוד וראה את ארץ מולדתו, כי על ארבעה לא אשיבנו.** שזהו פסידא דלא הדרא באמת, ונחסר לגמרי מן העולם הזה, עד כאן לשונו. ולכן חובה על כל אדם לעסוק בכל חלקי הפרד"ס, ובפרט בחלק הסוד, הנקרא פנימיות התורה, כמבואר בזוהר הקדוש כמובא בזוהר הקדוש פרשת נשא דף קכ"ד - **בהאי חבורא דילך דאיהו ספר הזוהר יפקון ביה מן גלותא ברחמי**, בזכות הלימוד בספר הזוהר הקדוש, יצאו בני ישראל מהגלות **ברחמים**. ועוד כל מי שחשקה נפשו ללמוד, אסור למנוע זאת ממנו, בסוד הפסוק[10] - אל תמנע טוב מבעליו, ועל כל אדם להיכנס לפרד"ס החיים.

אשרי האיש אשר לא הלך בעצת רשעים ובדרך חטאים לא עמד ובמושב לצים לא ישב. דע כי יהיו הרבה אנשים רשעים, שינסו למנוע מבני ישראל הקדושים ללמוד בכללות תורה, ובפרט

משלי ג' כ"ז – אל תמנע טוב מבעליו בהיות לאל ידך לעשות.

את תורת הקבלה, מכל מיני סיבות ומניעות, והשטן מדבר מגרונם של אלו הרשעים. ואלו דברי קודשו של בעל שבט מוסר רבינו אליהו הכהן האתמרי זצלה"ה - ובהביטך בן אדם מה שעבר על אחרים למה תרדוף אתה אחר כל אלה הדברים הזרים, להשביע נפש מרורים ולמוסרה ביד צרים המה המקטרגים הצוררים, ולמה לא תחמול על נפשך ועל נועם תבנית צלם גופך למוסרו בידן ולהשליכו בתוך גחלי רתמים בטיט היון של גיהנם, להשחירו ולהתיכו כאשר ניתך הזפת בפני האש, אשר על כן תן עצה אתה בנפשך **לברור בדרך החיים בעסק התורה והמצות**, וגם להצטער עצמך זמן קצוב הם חיי עולם הזה, כדי שתתענג זמן רב בלתי סוף ותכלית, ואל יעלה על דעתך כאשר עלה על דעת הרבה שנאבדו בידם באומרם כיון שמכיר אני בעצמי שאין לי בדעתי להבין ולהשכיל, איני עוסק בתורה, טועה הוא בדבר, שהרי הוא מחוייב לעשות מה שנצטוה לעשות, ואם יבין יבין, **שהרי והגית בו יומם ולילה כתיב** ולא כתיב ותבין בו, וכן תמצא בדברי התנא אם למדת תורה הרבה נותנין לך שכר הרבה, ואינו אומר אם הבנת הרבה, אלא למדת אמרו, ותשתדל להבין ואם תבין תבין, ואם לא שכר לימודך בידך, וכמאמר התנא לפום צערא אגרא, ומה שגם שאמרו האדם אינו לומד מפני שאיני מבין, **הוא פיתוי היצר**, יתמיד בלימודו וסוף הבינה לבא, שבראות קדוש ברוך הוא **חשקו בתורתו ודבקותו בה, פותח לו מעייני החכמה**, דכתיב - כי הוי"ה יתן חכמה מפיו דעת ותבונה. והנני מוסר לך דבר אשר תרדוף אחריה, ויהיה חיים לנפשך וענקים לגרגרותיך, **לעולם יהיה עיקר לימודך בדבר של תורה שליבך חפץ יותר**, אם בגמרא גמרא, ואם בדרוש דרוש, ואם ברמז רמז, **ואם בקבלה קבלה**, ורמז לדבר כי אם בתורת הוי"ה חפצו, כלומר תורת הוי"ה תלויה בדבר שלבו חפץ לעסוק, וכמו שמבאר האר"י זלה"ה בספר דרושי הנשמות והגלגולים פרק שלישי, וז"ל - יש בני אדם שכל חפצם ועסקם בפשטי התורה, ויש שעסקם בדרוש, ויש ברמז, ויש גם כן בגימטריות, **ויש בדרך האמת**, הכל כפי מה שעליו נתגלגל בפעם ההוא, כיון שהשלים פעם אחרת בשאר העניינים, אין צורך לו שבכל גלגול יעסוק בכולם, עד כאן לשונו. **ואל תביט ותשגיח לדברי המתנגדים על מה שחשקת לעסוק בתורה** בגמרא או בדרוש וכו', באומרם לך למה אתה מוציא כל ימיך בפרט זה של תורה ולא בפרט זה, משום שעל מה שחשקת ללמוד, על דבר זה זה באת לעולם, ואם תשים דעתך לדבריהם, יכריחוך להתגלגל בזה העולם פעם אחרת ולעבור נפשך בחרב חדה של מלאך המות ולטעום טעם מיתה, ולכן לא תשמע לדברי המשחית נפשך, **כי דע שהשטן מתלבש באלו האנשים לדאוג ולהצטער ולהכאיב נפש הלומד ועוסק בתורה**, בחלק שֶׁאוֹתָה נפשו לעסוק, כדי להבדילו משם שלא ישלים נפשו, על מה שבא להשלימה, ולהכריחו גלגולים אחרים, וכשם שבדבר שחושק יותר האדם ללמוד, משם יבין שעל דבר זה נתגלגל להשלים, כך צריך האדם שידע שורש נשמתו ומהיכן נמשך ועל מה בא לתקן ולהשלים, כמו שאמר בזוהר שיר השירים על הגידה לי את שאהבה נפשי וכו'. **וכדי שיבין יראה באיזה מצוה תקיף יצרו יותר לבטלה יתחזק בה לקיימה, כי בוודאי על מצוה זו נתגלגל**, וכדי שלא ישלים חוקו מנגדו יצרו לבטלה להוציאו מן העולם בידיים ריקניות... ולכן לא תשמע לדברי רשעים אלו, אלא תשמע לדברי חיים.

חבר אני לכל אשר יראוך ולשמרי פקודיך. בסוף[11] עץ חיים מובא מספר כללים למהרח"ו, וז"ל - להאר"י זלה"ה. הרמב"ן וחבריו ודברי ראשונים כמו רבי נחוניא בן הקנה לא הזכירו

רק עשר ספירות, ולא גילו ענייני פרצוף כלל. **ודע שהרמב"ן והראשונים היו יודעים בפרצוף**, אלא שדברו בהעלם גדול, לרוב הגלות שלא ניתן רשות לגלות, ולהתפשט האורות הגדולים, מאחר שגברו הקליפות, וכל זר לא יאכל קדש. **אמנם בעקבות משיחא כמו בדורינו זה התחילו האורות להתפשט להיות כבראשונה**, כמו שהיה בזמן העולם מתוקן ולהתתקן מעט. ומתחלה היו האורות סתומים, היה העולם מקולקל, וכל מה שנתקלקל נסתם בגלות, ולא היו משיגין אלא עשר ספירות בסתום, בסוד הנקודות, כל אחד כלול מעשר, ובענין הפרצופים לא נתגלה להם כלל, לפי שמצאו בדברי הראשונים סתומים, ולא ידעו עומק הדברים, וחשבו שכך הוא ודברו בעשר ספירות כל אחד כלול מעשר ובחינות הרבה, ולפי שראיתי מי שחולק על דברים אלו לאמור שלא מצינו אלא עשר ספירות, ומהיכן יש לשלוט כח לאמור כמה פרצופים שנמצא יותר מעשר ספירות, ומספר רב והלא הראשונים כתבו בספר יצירה - עשר ולא תשע, עשר ולא י"א, לזה באתי לפתוח לך כחודא דמחטא, אולי תזכה להבין מקצת, וכולו לא תשורנו עין, וזהו. ובהקדמתו[12] הקדושה כותב הרב ז"ל - והנה אין בכל דור ודור שלא נמצאו בו אנשים יחידי סגולה ששרתה עליהם רוח הקודש, והיה אליהו הנביא ז"ל נגלה עליהם, **ומלמד אותם סתרי החכמה הזאת**, וכמו שנמצא כתוב בספרי המקובלים, גם בעל ספר הרקנטי כתב בפרשת נשא בפרשת ברכת כהנים..... ואנשי לבב שמעו לי, אל יהרסו אל הוי"ה, **לראות בספרי האחרונים הבנויים על פי השכל האנושי**, ושומע לי ישכון בטח ושאנן מפחד רעה. ולכן אני הכותב הצעיר חיים וויטאל, רציתי לזכות את הרבים **בהעלם נמרץ והמשכילים יבינו**, וקראתי שם החבור הזה על שמי **ספר עץ חיים**, וגם על שם החכמה הזאת העצומה, חכמת הזוהר, הנקרא עץ חיים, ולא עץ הדעת כנזכר לעיל, בעבור כי בחכמה הזאת טועמיה חיים זכו, ויזכו לארצות החיים הנצחיים, **ומעץ החיים הזה ממנו תאכל, ואכל וחי לעולם**. ואשכילך ואורך דרך זו תלך דע מן היום אשר מורי זלה"ה החל לגלות זאת החכמה, **לא זזה ידי מתוך ידו אפילו רגע אחד**, וכל אשר תמצא כתוב באיזה קונטריסים על שמו ז"ל, ויהיה מנגד מה שכתבתי בספר הזה, **טעות גמור הוא, כי לא הבינו דבריו, ואם יש בהם איזה תוספות שאינו חולק עם ספרינו זה**, אל תשית לבך בקבע אליו, כי שום אחד מהשומעים **את דברי קדשו, לא ירדו לעומק דבריו וכוונתו, ולא הבינום**, בלי שום ספק. ואם יעלה בדעתך לחשוב שתוכל לברור הטוב ולהניח הרע, אל בינתך אל תשען, כי אין הדברים האלו מסורים אל לב האדם כפי שכל אנושי, והסברא בהם סכנה עצומה, ויחשב בכלל קוצץ בנטיעות חס ושלום, לכן הזהרתיך ואל תסתכל בשום קונטרסים הנכתבים בשם מורי זלה"ה, זולתי במה שכתבנו לך בספר הזה, **ודי לך בהתראה זאת**, אלו הם דברי קודשו. ועלינו ללמוד אך ורק בתורת מורינו חיים.

אני קראתיך כי תעני אל הט לי אזנך לי שמע אמרתי. עוד כתב הרב ז"ל בהקדמתו תנאים כדי לזכות לחכמה הקדושה הזאת, וז"ל - אני הכותב משביע בשמו הגדול יתברך, לכל מי שיפלו הקונברטסים אלו לידו, שיקרא הקדמה זאת, ואם אותה נפשו לבוא בחדרת החכמה זאת, יקבל עליו לגמור ולקיים כל מה שאכתוב עליו ויעיד עליו יוצר בראשית, שלא יבוא אליו היזק בגופו

ונפשו, ובכל אשר לו, ולא לאחרים. תחת רודפו טוב והבא לטהר ולקרב. **ראשית הכל יראת הוי"ה, להשיג יראת העונש, כי יראת הרוממות, שהוא יראה הפנימית, לא ישיגוהו רק מתוך גדלות החכמה,** ועיקר מגמתו בידיעה הזה יהיה לבער קוצים מן הכרם, כי לכן נקראים העוסקים בחכמה הזאת מחצדי חקלא. **ובודאי שיתעוררו הקליפות נגדו לפתותו ולהחטיאו, לכן יזהר שלא לבוא לידי חטא אפילו שוגג,** שלא יהיה להם שיכות בו, לכן צריך ליזהר מהקלות, כי הקדוש ברוך הוא מדרדק עם הצדיקים כחוט השׂערה, לכן צריך לפרוש עצמו מבשר ויין כל ימות השבוע, **וצריך הזהרת סור מרע ועשה טוב,** ובקש שלום. בקש שלום צריך להיות רודף שלום, ולא להקפיד בביתו על דבר קטן וגדול, וכל שכן שלא יכעוס ח"ו.

וצריך להתרחק בתכלית הריחוק סור מרע.

א. ליזהר בכל דקדוקי מצות, ואפילו בדברי חכמים, שהם בכלל לא תסור.

ב. לתקן המעוות קודם שיבא לעולם הבא.

ג. יזהר מהכעס, אפילו בשעה שמוכיח את בניו, לא יכעוס כלל ועיקר.

ד. גם צריך ליזהר מהגאוה, ובפרט בענין הלכה, כי גדול כחה והגאוה, בזה עון פלילי.

ה. בכל צער שיבא לו, יפשפש במעשיו וישוב אל הוי"ה.

ו. גם יטבול בעת הצורך לו.

ז. גם יקדש את עצמו בתשמיש המטה שלא יהנה.

ח. שלא יעבור כל לילה ויחשוב בכל לילה מה שעשׂה ביום, ויתודה.

ט. גם ימעט בעסקיו ואם אין לו פרנסה כי אם על ידי משׂא ומתן, יכין יום שלישי ויום רביעי, מחצי היום ואילך, ובכוונה שהוא לעבודת קונו.

י. כל דבור שאינו של מצוה והכרחי, יהיה זהיר ממנו, ואפילו דבר מצוה ימנע בשעת התפלה.

ועשה טוב

א. לקום בחצי הלילה, ולעשׂות הסדר בשק ואפר ובכי גדול, ובכוונה כל אשר יוציא בשפתיו. ואחר כך יעסוק בתורה כל זמן שיוכל להיות בלי שינה, ובלבד שהחצי שעה קודם עלות השחר יתעורר לעסוק בתורה.

ב. ילך לבית הכנסת קודם עלות השחר, קודם חיוב טלית ותפילין, להיזהר שיהיה מעשׂרה ראשונים.

ג. קודם שיכנס, ישים אל לבו מצות עשה ואהבת לרעך כמוך, ואחר כך יכנס.

ד. להשלים רמז צדיק בכל יום. שהוא צ' אמנים, ד' קדושות, י' קדישים, ק' ברכות.

ה. שלא להסיח דעתו מהתפילין בעת התפילה, זולת בעת העמידה ועסק התורה.

ו. צריך שיהיה עוסק בתורה, מעוטף בטלית ותפילין.

ז. לכוין בתפלה הכוונות, כמו שנבאר בע"ה.

ח. שישים תמיד נגד עיניו שם בן ארבעה אותיות הוי"ה, ויזדעזע ממנו, כמו שכתוב - שויתי הוי"ה לנגדי תמיד.

ט. שיכוין בכל הברכות, בפרט בברכת הנהנין.

י. צריך שיהיה עמל בתורה פרד"ס, שנאמר או יחזיק במעוזי, ואל יחשוב שיגלו לו רזי התורה בהיותו ריק, כדכתיב - יהב חכמתא לחכימין, וצריך ליזהר שלא יוציא בשפתיו בחכמה זו, מה שלא שמע מאדם שראוי לסמוך עליו, וכאזהרת רשב"י וחביריו. השׂגת החכמה תנאי הראשון,

צריך למעט דבורו, ולשתוק, כל מה שיוכל כדי שלא להוציא שיחה בטילה, כמאמר רז"ל - סייג לחכמה שתיקה. גם תנאי אחר, על כל דבר תורה שלא תבינהו, תבכה עליו כל מה שתוכל. גם עלית הנשמה בלילה לעולם העליון, שלא תשוט בהבלי העולם, תלוי שתישן בבכיה. ומרת עצבות מגונה עד מאוד, ובפרט להשיג חכמה, והשגה אין לך דבר מונע השגה יותר מזה. גם בענין השגת האדם, אין לך דבר שמועיל כמו הטהרה והטבילה, שיהיה האדם טהור, בכל עת ומורי זלה"ה עם היות שהיה לו חולי השבר שהקור מזיק לו, עם כל זה לא היה מונע מלטבול בכל עת, עד כאן דברי קודשו. ועלינו לקיים את בקשת הרב ז"ל את הבחינות של[13] סור מרע ועשה טוב, כדי לטפס בעץ החיים.

מרן הרש"ש מעיד[14] על עצמו, וז"ל - וראיתי מה שכתבו מעלת כבוד תורתם, על ענין עבודת הוי"ה שקצרתי במקום שהיה ראוי להרחיב מעט הדיבור, אמת הוא כי לכתחילה קצרתי בו, **יען ראיתי כמה מהנזק יצא ממה שכתבו בזה המקובלים שקדמו, כי רבים חללים הפילו, וחלול כבוד הוי"ה, וכבוד התורה. הוי"ה יכפר בעדם, כי כל דבריהם לא על פי התורה הם, ואינם מיוסדים על האמת, ומהם יצאו אבות, ומאבות תולדות הריסת יסודי התורה הוי"ה, הוי"ה יכפר. וכל זה לא שלמדתי בדבריהם ח"ו**, אלא שפעם אחת הוכרחתי בעל כרחי לעיין בדף אחד שכתוב בו קצור מה שכתבו בענין זה, **וכמעט שקרעתי בגדי לראות דברים אשר לא כן על הוי"ה.** הוי"ה יכפר, וכבר מילתי אמורה להם, **כי עידי בשמים כי כל עסקי ולמודי, אינו רק בדברי האר"י זלה"ה, ותלמידו מהרח"ו ז"ל לבדם, ובלעדם אין לי עסק בשום ספר מספרי המקובלים ראשונים ואחרונים, ואפילו בדברי שאר תלמידי האר"י ז"ל לא למדתי, וכשיזדמן לפני דבר מדבריהם, אני מדלגו.** כי על כן איני כמזהיר, אלא כמזכיר, למען הוי"ה אל יהי לכם מגע יד בדבריהם, ובפרט בענין זה, השמרו לכם פן יפתה לבבכם, **אלא כל לימודם לא יהיה אלא בעץ חיים ובספר מבוא שערים ובשמונה שערים המפורסמים**, שכולם דברי אלהי"ם חיים. ואני קצרתי בענין זה כל מה שאפשר, כי יראתי פן יפלו דפים אלו ביד מי שעדיין לא למד דברי האר"י ז"ל כראוי, **ויחשידני שלמדתי בספרים אחרים, ולא כן הוא כאמור**, ולכן קצרתי בו, ופיזרתי בהקדמה, עד כאן דברי קודשו של מרן הרש"ש. ואנחנו תפילה שיתגלה משיח צדיקנו במהרה בימינו, ומלאה[15] הארץ דעה את הוי"ה כמים לים מכסים, דעת תורת החיים.

<hr>

13

תהלים ל"ד ט"ו – סור מרע ועשה טוב בקש שלום ורדפהו.
14

נהר שלום דף ל"ד ע"א.
15

ישעיהו י"א ט' – לא ירעו ולא ישחיתו בכל הר קדשי כי מלאה הארץ דעה את הוי"ה כמים לים מכסים.

כתב רבינו גאון הקבלה רבי אליהו מני, רבו של הרי"ח הטוב, רבי יוסף חיים בעל הספר "בן איש חי", בספרו הקדוש **כסא אליהו** כי על הלומד ללמוד כל מאמר ומאמר ארבעה חמשה פעמים בלי המפרשים, וינסה להבין את המאמר בעצמו. ואחר כך ילך לראות אם כיוון לדעת המפרשים.

וכן אני הקטן מבקש בכל לשון של בקשה, ללמוד את הדרוש כמו שהוא מובא בספר עץ חיים, ארבעה חמישה פעמים, כדי לנסות להבין את הדרוש. וכל דרוש מובא בתחילת הספר במלואו.

אחר כך יכנס ללמוד את הדרוש עם ביאור הדברים, עוד ארבעה חמישה פעמים, ואחר כך יראה את המקורות להגהות, ודברי רבותינו הקדושים, עם התרשימים וטבלאות.

ואז יעלה ויצליח בלימוד תורת האר"י הח"י.

כתב רבינו **השד"ה** רבי שאול דוויק הכהן, בהקדמת ספרו איפה שלימה, על אוצרות חיים וז"ל - וכדי שיוכל לעלות לימודו למעלה, ריח ניחוח לה'. קודם כל לימוד ימסור עצמו על קדושת ה', כי זה מועיל מאוד, כמו שכתוב בשער הכוונות דף כ"ד ע"ב, כי עתה בזמנינו בעוונותינו הרבים אין יכולת לעשות זווג כתיקונו למעלה, ולסיבה זו הקץ מתארך וכו'. אמנם עם כל זה יש קצת תיקון במה שנמסור נפשינו על קידוש ה' בכל הלב, כי על ידי כן אפילו אין בנו שום מעשים טובים, והרשענו עד להפליא. הנה על ידי מסירת נפשינו להריגה, מתכפרים עוונותינו כולם, ויש בנו יכולת לעלות עד אימא עילאה, כמו שאמרו חז"ל - גדולה תשובה שמגעת עד כסא הכבוד, שנאמר - שובה ישראל עד ה' וכו', עד כאן דבריו.

וזה הסדר

יקבל עליו ארבע מיתות בית דין, מארבעה אותיות הוי"ה וארבעה אותיות אדנ"י, וליחדם על ידי ארבעה אותיות אהי"ה ועל ידי עסמ"ב

סקילה **י** **א** וליחדם על ידי **א**	יוד הֹי ויו הֹי
שרפה **ה** **ד** וליחדם על ידי **ה**	יוד הֹי ואו הֹי
הרג **ו** **נ** וליחדם על ידי **י**	יוד הֹא ואו הֹא
וחנק **ה** **י** וליחדם על ידי **ה**	יוד הֹה וו הֹה

לְשֵׁם יִחוּד

קֻדְשָׁא בְּרִיךְ הוּא וּשְׁכִינְתֵּהּ

יאהדונהי

בִּדְחִילוּ וּרְחִימוּ   וּרְחִימוּ וּדְחִילוּ

יאההויהה   איההיוהה

לְיַחֲדָא אוֹתִיּוֹת י"ה בו"ה, בְּיִחוּדָא שְׁלִים

יהו"ה

בְּשֵׁם כָּל יִשְׂרָאֵל, לְאַקָמָא שְׁכִינְתָּא מֵעַפְרָא, הָרֵינִי לוֹמֵד בַּסֵּפֶר קַבָּלָה פְּלוֹנִי שֶׁהוּא כְּנֶגֶד תִּפְאֶרֶת דז"א בְּעוֹלָם הָאֲצִילוּת שֶׁבּוֹ שֵׁם מ"ה כְּזֶה יו"ד ה"א וא"ו ה"א לַעֲשׂוֹת מֶרְכָּבָה. וִיהִי רָצוֹן מִלְפָנֶיךָ ה' אֱלֹהֵינוּ וֵאלֹהֵי אֲבוֹתֵינוּ שֶׁתְּזַכֵּךְ רוּחֵנוּ וְנַפְשֵׁנוּ שֶׁיִּהְיֶ ראוּים לְעוֹרֵר מַיִן תַּתָּאִין עַל יְדֵי קְרִיאַת סֵפֶר הַקַּבָּלָה הַזֹּאת. וִיהִי נֹעַם יְהוָה אֱלֹהֵינוּ עָלֵינוּ וּמַעֲשֵׂה יָדֵינוּ כּוֹנְנָה עָלֵינוּ וּמַעֲשֵׂה יָדֵינוּ כּוֹנְנֵהוּ.

בָּרוּךְ ה' לְעוֹלָם אָמֵן וְאָמֵן, נֵצַח, סֶלָה, וָעֶד.

הקדמה כללית וחשובה להיכל הנקודים

צריך לדעת כי היכל הנקודים, שהוא כולל את שער **הנקודות**, שער **השבירה**, שער **התיקון**, ושער **המלכים**. עוסק בסוגיות שלפני התיקון, ר"ל[16] לפני שמידת הרחמים התפשטה בעולמות, והתמזגה עם מידת הדין, ונתקן העולם. לכן שער זה מבאר את בחינת הדינים, ובכל מקום שיש דין מתעוררים החיצוניים. לכן רבותינו המקובלים ייתיחסו בכובד ראש לסוגיות בהיכל זה יותר משאר הדרושים בספרי הרב ז"ל, עד כדי כך שהרי"ח הטוב כותב[17] שצריך ללמוד היכל זה **בשתיקה ובהרהור הלב**, עד כדי כך חשש הרי"ח הטו"ב מתגבורת הדינים. וכן[18] הוא בשער הכוונות בענין פטירת

16

ע"ח ש"ט פ"ו מ"ב דמ"ה ע"ג – ואז נברא העולם במידת הדין, ויצאה בת מתחלה, שהיא **שם ב"ן** בפנים דא"ק. ואחר כך יצאו ענפיו לחוץ, **דרך העין** מטבורו דא"ק ולמטה, ולא נתקיימו הענפים שבחוץ. עד שחזרו להזדווג והולידו בן, שהוא **שם מ"ה** בפנים ובחוץ, והוא מידת הרחמים, ונתקיים העולם, כמו שאמרו רז"ל על הפסוק - ביום עשות הוי"ה אלהי"ם ארץ ושמים, **והבן אמרם העולם**, כי מציאת העולם הם השבעה תחתונות לבד, שהם זו"ן, אלא בראשונה היו זו"ן נקבות, מצד דין, שהוא שם ב"ן. ואחר כך היו זו"ן זכרים, משם מ"ה. **כי כל מ"ה וב"ן נקרא בשם עולם.**

17

רב פעלים חלק ב', סוד ישרים סימן ה' דר"ב ע"ב – וגדולה מזו תדע כי אפילו רבינו מהרח"ו ז"ל שהיה לו נשמה גדולה מאד, וסמך רבינו האר"י ז"ל שתי ידיו עליו, ואמר לו שהוא בא לעולם הזה בעבורו לתקנו וללמדו, עם כל זאת הוא היה אומר על דרושים שגילה לו רבינו האר"י ז"ל, שלא השיג אותם אפילו ערך טיפה מן הים, כי כן כתב בספר הכוונות בדרוש ספירת העומר, דרוש י"ב דף פ"ו ע"ג על סוד אחד בענין הקטנות שגילה אותו לרבינו האר"י ז"ל, ונענש בעבור זה, וכתב מהרח"ו וז"ל - ולכן הסוד הזה צריך להעלימו אם מפאת עצמו, ואם מפני שאין אנחנו יודעים אמיתתו אפילו טיפת גרגיר של החרדל מן הדרוש ההוא, עד כאן לשונו. ראה דברים אלו שכתב צדיק וישר ונאמן שאמר אין אנחנו יודעים אמיתתו אפילו טיפה גרגיר של חרדל, המה יורדים בחדרי בטן של אדם שיש לו מוח בקדקודו ותופס ספרי קבלה בידו, המדברים בענין קטנות ופגם, ובענין שבירה ומגע הקליפות וכיוצא, שצריך להחליט בדעתו על עניינים אלו, שהם אינם כפשוטן, והם סתומין וחתומים באלף עזקין, ויאחזנו פחד ורעדה בקריאתו בסודות התורה בכתבי רבינו האר"י ז"ל האמתיים, ויזהר שלא להוסיף או לגרוע בהם שום דבר מהמשערה השכל, ולא יעשה בהם חילוקים והמצאות שכליות כדרך שעושין בחכמת הפשט, ובכלל יזהר שלא יתמיד ללמוד בסוד השבירה והקטנות ובשערי הקליפות, **ואם יבא לפניו איזה ענין מאלה באמצע, לא יוציא הדברים מפיו, אלא ילמדם בהבטת העין בלבד**, כי שמעתי שנזהרין בכך כמה חסידים מקובלים.

18

שער הכוונות, ענין ספירת העומר דרוש י"ב דפ"ו ע"ב – האמנם כיון שלא נתקנו כל המוחין לכן אינו זווג גמור מעולה, **אמנם נקרא זווג דקטנות**, כיון שעדיין לא נגדל ז"א. ובזה יתבאר לך לשון מאמר אחד מספר הזוהר בפרשת בשלח דף נ"ב ע"ב בענין קריעת ים סוף, בפסוק מה תצעק אלי, ואמר שם רשב"י ע"ה - בהאי מלה לא תשאל ולא תנסה את הוי"ה. ובודאי שביאור המאמר הזה עמוק מאד, כיון שמצינו לרשב"י ע"ה שהפליג בהסתרת סודו, ואמר בהאי מלה לא תשאל. וביום שמורי ז"ל ביאר לנו המאמר הזה היינו יושבים בשדה תחת האילנות, ועבר עליו עורב אחד צועק וקורא כדרכו, ומורי ז"ל ענה ואמר אחריו ברוך דיין האמת, שאלתי את פיו ואמר לי כי כי אמר לו העורב ההוא כי לפי שגילה הסוד הזה לכל בני האדם בפרהסיא, **לכן נענש בעת ההיא בבית דין של מעלה**, וגזרו עליו שימות בנו הקטן, ותיכף הלך לביתו ובנו היה מטייל בחצר, ובאותה הלילה חלה את חליו, ומת אחר שלשה ימים רחמנא ליצלן. **ולכן ראוי לכל בעל נפש הרואה הדברים האלו להסתירם בתכלית ההסתר**, זולת הכלל הנודע בכל החכמה הזו כי כבוד אלהי"ם הסתר דבר, ואין מקום להאריך בזה, כי הדברים נודעים, וכל מה שיסתיר האדם הסודות מלגלותם למי שאינו ראוי הוא משובח

הבן של רבינו האר"י, וכן[19] בפרי עץ חיים. ומביא[20] זאת הבית יהודה בריש פרק א' דשער מוחין דקטנות. ולכן צריך ללמוד בשערים אלו בכובד ראש, ובזמנים הידועים כמו שבת, יום טוב, ואחרי חצות הלילה.

דע כי בכל מקום שהרב ז"ל מבאר כי המלכים דמיתו ירדו לעולם הבריאה, הכוונה[21] היא לכל עולמות בי"ע, כאשר הכלי הפנימי ירד לעולם הבריאה, הכלי האמצעי לעולם היצירה, והכלי החיצון לעולם העשיה.

ומכובד בפמליא של מעלה. **והעושה היפך מזה מכניס עצמו בסכנה עצומה** בעולם הזה במיתת עצמו בהכרת ח"ו, ובמיתת בניו הקטנים, נוסף על עונש נשמתו בגהינם שאין קץ לעונשו, וכמו שהזכיר רשב"י ע"ה בסוף אדרא זוטא ועיין שם. והטעם שנענש מורי ז"ל בביאור מאמר זה, וכמו שהזכיר רשב"י ע"ה עצמו שאמר בהאי מלה לא תשאל, הענין הוא כי הנה נודע שאין החיצונים נאחזין אלא במוחין של קטנות, כי הם דינין תקיפין, ובהיות האדם מתעסק בסודות התורה אם יהיה בענין זמן הגדלות העליון, או בשאר דרוש חכמת האמת ענינים למעלה, אין לאדם כל כך סכנה, **כמו בזמן שעוסק בסודות זמן הקטנות, כי בהתעסקו בהם הנה החיצונים מתעוררים בהם, ומתאחזין שם, ומזכירים עונותיו של האדם המתעסק בהם.**
19

פרי עץ חיים, שער חג המצות, פרק ח' – הוא סוד הנזכר בזוהר פרשת בשלח דף נ"ב עד סוף קריעת ים סוף, ואמר שם רבי שמעון בר יוחאי, בההוא מלה לא תשאל ולא תנסה וכו'. וענין הדבר הזה, הוא סוד עמוק מאוד, והטעם הוא דע, **בכל מקום שהקטנות עליון מתעורר, הם דינין תקיפין**, אם האדם או היותר עליון שבעולם, בכל מקום שעוסק בשער האצילות לעילא ולעילא, אין לו כל כך סכנה, **כמו מי שעוסק בקטנות, כי שם נאחזים החיצונים**, ולכן בעת שהאדם עוסק בהם, **אז החיצונים מתעוררים, ומזכירין עונותיו של אדם**, ולכן בכל פעם שמורי ז"ל **היה עוסק בשום דרש מן הקטנות, היה נענש** ואין צריך להאריך על זה. ואפילו משה רבינו, רבן של כל הנביאים, **כי פגע בסוד קטנות, שהוא סוד המטה הנהפך לנחש**, מה כתיב ביה - וינס משה מפניו, כמו שנבאר בע"ה, **כי סוד קטנות נקרא נחש**, ולכן הסוד הזה ראוי להעלימה, אף על פי שאין יודעין בו, כי אם חלק אחד מרבי רבבות שיש בו.
20

בית לחם יהודה שכ"ב, שער מוחין דקטנות פ"א דק"ז ע"ב – בע"ח כתב יד כתוב כשגילה הרב פרק זה מת בנו משה, עד כאן לשונו. ור"ל וכל אדם צריך להזהר שלא יאריך בו, וטוב שילמוד אותו **בשבת, וביום טוב, ובראש חודש, ובלילה אחר חצות.**
21

ע"ח ש"ט פ"ז מ"ב דמ"ו ע"ב – והנה כאשר יצאו כל האצילות מבחינת ב"ן לבד, והיה כולל עתיק, וא"א, ואו"א, וזו"ן. ואז יצאו תחלה כל הכלים שלהם זה תחת זה עד סיום עולם האצילות, ואחר כך יצאו אורות דב"ן כל פרטי אצילות, ויצא תחלה כתר דעתיק דאצילות, שבו נכללין כל האורות, ונתקיים, ואחר כך יצאה חכמה דעתיק בכלי שלו, ובו היו כלולים כל שאר האורות ונתקיים, ואחר כך יצאה בינה דעתיק, ובו כלולין כל שאר האורות ונתקיים, ואחר כך יצאו שבעה תחתונות דעתיק,)נ"א דדעת(הדעת למטה כל אחד כלול בכלי שלו, ובו כלולים כל שאר האורות, והיה נשבר, והיה **וירד פנימיות הכלי לבריאה, וחיצוניות הכלי ירד ביצירה, וחיצוניות של חיצוניות בעשייה**, ואחר כך האור ההוא נשאר בלי כלי, ושאר האורות ירדו בכלי השני של השבעה תחתונות, וגם הוא נשבר על דרך הנזכר לעיל,)נ"א נשאר ע"ד הנ"ל(והאור שלו נשאר בלי לבוש, ושאר האורות ירדו לכלי שלמטה ממנו, וכן על דרך זה עד שנגמרו שבעה תחתונות שלו, ואחר כך נכנס הכתר דאריך אנפין בכלי שלו..............

נהר שלום דכ"ד ע"ד – והנה ידוע כי מיתת המלכים היתה בזו"ן דפרטות, ר"ל בזו"ן דעתיק, ובזו"ן דא"א, ובזו"ן דאבא, ובזו"ן דאימא, ובזו"ן דז"א, ובזו"ן דנוקבא, וכל פרצוף מאלו הפרצופים כלול מכל הפרצופים הנזכרים. וזה היה בפרט האחרון דפרטי פרטות, וכמבואר לעיל בהקדמה, וזה היה בפנימיות וחיצוניות דפנימיות, ובחיצוניות ופנימיות דחיצוניות, דפנים ודאחור. **והכלים עם הרפ"ח ניצוצות דמלכים דעתיק נפלו לעתיק דבי"ע, ודא"א לא"א דבי"ע, ודאו"א לאו"א דבי"ע, ודזו"ן לזו"ן דבי"ע. באופן זה כי הכלים הפנימיים דמלכים הנזכרים נפלו לפרצופי הבריאה. והכלים האמצעיים ליצירה. וכלים החיצוניים שלהם לעשיה.** ונתבאר בשער השמות ובכמה מקומות, כי כדי לברור הכלים ושארית הרפ"ח דכל פרט, יורדים כל הפרצופים העליונים דאצילות בימי החול בסוד גלות השכינה, ומתלבשים בפרצופים שכנגדם למטה בבי"ע.

ידוע כי ג"ר נקראים פנים בערך ו"ק, והוא כי כל[22] פרצוף נחלק לג' חלקים חב"ד חג"ת נה"י, כאשר חב"ד נקראים כלים פנימים, חג"ת כלים אמצעים, ונה"י נקראים כלים חיצוניים. גם הם נקראים[23] נר"ן, כאשר נה"י הוא בכללות נקרא נפש, חג"ת רוח, וחב"ד נשמה. הרב ז"ל מבאר[24] בכל המקומות על שבירה, מיתה, וירידת **פנים ואחור** דשבעה התחתונות דנקודים, לפי פשט הדברים נראה שהב"ד חג"ת ונה"י דמלכים נשברו ומתו וירדו לעולמות בי"ע. עם[25] כל

עתיק דאצילות בעתיק דבי"ע, וא"א בא"א, ואו"א באו"א, וזו"ן בזו"ן. כלים פנימים שלהם בבריאה, ואמצעים ביצירה, וחיצונים בעשיה. ובי"ע הנזכר מתלבשים בבי"ע דחול, וזה לצורך שארית בירורי כלים ואורות דמלכים דזו"ן דעתיק, וא"א, ואו"א, וזו"ן דאצילות שנפלו לבי"ע על סדר הנזכר. **כי הכלים הפנימים של מלכי עתיק, וא"א, ואו"א, וזו"ן דאצילות נפלו לבריאה. וכלים האמצעיים של המלכים הנזכרים ליצירה. וכלים החיצוניים שלהם לעשיה**, כנודע. ועל כן בימי החול יורדים הכלים דפרצופים העליונים דאצילות על דרך הנז"ל, לברר בחינותיהם שנשארו בבי"ע.

רחובות הנהר ד"ב ע"ב – ובהגיע האור לגבול האצילות, אירע בהם ענין ביטול המלכים, ונפלו הכלים פנימי אמצעי וחיצון עם אורות דרפ"ח, **לבי"ע התחתונים** דאותה הספירה.

22

ע"ח ח"ב ש"ל דרוש א' מ"ב דכ"ו ע"א – דע כי ז"א יש לו שלוש פרצופים, וכל אחד כלול מעשרה ספירות, והם זה תוך זה תוך עשרה, תוך עשרה, ועשרה אחרים בפנימיות כולם. ואלו השלושה פרצופים הם כולם בחינת כלים, והם שלושים כלים, וכולם הם ביחד גוף אחד, וכלי אחד, ובתוכו יש האורות, שהם נר"ן וכו', ובהיות שלשתן יחד זה תוך זה הם שום בקומתן, אבל לפעמים אין לז"א רק פרצוף החיצון מהם בלבד, ולפעמים שניהן, ולפעמים שלשתן. ובתחילה מתחיל הז"א להיות בו **פרצוף החיצון**, ואז הוא שיעור קומתו הוא שליש גדלותו לבד והוא **כשיעור קומת נה"י** אחר הגדלות האחרון. ואחר כך נכנס בו **פרצוף אמצעי**, ומתלבש בתוך החיצון, ואז נגדל ז"א ב' שלישי קומתו, **שהם נה"י וחג"ת**, בין בחינת פרצוף החיצון ובין פרצוף האמצעי, כי אמצעי גורם אל החיצון שיגדל כמוהו. ואחר כך נכנס בו **הפרצוף הפנימי**, ומתלבש בתוך האמצעי, ואז גם ב' הפרצופים החיצון ואמצעי נגדלים כאורך הפרצוף הפנימי, ואז נשלם ז"א כשיעור קומתו לג' הפרצופים. והוא כאלו נמשיל משל, **כי החיצון שיעור קומתו כשיעור נה"י דז"א בגדלות, והאמצעי כשיעור נה"י וחג"ת דגדלות, והפנימי כשיעור נה"י חג"ת חב"ד בגדלותו**. ולכן בבא האמצעי מגדיל את החיצון כמוהו, ובבא הפנימי מגדיל שניהן כמוהו.

ע"ח שי"ט פ"י מ"ב דצ"ה ע"ג – והנה הכלים הם שלושה, בחינת **חיצון ואמצעי ופנימי**.

ע"ח ח"ב ש"ל דרוש ב' מ"ב דכ"ז ע"א – באופן כי יש לכל פרצוף עשר ספירות, הנקרא כלים, ונחלקים לשלוש חלקים, והם עשר כלים חיצוניות, מדור אל הנפש. עשר כלים אמצעים מלובשים תוך חיצוניות, והם מדור אל הרוח. ועשר כלים פנימים מלובשים תוך הכלים אמצעים, והוא מדור אל הנשמה. והם שלושים כלים, אבל גובה קומתן אינם אלא עשרה, לפי שהם עשר תוך עשר, ועשר תוך עשר.

23

נהר שלום, דרוש הדעת דמ"א ע"ג – ונבאר עתה כל זה בפרטות פרצוף אחד שהוא זעיר, וממנו תקיש בכללות כל הפרצופין יחד, דע כי ז"א הוא פרצוף אחד כולל עצמות וכלים, **והכלים שבו הם נכללים בשלושה**, כי הכבד למטה, וכולל עשר מדות שהם כל האיברים, ומתלבש על ידי הורידין שבו, בכל הגוף. והלב גבוה ממנו, וכולל עשר מדות, ומתלבש תוך בחינת הכבד, על ידי הדפקים שבו, ומתפשט בכל הגוף, והמוח גבוה מכולם, וכולל עשר מדות, מתלבשים תוך בחינת הלב, על ידי הגידים, המתפשטים ממנו, ומתפשט בכל הגוף, ועל דרך זה ממש נחלק העצמות בשלושה, נשמה ורוח ונפש, מתלבשים זה בתוך זה, ומתפשטים בכל הגוף, לכן הכבד משכן הנפש, והלב משכן הרוח, והמוח משכן הנשמה.

24

ע"ח ש"ח פ"ב מ"ת ל"ו ע"ג – אמנם השבעה מלכים תתאין מתו, לפי שכליהם נעשו מהסתכלות עין בחוטם פה לבד, והיה חסר מהם אור האזן העליונה. והנה גם בג"ר עצמם יש בהם חילוק בין זו לזו,)נ"א והנה( )כי מן הכתר לא ירד ממנו אפילו האחוריים, אלא האחוריים של נה"י בלבד. אבל באו"א של הנקודים ירדו האחוריים שלהם לבד, ונשארו הפנים במקומה. וטעם הדבר הוא כי אלו האורות שנמשכים עד שבולת הזקן נחלק לשלושה, כי הכתר לקח מבחינת האזן עצמה ממה שהראייה שואבת בהסתכלות באור האזן, ומכל שכן שנכללים בו שני אורות אחרים, ומזה נעשה כלי לכתר נקודים. ואבא לקח ממה שהראייה שואבת מאורות

זאת רק חג"ת נהי"מ דמלכים נשברו ומתו, שהם הבחינה החיצונה והאמצעית, הנקראת[26] גם החיצונה והתיכונה, והסיבה[27] שהרב ז"ל קורא לחג"ת נה"י פנים ואחור היא שמדובר בערכין, **כי חג"ת נקראים אחור בערך חב"ד,**

החוטם, וגם אור הפה נכלל בו. והנה הכתר שלקח מן האזן הארתו גדולה מאד לא נשבר כלי שלו, אבל או"א שאין לוקחין רק מן החוטם ופה נשברו האחוריים של כליהם. והנה או"א אם היו מקבלים אור מזה של א"ק, בהיותו למעלה קרוב אל מקום נקבי האזן, אף על פי שלא היו מקבלין מאורות האזן עצמה, רק קצת הארה היו מתקיימין האחוריים של כליהם, אבל כיון שאין מקבלין רק מסיום האזן שהוא מקום שבולת הזקן, לכן אף על פי שלוקחין קצת הארה אינו מועיל להם, ולכן נשברו האחוריים של כליהם. אבל הכתר כיון שלוקח אור האזן ממש אף על פי שלקחו סיומו כיון שהוא לוקח עצמותו, די בזה ולא נשבר אפילו האחוריים של כלים דידיה. מה שאין כן באו"א שאינם לוקחין רק הארה בעלמא, וגם שהוא ברחוק מקום. והרי נתבאר שלושה בחינות אלו, והם כי הכתר נתקיים כולו. ואו"א נשברו ונפלו האחוריים שלהם. **וזו"ן נפלו פנים והאחוריים שלהם,** והנה זהו הטעם שנרמז בפסוק והארץ היתה תהו ובהו, אשר הוא מדבר בענין מיתת המלכים של הנקודים כנזכר לעיל.

ע"ח ש"ח פ"ו מ"ת דט"ל ע"ג – וכבר נתבאר לעיל כי אלו שבעת מלכים לקחו אורם מגוף א"ק שתחת שבולת הזקן, ולא מלעלה. נמצא שהם חסרים בחינת שלושה אורות עליונים שהם אח"פ, **כי לכן נשברו הפנים והאחוריים שלהם,** ואלו הם בחינת ג' תגין שיש למעלה על כל אות מאלו השבעה הנזכר לעיל. כי הם מורים על הסתלקות האורות והחיות מן הכלים, שהם אותיות, ונשאר האור למעלה מהם ולא בתוכם, כדרך צורת התגין על האותיות. אבל האותיות בד"ק חי"ה הם אחוריים דאו"א שירדו.

ע"ח ש"ט פ"ג מ"ת דמ"ב ע"ד – ונבאר עתה איך בעת מיתת המלכים אלו ירדו הכלים שלהם לעולם הבריאה כנזכר לעיל, משאין כן בארבעה אחוריים דאו"א. כי הנה נתבאר החילוק שהיה בין או"א לשבעה המלכים, שהם זו"ן, ואמרנו כי השבעה מלכים שהם זו"ן מתו ממש, וירדו אל עולם הבריאה, הכלים שלהם ואחוריים של או"א נתבטלו ולא מתו, אלא שירדו למטה בעולם אצילות עצמו, ושם ביארנו טעם לזה, ואמרנו שהיה לסיבה שהשבעה מלכים לא קבלו אורות אח"פ דא"ק, רק מגופא דיליה ואילך. והנה לטעם זה עצמו היה גם כן שינוי אחר בין ג"ר שהם כח"ב, אל השבעה מלכים התחתונים, כי הג"ר יצאו בקצת תיקון בראשונה, והוא כי כאשר יצאו בראשונה נתפשטו כסדר ג' קוין, מה שאין כן שבעה תחתונות שיצאו זו למטה זו, וזה שכתוב באדרא רבא – עד אימת ניתב בקיימא דחד סמכא, ר"ל נתקן התיקון שהוא דרך קוין, אבל קודם שהיו זה על גבי זה, הוי קיומא דחד סמכא. וכבר ביארנו כי התיקון האצילות הוא בהיות ששה קצות עשוי בבחינת ג' קוים קשורים זה בזה, בסוד השלישי המכריע ביניהן, ואז נקרא רשות היחיד. אבל בהיותן זה על גבי זה והם נפרדין אחת מחברתה, אז נקרא רשות הרבים. ולכן הג"ר נתבטלו אחוריהם ולא מתו, **ושבעה מלכים מתו פנים ואחור,** כי יצאו בלי תיקון כלל.

ע"ח ש"ט פ"ז מ"ב דמ"ו ע"ד – ויצאו שבעה תחתונות מדעת ולמטה בלבד, וכולם יצאו מן בינה דז"א הכלולה תוך אימא עילאה כנזכר לעיל, שלא יצאה, **ואז כל השבעה מתו פנים ואחור,** וירדו בבי"ע.
25

ע"ח ח"ב ש"ל דרוש א' מ"ב דכ"ו ע"ד – גם תבין כי פרצוף האמצעי אף כי נקרא אחור בערך השלישי הפנימי מכולם, **אמנם לפעמים נקרא פנימי בערך החיצון שבכולם.** ובזה תבין מה שנתבאר אצלינו כי בעת מיתת המלכים של ז"א היה בו אחור ופנים, והוא לסבת היות בו תמיד נה"י חג"ת, ו"ק, שהם פרצוף החיצון ואמצעי כנזכר לעיל, **ואז החיצון נקרא אחור, ואמצעי פנימי בערך החיצון,** והבן זה.
26

ע"ח ש"ט פ"ח מ"ב דמ"ז ע"א – ודע כי באצילות המלכים לא יצאו בזו"ן רק השבעה מלכות מלכיות, שבשתי בחינות, **החיצונה והתיכונה,** והם **המלכות דנה"י חג"ת,** ולכן נקרא המלכים נקודות, כי נקודה היא מלכות כנזכר לקמן.
27

נהר שלום די"ב ע"ד – והענין בקיצור נמרץ, ידוע כי כל העולמות מראש א"ק עד סוף העשיה, כלולים מחיצוניות ופנימיות, וכל אחד משניהם נחלק לחיצוניות ופנימיות, **ואין לך שום בריה שאינה כלולה מחיצוניות ופנימיות,** אמנם החיצוניות דכללות כל העולמות הם העיגולים דכל העולמות, והפנימית הוא היושר דכל העולמות, וכל אחד נחלק לחיצוניות ופנימיות, שהם הכלים והאורות, גוף ונשמה, כי הכלים שהם

ונקראים פנים בערך הנה"י. לכן צריך **לזכור ולדעת** כי בכל מקום שנזכר פנים ואחור דז"א דמקרה המלכים, מדובר אך ורק בו"ק דז"א.

זאת ועוד כאשר מבואר כי המלכים הם בחינת ב"ן דעסמ"ב דב"ן, שהוא בחינת המלכיות דעסמ"ב דב"ן, הכוונה היא שהב"ן הזה כולל את מ"ה וב"ן דב"ן, כי[28] אין לך ניצוץ שנברא, שאינו כלול מזכר ונקבה. ולכן[29] בחינת המלכים דמיתו הם מ"ה וב"ן דב"ן דעסמ"ב דב"ן, רק שאנחנו מזכירים רק את בחינת הב"ן בלי המ"ה. ובתיקון יצא מ"ה החדש, הכולל מ"ה וב"ן דמ"ה, וכן בשם מ"ה החדש אנחנו מזכירים רק את שם מ"ה בלי הב"ן, ופשוט הוא.

גם צריך לדעת כי שמבואר לפי פשט דברי הרב ז"ל, שנשברו ומתו הכלים דמלכים, מובן כי לכל הבחינת הפנים ואחור שהם חג"ת נהי"ם דשבעה המלכים, קרה מקרה המלכים, אבל[30] **בעומק דברי** הרב ז"ל מדובר רק בפרצוף האחור, והוא פרצוף הנה"י. ר"ל המלכים שנשברו ומתו הם חג"ת נה"י דנקודים.

ועוד דבר חשוב גם[31] בחינת עולמות אבי"ע יצאו בנקודים, שהם **בעומק הדברים** אבי"ע דאב"י, כמו שיתבאר לקמן.

העשר ספירות דכל פרצוף, נקרא חיצוניות בערך הפנימיות, שהם האורות והנרנח"י, המלובשים בהם. וכן בפרטות העשר ספירות הנחלקים לשלשה פרצופים, נה"י חג"ת וחב"ד, מתלבשים זה בתוך זה. **כי פרצוף דנה"י המלביש לפרצוף חג"ת נקרא חיצוניות בערך פרצוף החג"ת המתלבש בתוכו, ופרצוף החג"ת נקרא פנימיות אליו**. ופרצוף החג"ת נקרא חיצוניות בערך פרצוף החב"ד המתלבש בו, והחב"ד הוא פנימיות אליו. וכל זה הפרצוף הכלול מחב"ד וחג"ת ונה"י נקרא חיצוניות בערך הפרצוף העליון המתלבש בו, וכן על דרך זה מפרצוף לפרצוף, עד א"ס.
28

ע"ח ש"ט פ"ז דמ"ו ע"ב – דע כי אין לך ספירה וספירה, אפילו בעשר ספירות הפרטיות שבכל פרצוף ופרצוף, שאין בו **בחינת זכר ונקבה, והם ב"ן** דנקודות **ומ"ה החדש**, ואמנם אין ענין ב"ן הזה והנקבה זו בחינת מלכות העשירית שיש בכל ספירה וספירה, שהיא בחינה עשירית שבכל ספירה וספירה, אלא שיש בכל ספירה עשר בחינות, וכולם דמ"ה, ועשר בחינות וכולם דב"ן, והתשע ראשונות דמ"ה וב"ן הם נקרא ט' בחינות הראשונות של ספירה ההוא, והבחינה עשירית שהוא מלכות שבאותו ספירה עצמה, היא כלולה ממ"ה וב"ן. **כלל הדברים בקיצור נמרץ כי אין לך שום ניצוץ קטן בכל האצילות, שאין בו מ"ה וב"ן**. **גמרא בבא בתרא דע"ד ע"ב** – אמר רב יהודה, אמר רב, כל מה שברא הקדוש ברוך הוא בעולמו, **זכר ונקבה בראם.**
29

רחובות הנהר ד"ג ע"ב – ובתחילה יצא שם ב"ן, שהוא שבעה קצוות זו"ן, שהם **מ"ה וב"ן דב"ן** דא"ק, והם השבעה מלכים דב"ן דמיתו, ואינם רק שבעה מלכים, אלא נפרטו לעשר ספירות, שהם עסמ"ב, והם עתיק, וא"א, ואו"א, וזו"ן דב"ן דאצילות. ואחר כך בתיקון יצא שם מ"ה החדש, שהוא שבעה קצוות זו"ן, שהם **מ"ה וב"ן דמ"ה** דא"ק, ונפרטו גם הם לעסמ"ב על דרך הנזכר לעיל.
30

ע"ח ח"ב ש"ל דרוש ה' מ"ב דכ"ח ע"ב – ונבאר עתה מה שהיה בעת מיתת המלכים, קודם העיבור, כי היה אז ז"א מבחינת ו"ק לבד, של זה הפרצוף הראשון, שכל עצמו אינו רק נה"י לבד. **ונמצא שהוא חג"ת נה"י של פרצוף דאחור**. ונמצא שהם ו"ק, אבל אינם רק נה"י לבד, ובזה לא יחלקו הדרושים הכתובים אצלינו.
31

ע"ח שי"ט פ"ה מ"ב דצ"ב ע"ב – והנה המלכים שמלכו בארץ אדום הם עשר ספירות דב"ן הכולל הנזכר לעיל. ונקודה ראשונה היא כתר דב"ן. והיא נוקבא דעתיק ודא"א, ונקודה שניה היא אבא, צד ב"ן שבו. ונקודה שלישית אימא צד ב"ן שבה. וכל אחד משלוש נקודות אלו, היו כלולים מעשרה נקודות שלימות. אך אחר כך יצאה נקודה הרביעית, ולא יצאה כלולה מעשרה נקודות, רק בשישה נקודות התחתונות שבה לבד, ולכן נקרא בשם ו' נקודות, ועם ג"ר הרי תשעה נקודות. אחר כך יצאה נקודה חמישית, ולא יצאה כלולה מעשרה נקודות

בזמן התיקון יצא מהמצח דא"ק המלך השמיני, והוא **הדר ואשתו מהיטבאל**, הנקרא מ"ה החדש, כדי לתקן את המלכים דמיתו. לפי פשט דברי הרב ז"ל יצא רק רק היסוד דא"ק, **בעומק** דברי הרב ז"ל שם מ"ה החדש יצא בשיעור קומה שלם, של עסמ"ב, והשבעה[32] תחתונות דשם מ"ה החדש תקנו את המלכים שנשברו ומתו. ופשוט[33] הוא שלכל נקודה בעובי יש את שם מ"ה הפרטי דאותה נקודה.

עוד צריך לדעת כי עד פרק ו' דשער השבירה, הרב ז"ל מבאר את מקרה המלכים בכללות בנקודה אחת, עם כל זאת צריך[34] לדעת כי מהעין דא"ק יצאו חמשה[35] נקודות דכללות העומדות בעובי, שהם א"א או"א וזו"ן, ועמדו מהטבור דא"ק ולמטה, ובכל אחד ואחד מנקודות אלו היה מקרה המלכים בפרטות[36], כאשר הג"ר נשארו באצילות דאותה נקודה דכללות, ובשבעה תחתונות נשברו ומתו, וירדו לבי"ע דאותה נקודה.

שלה, רק נקודה אחת לבד, חלק עשירית שבנקודה ההיא. הרי נמצא ששרשם אינם רק חמשה נקודות, ונקרא עשרה נקודות דב"ן, ואלו יצאו ראשונה ונשברו ומתו. **ודע כי לא די כי אלו שיצאו בבחינת האצילות, שהם הפנים דב"ן, אלא גם אחוריהם שהם בי"ע יצאו עמהם.** ודע, כי גם באצילות יש פנים ואחור, **אך כולם נקראו פנים בערך בי"ע שהם חיצוניות.** והענין כי בבריאה היה חיצוניות הפנים דב"ן, ויצירה חיצונית דאחוריים דב"ן, ועשיה חיצונית יותר חיצון דאחוריים דב"ן. וכאשר נשברו, לא נתקנו כל מה שנשברו, רק מעט, ולא יושלמו להתברר עד ביאת המשיח במהרה בימינו אמן.
32

ע"ח ש"ט פ"ח מ"ב דמ"ז ע"ב – ואחר כך יצאו בחינת חג"ת נה"י שבז"א, נקרא הדר, ויצאו בחינת חג"ת דנה"י דנוקבא, ונקרא מהיטבאל אשתו, ואלו יצאו בתיקון אדם, כנזכר באדרא דף קל"ה ע"ב, והבן זה מאוד.
33

כרם שלמה ש"ט פ"ז אות ד' – ומה שכתב ואחר כך יצא שם מ"ה, ונתחבר עם ב"ן, בכל ספירה וספירה כנזכר לעיל, בכל הפרטים. ר"ל כשיצא שם **מ"ה** יצא כנגד **כל הפרטים** דכל האצילות, דהיינו מראש עתיק עד סוף מלכות דאצילות. אבל לא יצא כנגד השבעה תחתונות לבד דכל פרצוף שנשברו, אלא יצא כנגד כל העשר ספירות **דעתיק**, ונתחבר עם עשר ספירות **דב"ן** דעתיק. וכן כנגד כל העשר ספירות דא"א, ונתחבר כנגד כל העשר ספירות דא"א. וכן העשר ספירות דאו"א וזו"ן. ואז נעשו העשר ספירות דעתיק וא"א מכתר שלהם, עד המלכות שבהם, כולם כלולים **ממ"ה ומב"ן**, אף על פי שבהג"ר שלהם לא היה בהם ירידה ומיתה ח"ו, על כל פנים כשיצא שם **מ"ה** יצא בשלמות. וכן או"א וישסו"ת וזו"ן, כולם כלולים משם **מ"ה וב"ן**, מכתר שלהם עד מלכות שבהם.
34

ע"ח ש"ט פ"ו מ"ב דמ"ה ע"ג – אמנם כפי האמת הם חמשה בחינות, כי הכתר למעלה מהארבעה, הוא ועמו הם חמשה פרצופים, הכוללים עשר ספירות כנודע, **והנה בכל אחד מאלו החמשה פרצופים יש בו עשר ספירות גמורות.**
35

רחובות הנהר ד"ב ע"ב – ידוע כי חמשה נקודות יצאו מעינים דא"ק מבחינת ב"ן, וכולן יצאו שלימות, כל אחת שלימה בכל חלקי הנקודה ההיא. באופן שכל אחת ואחת כוללת חמשה פרצופים, עתיק וא"א ואו"א וזו"ן. **וסדר שבירת הכלים היה בכל נקודה ונקודה מהם, דכל אחד ואחד מהם הג"ר עתיק וא"א שבו נתקיימו, ושבעה תחתונות זו"ן שבו נשברו,** כמבואר כל זה באורך בעץ חיים שער ט' פרק ו', ופרק ז', ופרק ג' משער י"ז, ובכמה מקומות משער הלקוטים, ומשער מאמרי הרשב"י ע"ה, וכן במבוא שערים ש"ב ח"ג פ"ו, יעו"ש.
36

נהר שלום דכ"ד ע"ד – והנה ידוע כי מיתת המלכים היתה בזו"ן דפרטות, ר"ל בזו"ן דעתיק, ובזו"ן דא"א, ובזו"ן דאבא, ובזו"ן דאימא, ובזו"ן דז"א, ובזו"ן דנוקבא, וכל פרצוף מאלו הפרצופים כלול מכל הפרצופים הנזכרים. וזה היה בפרט האחרון דפרטי פרטות, וכמבואר לעיל בהקדמה, וזה היה בפנימיות וחיצוניות דפנימיות, ובחיצוניות ופנימיות דחיצוניות, פנים ודאחור. **והכלים עם הרפ"ח ניצוצות דמלכים דעתיק נפלו לעתיק דבי"ע, ודא"א לא"א דבי"ע, ודאו"א לאו"א דבי"ע, ודזו"ן לזו"ן דבי"ע. באופן זה כי הכלים הפנימיים דמלכים הנזכרים נפלו לפרצופי הבריאה. והכלים האמצעיים ליצירה. וכלים החיצוניים שלהם**

היו מספר[37] סיבות למקרה המלכים דמיתו, והם מפוזרים לאורך ורוחב ספרי הרב ז"ל.

לעשיה. ונתבאר בשער השמות ובכמה מקומות, כי כדי לברור הכלים ושארית הרפ"ח דכל פרט, יורדים כל הפרצופים העליונים דאצילות בימי החול בסוד גלות השכינה, ומתלבשים בפרצופים שכנגדם למטה בבי"ע. עתיק דאצילות בעתיק דבי"ע, וא"א בא"א, ואו"א באו"א, וזו"ן בזו"ן. כלים פנימים שלהם בבריאה, ואמצעים ביצירה, וחיצונים בעשיה. ובי"ע הנזכר מתלבשים בבי"ע דחול, וזה לצורך שארית בירורי כלים ואורות דמלכים דזו"ן דעתיק, וא"א, ואו"א, וזו"ן דאצילות שנפלו לבי"ע על סדר הנזכר. **כי הכלים הפנימים של מלכי עתיק, וא"א, ואו"א, וזו"ן דאצילות נפלו לבריאה. וכלים האמצעים של המלכים הנזכרים ליצירה. וכלים החיצוניים שלהם לעשיה**, כנודע. ועל כן בימי החול הכלים יורדים דפרצופים העליונים דאצילות על דרך הנז"ל, לברר בחינותיהם שנשארו בבי"ע.

רחובות הנהר ד"ב ע"ב – ובהגיע האור לגבול האצילות, אירע בהם ענין ביטול המלכים, ונפלו הכלים פנימי אמצעי וחיצון עם אורות דרפ"ח, **לבי"ע התחתונים** דאותה הספירה.

37

<u>ט"ז סיבות למקרה המלכים</u>

א. השבע מלכים יצאו מבחינת מלכויות, נפש, עגולים. ע"ח ש"ח פ"א, ע"ח ש"ט פ"ח, מבוא שערים ש"ב ח"א פ"ג.

ב. הג"ר יצאו בצורת סגולתא, וכל אחת כלולה מעשר, ומתפשטים בסוד קוין שכולם קשורים זה בזה, והז"ת יצאו בבחינת חד סמכא, ונפרדים זה מזה בסוד רשות הרבים, ולא בסוד מיתקלא. ע"ח ש"ט פ"ג, ע"ח ש"ט פ"ה, ע"ח שי"א פ"ה.

ג. כלי הו"ק לא יכלו לסבול יותר אורות מחלקם, והם קיבלו כל אחד חלקו וחלק חברו התחתון ממנו, ולא כן כשהיו בג"ר היו מתבטלים בערכם. ע"ח ש"ח פ"ה, מבוא שערים ש"ב ח"א פ"ו.

ד. האור של העשר ספירות פרצוף שלם, והכלים קטנים, נפרדים, וחסרים. ע"ח ש"ט פ"ה, ע"ח שי"א פ"ה, מבוא שערים ש"ב ח"ב פ"ב.

ה. הג"ר יצאו בגוף אחד, והיה בהם כח לקבל האור, השבע תחתונים יצאו נפרדות וחסרות, ולא יכלו לקבל האור שלהם. מבוא שערים ש"ב ח"ב פ"ג.

ו. הג"ר אין הדין ניכר בהם, והם רחמים, השבע תחתונים דינים נתגלו בהם, ולא יכלו לסבול אור הרחמים. מבוא שערים ש"ב ח"ב פ"ג.

ז. הנקודים יצאו מבחינת חיצוניות סמ"ב דס"ג וחיצוניות עסמ"ב דב"ן, שהם הענפים, והשורשים נשארו בפנימיות א"ק, ולא היה בכח הענפים לקבל את האור. ע"ח ש"ה פ"א, מבוא שערים ש"ב ח"ב פ"ג.

ח. הג"ר קבלו במקום שבולת הזקן אור האוזן, וגם אורות חוטם פה, והז"ת קבלו אורות החוטם פה משבולת הזקן ועד מקום הטבור. ע"ח ש"ח פ"ב, ע"ח שי"א פ"ה, מבוא שערים ש"ב ח"ב פ"ג.

ט. מלכי הנה"י דינין תקיפין, רצו להתגבר על מלכי החג"ת שהם רחמים. שער ההקדמות הקדמה אחת בטרם שנאצל עולם האצילות דל"ג ע"ג. ע"ח ש"ט פ"ה דמ"ה ע"א.

י. הג"ר דו"ק נשארו בפנימיות המאציל. מבוא שערים ש"ב ח"א פ"ה.

י"א. הג"ר לא נתקנו כפרצוף, לכן האור שיצא מהם לז"ת לא יכלו לקבלו. ע"ח שמ"ז פ"ה, שער ההקדמות דרושי אבי"ע דרוש ג' דע"ג ע"ג.

י"ב. לא היתה אהבה בין ספירה לספירה, וכל ספירה היתה יראה מהספירה שמעליה ומהספירה שמתחתיה. ע"ח שי"א פ"ה, שער ההקדמות הקדמה אחת בטרם שנאצל עולם האצילות דל"ב ע"ג.

י"ג. הסיגים מעורבים בכלים, והם גורמים פירוד. מבוא שערים ש"ב ח"ב פ"ג.

י"ד. לא נכנס האור על ידי התלבשותו בנה"י דישסו"ת בסוד כ"ל צמ"א, אלא באופן ישיר, ורק בתיקון התלבשו האורות בנה"י דישסו"ת. שער ההקדמות דרוש ה' בזמן העיבור השני דמוחין דל"ח ע"ב.

ט"ו. לא נתכללו אחד עם השני, וכל אחד מהמלכים היה בחינה בפני עצמה. ע"ח ש"ט פ"ג, מבוא שערים ש"ב ח"ב פ"ג.

ט"ז. תכלית כוונת המאציל היתה להוציא ולעשות בחינת קליפות לצורך הנבראים, כדי לתת שכר לצדיקים, ועונש לרשעים. ע"ח שי"א פ"ה.

שער ט' פרק א'

ונחזור אל הכוונה ונאמר כי הלא או"א היו מתחלה פב"פ לפי שנעשה להם מוחין מהכתר כנ"ל
אמנם מ"ן שלהם הגורם להם העמדה וקיום הבחי' דפב"פ היו מציאת ז' מלכים אלו אשר היו
במעי בינה ואלו היו מ"ן דילה כי כן הוא תמיד שהבנים הם מ"ן דאמא ובעוד שאלו הז' מלכי'
היו תוך הבינה היו מעלין מ"ן וגורמין זווג לאו"א ונמשכו להם מוחין והוחזרו או"א פב"פ
ונזדווגו יחד כדי להוציא ז' מלכים אלו. ובעת צאת המלכים אלו אם לא מתו אלא שהיו קיימים
היו מעמידין לאו"א פב"פ אפי' שיצאו למטה והיו מועילין למ"ן שלהם אמנם יען שנשברו ומתו
לכן גם או"א האחוריים שלהם המעמדת אותם פב"פ ירדו למטה ואז חזרו להם אב"א כי כבר
אין להם מי שיעלה להם מ"ן ומקיים חזרתן פב"פ והנה פשוט הוא שלא נגמרו אחוריים דאו"א
לירד עד כלות שבירת ז' כלים שכל בחי' שבירת מלך א' היה גורם ירידת קצת מאחוריים
דאו"א וזהו ביאור העניין. הנה כאשר נעריך מציאות הז' מלכים אלו בד' פרצופים של חו"ב
יש"ס ותבונה כנ"ל נמצא כי עד שליש ספי' ת"ת שהוא המלך הד' אז נגמרו לירד אחוריים
דאו"א עלאין וכאשר נשברו כל הז' מלכים אז ירדו גם אחוריים דיש"ס ותבונה. והנה הדעת
הוא המלך הראשון שיצא ובו היו כלולים כל הז' כנ"ל והנה כבר ידעת כי עיקר העלאת מ"ן הם
הכלים [נ"א הבנים] שנולדו כבר בעולם ולכן עיקר העלאת מ"ן עד עתה היה ע"י הדעת אשר
כבר יצא לעולם בראשונה כי [נ"א כי בראשונה] כבר ביארנו שלא הוצרכו תחלה מ"ן לאו"א
רק סליק ברעותא לבד ומ"ש שאלו הז' מלכים היו מ"ן אין הכוונה לומר שהם המשיכו חו"ג כי
כבר נמשכו בתחילה. וראי' לזה שהרי החזירו או"א פב"פ ואח"כ נתן חכמה בבינה ז' מלכים
אלו כמ"ש א"כ א"כ לומר שהיו מ"ן אל הבינה אמנם הכוונה שהם היו מעמידין אותם בבחי'
פב"פ לאו"א ע"י העלאת מ"ן שלהם אחרי שהיו כבר בבינה ואז היו ממשיכין עוד החו"ג
כבתחלה. ונחזור אל העניין כי הנה אחר שיצא אור הדעת ונכנס בכלי שלו העלה מ"ן והמשיך
חו"ג באו"א כי הלא הדעת הוא כלול מחו"ג. ועוד כי הלא הז' מלכים היו אז כלולים בו ולכן
היה בו כח להוריד חו"ג כנ"ל. ואמנם לפי שאין שאר המלכים מעלין מ"ן לפי שעדיין היציאה
לא היתה להם אלא אל הדעת לכן א"א להוריד מוחין שלמים רק ע"י זו"ן ביחד ולכן מה
שהורדיד הדעת היה בחי' חו"ג בראש דאו"א עלאין במקום הדעת שלהם הדומה אליו כמוהו
וכאשר נשבר כלי המלך זה הנקרא דעת אז גם הדעת דאו"א עלאין ירד למטה במקום הגוף
דאו"א אבל כלי המלך הזה הנקרא דעת אחר שנשבר ירד לעולם הבריאה כמ"ש בע"ה ושאר
השישה)נ"א הז'(אורות שהיו עמו נכנסו בכלי המלך הנקרא חסד ואז עדיין או"א עלאין היו
פב"פ כי אינן חוזרין אב"א עד שיגמור הכל לירד כי הם דבוקים פב"פ וצריך שיגמור להסיר
התדבקות הזה לגמרי ואח"כ יחזרו אב"א אבל כל זמן שעדיין נשארו קצת דבקות בהם אינם
חוזרין אב"א ולהלן בע"ה נבאר ענין הדבקות גמור דאו"א בהיותן פב"פ מה ענינו. והנה
כשירדו ה"ח וה"ג מרישא דאו"א עלאין עד למטה בגופא)בין התרין כתפין(בהכרח הוא
שגרם חסרון האור אע"פ שלא חזרו לגמרי אב"א)נ"א עדיין(חסרון הזה הוא חסרון
הסתכלות עיני או"א זה אל זה ובזה וכאשר מלך הב' שהוא חסד המשיך הה"ח שיתפשטו בגופא דאבא
כנודע וכשמת ירד הוא בבריאה והה' אורות ירדו בגבורה במלך הג' ואז נפלו האחוריי' דאבא
הנעשין ע"י התפשטו ה"ח כנ"ל ועתה נפלו כולם והחסדים ירדו ביסוד דאבא ואז אבא החזיר
אחוריו אל פני הבינה אשר בחי' זו נקרא אחור בפנים כי פני הבינה נוכח אחורי החכמה
עומדין. וא"ת הרי פרצוף אבא אינו נגמר)לירד עד שליש ת"ת כנ"ל וי"ל כי אותו שליש של

ת"ת הוא אל אבא בערך היסוד והוא דוגמת ז"א עם המוח' שלו שמצד הבינה וכל דרוש זה צריך שתבינהו ע"ד הדרוש ההוא והכל בציור א' ואז תבינהו. והנה היסוד כולו הוא בחי' פנים ואין לו אחוריים שירדו ממנו לפי שכל היסוד של זכר נכנס תוך היסוד של נקבה וכולו הוא בחי' פנים משא"כ בשאר הגוף שיש בו בחי' אחוריים החוזרים)נ"א פנים הנחזרי'(נגד פני הנקבה אבל אחוריו אינם דבוקים עמה ולכן סיום האחוריי' דאבא הם נגמרים לירד טרם היות פגם וגרעון ביסוד דאבא. ואח"כ מלך הג' שהוא גבורה והמשיך התפשטות הה"ג באמא עלאה)בגופא(וכשמת ירד לבריאה והד' מלכים)אורות(ירדו בכלי הד' שהוא הת"ת ואז נפל התפשטות הגבורות ביסוד דאמא)נ"א ה"ג דאמא עלאה שהיו בגופה(ונפלו גם האחוריים שלה למטה ואז ג"כ אמא החזירה אחוריה והיה אחור דאמא באחור דאבא. ואח"כ המלך הד' והוא ת"ת ובהגיע אור אל שליש עליון שלו שהוא עד החזה אז המשיך בחי' כללות ה"ח היסוד אבא וה"ג ביסוד אמא כנודע כי לכן היסוד נקרא כל שכולל ה"ח וה"ג וכבר בארנו בארנו זה הציור כי דעת כולל רישא דאו"א וה'חסד הוא גופא דאבא וגבורה הוא גופא דאמא ושליש ת"ת עליון הוא היסוד דאו"א. והנה כאשר הגיע האור לב"ש תחתונים דת"ת אז)נגמרו כל אחורי או"א עילאין לירד והמשיך החו"ג ברישייהו דיש"ס ותבונה כי שם הוא מקום ראשם יחד וכשמת ירדו ג' מלכים בכלי הה' שהוא נצח(ואז ירדו החסדים מרישא דיש"ס וגבורות מרישא דתבונה עד למטה בגופא דילהון וגם יש"ס ו"ת נגרע מהם הבחי' דהסתכלות עיניהן זה בזה ע"ד הנ"ל באו"א עלאין. ואח"כ מלך הנצח והמשיך ה"ח בגופא דיש"ס וכשמת ירדו שאר מלכים בהוד וירדו האחוריים דיש"ס והחזיר אחוריו נגד פני תבונה. אח"כ מלך ההוד והמשיך הה"ג בגופא דתבונה וכשמת ירדו ב' מלכים ביסוד ואז הכלים דנ"ה ירדו אל הבריאה כי שניהן מלך א' בלבד כנ"ל דתרווייהו אינן רק פלגי דגופא ואע"פ שמלכו זה אחר זה עכ"ז שניהן מלך א' בלבד נקרא ואז ירדו גם אחוריים דתבונה וחזרו יש"ס ותבונה אב"א. אח"כ מלך המלך ו' שהוא יסוד והמשיך כללות ה"ג ביסוד תבונה וכללות ה"ח ביסוד יש"ס וכשמת ירדו גם בחי' אלו. אח"כ מלך מלך הז' שהיא המלכות בכלי שלה היא לבדה ואז המשיכה כללות ה"ח במלכות דישראל סבא וכללות ה"ג במלכות תבונה כי גם המלכות יש לה כללות על דרך הנ"ל ביסוד כי)לכן(גם היא נקרא כלה כמו שהיסוד נקרא כל וכשמתה היא אז ירדו כללות ה"ח וה"ג ממלכות דיש"ס וממלכות דתבונה והכלי דמלכות ירד לבריאה גם עתה נגמרו כל אחוריים של ד' פרצופי דאו"א ויש"ס ותבונה ליפול לגמרי וא"ת למה באו"א ת לא נכנס בחשבון כללות החו"ג במלכות דאו"א עלאין ע"ד שנכנסו בחשבון המלכות דיש"ס ותבונה וי"ל כי נודע כי בשליש עליון דת"ת שם הוא בחי' העטרה שהוא בחי' המלכות והרי היה נכללת ביסוד אבל כאן היא יותר נגלית המלכות דתבונה ממלכות דבינה כי מלכות דתבונה היא ממש מלכות בערך כללות בינה ותבונה יחד בפרצוף א' אבל המלכות דבינה עלאה היא בחי' כללות של גופא והיא מקום החזה של ת"ת של כללות הפרצוף יחד דבינה ותבונה כנודע ואינה מלכות ממש.

שַׁעַר שְׁבִירַת הַכֵּלִים וּבוֹ ז' פְּרָקִים

פֶּרֶק א' מ"ת

דרוש זה מקורו מספר אוצרות חיים וצריך לכתוב מ"ת בראש הדרוש.

בדרוש זה הרב ז"ל מבאר באופן כללי ביותר את מלוכתם של השבעה מלכים דנקודים שהם[38] זו"ן, שבירתם[39] ומותם. עם כל זה בדרוש זה לא מבאר הרב ז"ל לאיפה הסתלקו האורות דנקודים, ולאן נפלו שברי הכלים דנקודים.

וּנַחֲזוֹר אֶל הַכַּוָּנָה לבאר את מה שמפורש בשער[40] הנקודים, את ענין השבעה מלכים שהיו במעי אימא, **וְנֹאמַר כִּי[41] הֲלֹא אוֹ"א** עילאין וישסו"ת **הָיוּ מִתְזַוְּלָה**[42] צריך[43] לגרוס **בתחילה** אחור באחור קודם

שער המצות, פרשת ויקרא די"ט ע"ב – וענין להרע או להטיב פירושו, כי השתי אותיות האחרונות של הוי"ה הנזכרים הם להרע, ושתי אותיות הראשונות הם להיטיב. ונמצא שהתחיל מלמטה למעלה. ובזה יתורץ ענין מה שכתוב בגמרא - שבועה שאוכל ושלא אוכל. **והענין הוא כי הנה נודע שהשבעה מלכים דמיתו הם זו"ן, שהם שני אותיות ו"ה האחרונות, כי אות ו' הוא ז"א, הכלול משש קצוות, ואות ה' היא במלכות.** ומרוב הסיגים שבהם, שהם בחינת הרע, לכן מתו ונתבטלו, ולכן להרע הוא בהם. אבל שתי אותיות י"ה הראשונות, הם באו"א, והם להיטיב, כי כולם טוב, ולא היה בהם סיגים רעים, ולא מתו כנודע. והנה להטיב משמעותו להטיב לאחרים. והענין הוא זה, כי הנה כאשר מתו שבעה מלכים דזו"ן, שהוא ענין ירידתם בעולם הבריאה, ודאי שנשאר בהם ענין אותם הרפ"ח ניצוצין להעמידם ולקיימם על עומדם די ספוקם בצמצום, וזה אינו נקרא מזון ואכילה, רק חיות מצומצם, ומוכרח בלבד כדי שיוכלו לחזור ולחיות בתחיית המתים, שהוא חזרת תיקון ביטול המלכים כנודע. ונמצא כי זה החיות המוכרח בצמצום היה נמשך להם בהיותם בבריאה, **מן שני אותיות ו"ה האחרונות, שהם גימטריא י"א סמני הקטרת, המקיימים ומחיים את הקליפות מזון הכרחי**, וחיות מצומצם.

גמרא בבא קמא דנ"ד ע"א – בין לרבנן דקא ממעטי להו לכלים)בין רבנן שממעטים תשלומים לכלים שניזוקו בבור(, ובין לרבי יהודה דקא מרבי להו לכלים)ובין רבי יהודה שמרבה כלים לחיוב תשלומים שניזוקו בבור(. כלים בני מיתה נינהו)ושואלת הגמרא וכי כלים הם בני מיתה(, אמרי - **שבירתן זו היא מיתתן.**

ע"ח ש"ח פ"ד מ"ת דל"ח ע"ג – אבל דע כי כאשר אור הכתר נכנס תחלה בכלי שלו, היו שאר האורות בטלים בו בערכו, שהוא גדול מכולם יחד, ולכן היה יכולת בכלי שלו לסובלו, ולסבול תשעה אורות האחרים, ולא נשבר. וכן כאשר יצאה אור החכמה ונכנס בכלי שלו, היו השמונה אורות כלולים בו. וכן בצאת אור הבינה כלולה משבעה אורות, ונכנסים בכלי שלה, היו הכלים יכולים לסבול ולא נשברו, כי כולם הם בטלים בערך או"א, דמיון הבנים שבתחילה עומדים כלולים במוח אביהם בסוד טיפת מוח, וכן בהיות בנים בסוד עיבור במעי אמן, יכולין להיות שם והיא יכולה לסובלם,)ונתנה החכמה בבינה בסוד זווג פנים בפנים והיו כולם בכלי הבינה, כי תחלה היו אחור באחור ונזדווג הכתר מניה וביה והמשיך מוחין להם, ואז חזרו פנים בפנים, וזו"ן ניתנו בה והיו בה בסוד מ"ן, והיו מעמידין מוחין דאו"א על עמדן, ואחר כך נזדווגו יחד או"א והוציאו שבעה מלכים אלו(. ולכן היה בחינת התיקון בג"ר ולא נשברו כלל, וכאשר **היו השבעה תחתונות כלולין במעי אמם, היו שם בבחינת מ"ן, המעוררין זווג עליון.**
ע"ח ש"ח פ"ו מ"ת דט"ל ע"ב – והנה מה שמבואר שנפלו האחוריים דאו"א, הוא על בחינת חו"ג המגדילים האחוריים, ומחזירים פנים בפנים, לכן אל תתמה אם אנו אומרים ומכנים בחינה זו פעם פנים בפנים,

השבירה, ואחר כך חזרו **פָּנִים בְּפָנִים**[44], לְפִי שֶׁנַּעֲשָׂה לָהֶם מוֹחִין מֵהַכֶּתֶר שֶׁהוּא א"א, שֶׁהַזְדּוּוַג מִנֵּיהּ וּבֵיהּ **כַּנִּזְכָּר לְעֵיל** בְּפֶרֶק[45] ד' דְּנְקוּדִים, **אָמְנָם**[46] **מ"ן שֶׁלָּהֶם** ר"ל של או"א עִילָאִין וִישׂוֹ"ת **הַגּוֹרֵם לָהֶם הָעֲמָדָה וְקִיּוּם הַבְּחִינָה דְּפָנִים בְּפָנִים, הָיוּ מְצִיאַת שִׁבְעָה מְלָכִים אֵלּוּ, אֲשֶׁר הָיוּ בִּמְעֵי** שֶׁהוּא[47] לְשׁוֹן נְקִיָה לְיְסוֹד דְּ**בִינָה, וְאֵלּוּ הָיוּ מ"ן**

וּפַעַם אָחוֹר בְּאָחוֹר, וְהוּא עַל בְּחִינַת הַחו"ג אֵלּוּ, (שֶׁהֵם הַבְּחִינָה שֶׁהִגְדִּילוּ הָאֲחוֹרַיִים, וְכָל זֶה נָפַל לְמַטָּה(וְהוּא)עַל(בְּחִינַת חו"ג שֶׁלוֹקְחִים או"א **מִן הַכֶּתֶר שֶׁהוּא א"א**, כְּדֵי לְהַחֲזִירָם פָּנִים בְּפָנִים, כִּי גַם בָּאו"א הָיָה בָּהֶם בְּחִינַת אָחוֹר בָּאָחוֹר, כְּמוֹ שֶׁנִּתְבָּאֵר בע"ה.
41

בֵּית לֶחֶם יְהוּדָה ש"ט פ"א דכ"ו ע"ד – כִּי הֲלֹא או"א הָיוּ מִתְּחִלָּה פָּנִים בְּפָנִים. פֵּירוּשׁ, מִתְּחִלָּה קוֹדֶם שֶׁנִּשְׁבְּרוּ הַשִּׁבְעָה מְלָכִים הָיוּ פָּנִים בְּפָנִים, וּכְדמְפָרֵשׁ לְפִי שֶׁנַּעֲשָׂה לָהֶם מוֹחִין מִן הַכֶּתֶר וְכו'. אֲבָל מִמְּקָמֵי שֶׁנַּעֲשָׂה לָהֶם מֵהַכֶּתֶר הָיוּ אָחוֹר בְּאָחוֹר כְּמְבוֹאָר בְּפֶרֶק ד' דְּנְקוּדוֹת, שֶׁכָּתַב כִּי תְּחִלָּה הָיוּ אָחוֹר בְּאָחוֹר, וְנִזְדּוּוַג הַכֶּתֶר מִנֵּיהּ וּבֵיהּ וְהִמְשִׁיךְ לָהֶם מוֹחִין, וְאָז חָזְרוּ פָּנִים בְּפָנִים)שֶׁמֶן שָׂשׂוֹן(.
42

כֶּרֶם שְׁלֹמֹה ש"ט פ"א אוֹת א' – מַה שֶּׁכָּתַב מִלַּת **מִתְּחִלָּה**, אֵין הַלָּשׁוֹן מְדוּקְדָּק, כִּי פֵּירוּשׁ מִלַּת **מִתְּחִלָּה** פֵּירוּשָׁה מִתְּחִלַּת יְצִיאָתָם מִן הַכֶּתֶר, וְאֵין הַדָּבָר כֵּן כִּידוּעַ, כְּמוֹ שֶׁכָּתוּב לְעֵיל כִּי כְּבָר הָיוּ בַּתְּחִלָּה אָחוֹר בְּאָחוֹר, וְאַחַר כָּךְ חָזְרוּ פָּנִים בְּפָנִים, וְלָכֵן גִּירְסַת שַׁעַר הַהַקְדָּמוֹת הִיא **בַּתְּחִלָּה בב'** וְלֹא בִּמ'. וּמִפְּנֵי שֶׁאַחַר כָּךְ מַזְכִּיר חֲזַרְתָם אָחוֹר בְּאָחוֹר, לָכֵן עַכְשָׁיו אוֹמֵר כִּי **בַּתְּחִלָּה**, פֵּירוּשׁ קוֹדֶם חֲזַרְתָם אָחוֹר בְּאָחוֹר, הָיוּ פָּנִים בְּפָנִים, וְאַחַר כָּךְ נָפְלוּ הָאֲחוֹרַיִים שֶׁלָּהֶם וְחָזְרוּ אָחוֹר בְּאָחוֹר.
43

שַׁעַר הַהַקְדָּמוֹת, דְּרוּשׁ בְּסֵדֶר יְרִידַת ז' מְלָכִים וּנְפִילָתָם וִירִידַת אֲחוֹרַיִים דָּאו"א וְאֵיךְ נַעֲשָׂה הַכֹּל בְּיַחַד ד"כ ע"ד – נַחֲזוֹר לָעִנְיָן הָרִאשׁוֹן, כִּי או"א הָיוּ **בַּתְּחִלָּה** פָּנִים בְּפָנִים, כִּי נִמְשְׁכוּ לָהֶם מוֹחִין מִן **הַכֶּתֶר הַנִּקְרָא א"א** כַּנִּזְכָּר לְעֵיל.
44

הַגָּהוֹת וּבֵיאוּרִים)א(– הִנֵּה הֱיוֹת או"א פָּנִים בְּפָנִים אֵין, ר"ל בִּתְחִלַּת יְצִיאָתָם, שֶׁהֲרֵי בַּתְּחִלָּה הָיוּ אָחוֹר בְּאָחוֹר כַּנִּזְכָּר בְּכָל מָקוֹם, אֶלָּא ר"ל תְּחִלָּה קוֹדֶם הַשְּׁבִירָה שֶׁאָז הָיוּ בְּסוֹד פָּנִים בְּפָנִים אַחַר שֶׁהִמְשִׁיכוּ לָהֶם הַמּוֹחִין כַּנִּזְכָּר לְעֵיל שַׁעַר הַנְּקוּדִים פֶּרֶק ד' וּפֶרֶק ו'. כִּי בְּהַחְלָה הָיוּ או"א אָחוֹר וְנִזְדַּוְּגוּ הַכֶּתֶר מִנֵּיהּ וּבֵיהּ וְהִמְשִׁיךְ הַמּוֹחִין לָהֶם, וְאָז חָזְרוּ פָּנִים בְּפָנִים, וְזוֹ"ן נָתְנוּ בָהּ, וְהָיוּ בָהּ בְּסוֹד מ"ן, וְהָיוּ מַעֲמִידִין מוֹחִין דָּאו"א עַל עָמְדָן. וְאַחַר כָּךְ נִזְדַּוְּגוּ יַחַד וְהוֹצִיאוּ הַשִּׁבְעָה מְלָכִים, וְזֶה פָּשׁוּט. וְזֶה יַעַן רָאִיתִי מַקְשִׁים בָּזֶה בְּסֵפֶר מְקוֹם בִּינָה דַּף ע"א. שֶׁמֶן שָׂשׂוֹן.
45

ע"ח ש"ח פ"דמ"ת דל"ח ע"ג – כִּי תְּחִלָּה הָיוּ אָחוֹר בְּאָחוֹר, וְנִזְדַּוְּג הַכֶּתֶר מִנֵּיהּ וּבֵיהּ וְהִמְשִׁיךְ מוֹחִין לָהֶם, וְאָז חָזְרוּ פָּנִים בְּפָנִים.
46

בֵּית לֶחֶם יְהוּדָה ש"ט פ"א דכ"ו ע"ד – אָמְנָם מ"ן שֶׁלָּהֶם הַגּוֹרֵם לָהֶם הָעֲמָדָה וְקִיּוּם הַבְּחִינַת דְּפָנִים בְּפָנִים הָיוּ מְצִיאַת שִׁבְעָה מְלָכִים אֵלּוּ. לְפִי שֶׁמִּטֶּבַע הַמְשָׁכַת הַמּוֹחִין הוּא שֶׁלְּאַחַר שֶׁחוֹזְרִים פַּרְצוּפִים הַתַּחְתּוֹנִים פָּנִים בְּפָנִים וּמִזְדַּוְּגִין, חוֹזְרִים הַמּוֹחִין לְהִסְתַּלֵּק. וְהָכָא נַמִּי מֵהָרָאוּי הוּא שֶׁלְּאַחַר שֶׁנִּמְשְׁכוּ הַנֵה"י דְּכֶתֶר בָּאו"א, וְחָזְרוּ או"א פָּנִים בְּפָנִים, וְנִזְדַּוְּגוּ, וְנָתְנָה הַחָכְמָה אֶת הַשְׁמוֹנָה אוֹרוֹת בַּבִּינָה, כְּמוֹ שֶׁמְּבוֹאָר בְּפֶרֶק ד' דְּנְקוּדִים, מֵהָרָאוּי הוּא שֶׁיִּסְתַּלְּקוּ הַנֵה"י דְּכֶתֶר מֵאו"א, וְיַחְזְרוּ או"א אָחוֹר בְּאָחוֹר, וְאִלְמָלֵא הָיָה הַכִּי לֹא הָיוּ נִפְגָּמִים הַנֵה"י דְּכֶתֶר בִּזְמַן נְפִילַת אֲחוֹרֵי או"א, אֲבָל מִסִּבַּת שֶׁהָיוּ הַשִּׁבְעָה מְלָכִים מֵעָלִין מ"ן, לֹא נִסְתַּלְּקוּ הַנֵה"י דְּכֶתֶר מֵאו"א, וְהָיוּ וְאו"א פָּנִים בְּפָנִים, וּבִנְפִילַת אֲחוֹרֵי או"א נִפְגְּמוּ גַם אֲחוֹרֵי הַנֵה"י דְּכֶתֶר הַמִּתְלַבְּשִׁין בָּהֶם.
47

ע"ח שט"ז פ"ב מ"ק דע"ט ע"ג – וְהִנֵּה נִרְמָז בְּכָתוּב מְצִיאַת הוֹלָדַת זוֹ"ן, וְאַחַר הוֹלָדָתוֹ, **אָז נִזְכַּר עִיבּוּרוֹ שֶׁהוּא הִשְׁתַּהוּת הַוָּלָד בִּמְעֵי אִמּוֹ תִּשְׁעָה חֳדָשִׁים**, וְאָז כָּל הוֹלָד עִם הֱיוֹתוֹ נַעֲשָׂה מִזָּכָר וּנְקֵבָה, נִקְרָא כֻּלּוֹ בְּשֵׁם

דילה, כי[48] כן הוא תמיד שהבנים הם מ"ן ד**אבא ואמא** בסוד[49] בא[50] זכר בעולם בא ככרו בידו, **ובעוד שאלו השבעה מלכים** היו תוך הבינה[51] היו[52] **מעלין מ"ן**[53]

הנוקבא, וזה סוד אהי"ה השלישי הנכתב בפסוק, כי כל מציאות הז"א הנזכר לעיל נקרא עתה בשם אהי"ה להיותו במעי בינה, ואחר שנולד ויצא אז ניכר מציאותו ונקרא הוי"ה, כנזכר בפסוק השני עצמו.

48

בית לחם יהודה ש"ט פ"א דכ"ו ע"ד – כי כן הוא תמיד שהבנים הם מ"ן לאימא. בע"ח כתב יד נ"ב א"מ - מציאות מ"ן אלו לא הבנתי, כי מה התעוררות מ"ן או בירורים מבררים מ"ן, ולפי שכמעט זהו כעניין מה לפנים ומה לאחור אשמרה לפי מחסום, עד כאן לשונו. וקישיא זו הקשה אותה גם כן הרב אור זרוע כמו שמבואר בדברינו בפרק ד' דנקודים בד"ה היו שם וכו', ושם נתבאר, ונראה לעניות דעתי כי מ"ן זה הוא סילוק הדמים מאשה מעוברת.

49

כרם שלמה ש"ט פ"א אות א' – ומה שכתב כי כן הוא תמיד שהבנים הם מ"ן ד**א**ימא וכו', היו מעמידים לאו"א פנים בפנים וכו'. **עת דודים לגלות סוד זה אשר הוא הרגשתו בתחתונים אצל בני האדם**, כי כל זמן שמזרעים ומולדים בן אחד, מוכרח הוא שהוא מביא, פירוש עם הילד לצורך אביו ולצורך אמו דבר אשר לא היה להם עד עתה, והוא או דבר של עושר, או דבר של חכמת התורה, ועבודת ביראת הוי"ה, כל אחד כפי זכותו. וזהו פירוש **העלאת המ"ן לצורך אביו ואמו**, להמשיך להם מוחין, כי מיתר אצלם דבר אשר לא קנו עוד, כי אם עכשיו על ידו ובימיו. ואם נשאר הילד קיים, אז אותו דבר שהמשיך לצורך אביו ואמו גם כן קים אצלם, ואם בר מינן נסתלק אותו הילד, אז גם אותו דבר יסתלק מהם. והדבר הזה בא להם מן הברורים של שבעת מלכים של חלק הילד, דהיינו שגוף ונשמת הילד היא נתבררה על ידי אביו ואימו של הילד מן אותם שבעה המלכים, והואיל ומתברר משם גופו ונשמתו. וכל דברי העולם הזה הם נמצאים באותם השבעה מלכים, לכן מתברר עמו חלק השייך לו, של עושר, או של פרנסה, או של חכמת התורה, וקונים אותם אביו ואמו עד שיזכה ויקח אותם מהם לאחר זמן. אבל יש שלוקחים האב והאם זה היתרון של העלאת מ"ן של הילד מעת התחלת העיבור, ויש אחר מעט חודשים של משך זמן העיבור, ויש בעת הלידה, ויש לאחר זמן הלידה. וזה רמזו אותם רז"ל **במתק לשונם** - בא זכר לעולם בא כר לעולם, ובא ככרו עמו. וזהו שאמרו ז"ל גם כן - אל תקרי בניך אלא בוניך, ר"ל בניך הם הבונים אותך ועושים לכם בנין, דהיינו יתרון העושר, או של פרנסה, או של דבר אחר, וזה הדבר הוא מנוסה אצל כל באי עולם כולם, ואם יזכור אדם יראה בעצמו שהיה אצלו יתרון איזה דבר בכל עת הולדו של ילד אחד מילדיו, ואם לא יזכור ויכחיש הדבר, יתן דעתו עליו מכאן ואילך, ואין צריך ראיות לדבר המנוסה, ודי בזה, ופשוט.

50

גמרא נידה דל"א ע"ב – ואמר רבי יצחק דבי רבי אמי, בא זכר בעולם בא ככרו בידו.

51

איפה שלימה, שער הנקודים פ"ז ד"ט ע"ד)א(– היו מעלין מ"ן וכו', בע"ח כתב יד נ"ב א"מ מציאות מ"ן אלו לא הבנתי כי מהו התעוררות מ"ן, או ברורים מבררים מ"ן. ולפי שכמעט זה הוא כעניין מה לפנים ומה לאחור, אשמרה לפי מחסום, עד כאן לשונו. ונראה לעניות דעתי לתרץ שאין הכוונה לומר שלא יצדק בחינת מ"ן, כי אם מבחינת הבירורים. אלא העניין הוא כי הנה עיקר המ"ן הוא בחינה הגבורות שביסוד אימא, שהם אש להביות שלהביות, המעוררים חשק האהבה להזדווג זה עם זה, ואלו החמשה גבורות הם שרשי הבנים. ובזמן שהבנים הם בתוך אימא, היו הבנים שהם ענפי המ"ן מעוררים את השורשים שהם בחינת החמשה גבורות. וכן אחר שנולדו הבנים, כל זמן שהם קיימים וישנם בעולם, וגם שורשם שהם חו"ג ביסודות אבא ואמא קיימים, היו מעוררים הזווג, ועל ידי זה היה נמשך מוחין קדישין מלמעלה, ומזדווגין או"א. אבל אחר שבירת המלכים, שאז גם שורשם החו"ג שביסודות או"א ירדו למטה, עם אחוריים דאו"א, וליכא מדומ"ן למעלה, אם כן בהכרח הוא שיהיה בירור המ"ן מלמטה, מעלים אותם למעלה, או על ידי סליק ברעותא וכו', או על ידי הבנים שישנם בעולם, שעושים מצות ומעשים טובים ומבררים המ"ן, ומעלים אותם עם נשמותיהם.

52

וְגוֹרְמִין זִוּוּג לאו"א כדי להוציא ולהוליד את השבעה מלכים לחוץ, כי אפילו לצורך ההולדה צריכין המשכת מוחין, **וְנִמְשְׁכוּ** [54] **לָהֶם** ר"ל לאו"א **מוֹחִין** מא"א שהזדווגו [55] מניה וביה להמשיך מוחין לאו"א, **וְהֻוְזְזֹרוּ אוֹ"א פָּנִים בִּפָנִים**, וְנִזְדַּוְּוּגוּ יַזֹד כדי להוֹצִיא שִׁבְעָה מלכים אֵלוּ ממעי אימא.

וּבְעֵת [56] **צֵאת הַמְּלָכִים אֵלוּ** אם לא מתו, **אלא שֶׁהָיוּ קָיָּמִים** בעולם האצילות, **הָיוּ מַעֲמִידִין לאו"א** עילאין וישסו"ת **פָּנִים בִּפָנִים, אפילו שֶׁיָצְאוּ לְמַטָּה** מאימא מעלים [57] **וּמוֹעִילִין לְמֹ"ן שֶׁלָהֶם** לאו"א [58] עילאין וישסו"ת, והוא כי למלכים אלו יש לבוש אחד למוחין שלהם מחיצוניות או"א.

בית לחם יהודה ש"ט פ"א דכ"ו ע"ד – היו מעלין מ"ן וגורמין זווג לאו"א. וזהו זווג שני להוצאת השבעה מלכים ממעי הבינה, כמבואר בפרק ד' דנקודים, שכתב ואחר כך נזדווגו יחד או"א והוציאו שבעה מלכים אלו, יעו"ש בדברינו.
53

כרם שלמה ש"ט פ"א אות א' – ואם תשאל, ובאמת למה להם לאו"א המ"ן האלו, והעמדת חזרתם פנים בפנים, והלא כבר ניתנו השבעה מלכים במעי הבינה, ולזה אמר - כדי שיהיה להם כח לאו"א להוציא את השבעה המלכים לחוץ. ולכן צריך שימשך להם מוחין לאו"א עוד כדי להוציא ולהוליד את השבעה מלכים לחוץ, כי אפילו לצורך ההולדה צריכין המשכת מוחין. וזהו מה שכתב כאן - ובעוד שאלו המלכים היו תוך הבינה היו מעלים מ"ן, וגורמין הזיווג לאו"א, ונמשכו להם מוחין, והוחזרו או"א פנים בפנים, ונזדווגו או"א יחד כדי להוציא שבעה מלכים אלו.
54

בית לחם יהודה ש"ט פ"א דכ"ו ע"ד – ונמשכו להם מוחין והוחזרו או"א פנים בפנים. מפרש בסמוך, וכלומר שהיו מעמידים את או"א פנים בפנים על ידי העלאת מ"ן שלהם.
55

ע"ח ש"ח פ"ד מ"ת דל"ח ע"ג – וכן בצאת אור הבינה כלולה משבעה אורות, ונכנסים בכלי שלה, היו הכלים יכולים לסבול ולא נשברו, כי כולם הם בטלים בערך או"א, דמיון הבנים שבתחלה עומדים כלולים במוח אביהם בסוד טיפת מוח, וכן בהיות בנים בסוד עיבור במעי אמן יכולין להיות שם, והיא יכולה לסובלם,)ונתנה החכמה בבינה בסוד זווג פנים בפנים, והיו כולם בכלי הבינה, כי תחלה היו אחור באחור, **ונזדווג הכתר מניה וביה**, והמשיך מוחין להם, ואז חזרו פנים בפנים, וזו"ן ניתנו בה, והיו בה בסוד מ"ן והיו מעמידין מוחין דאו"א על עמדן, ואחר כך נזדווגו יחד או"א והוציאו שבעה מלכים אלו(.
56

כרם שלמה ש"ט פ"א אות א' – ומה שכתב ובעת צאת וכו', כאן רצונו להשמיענו חידוש אחד, כי לא מבעיא כי בעת שהיו מלכים אלו בתוך הבינה היו מעלים מ"ן, והוא מפני שהיו מחויבים בזה מפני שהעובר ירך אמו, והם צריכים לאימם, ולכן מעלים להן מ"ן, אלא אפילו שאחר שיצאו לאויר העולם, ונעשו ברשות עצמן, והייתי אומר אינם מחוייבין לעלות להם מ"ן, לכן אמר אפילו אחר שיצאו מהם מחויבין בזה. **לכן צוותה לנו התורה כבד את אביך ואת אמך**, וזהו מכלל הכבוד שלהם.
57

הגירסא באוצרות חיים – **מעלים**
58

כרם שלמה ש"ט פ"א אות א' – ולכן אמר לי כאן - **ובעת צאת המלכים אלו אם לא מתו אלא שהיו קיימין היו מעמידין לאו"א פנים בפנים אפילו שיצאו למטה, והיו מועילין למ"ן שלהם**. והטעם הוא מפני שיש להם הלבוש של המוחין שלהם, שהם החיצוניות דאו"א. וימצא מן את מינו וניאו"ר)נעור(.

אמנם[59] **יַעַן שֶׁנִּשְׁבְּרוּ וָמֵתוּ** אלו כל הכלים דנקודים, **לכן גַם או"א** עילאין וישסו"ת האזוריים שלהם, **הַמַּעֲמֶדֶת**[60] **אותם פָּנִים בפנים ירדו למטה** בקרקע עולם האצילות, **וְאָז חָזְרוּ** או"א עילאין וישסו"ת **להם אזור באזור.**

ואם תשאל למה שאו"א עילאין וישסו"ת לא יישארו בבחינת פנים בפנים אחרי ששבעה המלכים נשברו ומתו, התשובה היא **כי**[61] **כבר אין להם מי שיעלה להם מ"ן** כדי להמשיך להם מוחין, **ומקיים חָזַרְתָן פָּנִים בְּפָנִים**, מפני שכל הכלים של שבעת המלכים דנקודים נשברו ומתו ונפלו[62] לבי"ע.

וְהִנֵּה[63] אחורי או"א עילאין וישסו"ת לא נפלו כאשר מת המלך הראשון, כי **פָּשׁוּט הוּא שֶׁלֹּא נִגְמְרוּ אֲזוֹרַיִים דְּאו"א** עילאין וישסו"ת **לֵירֵד, עַד כְּלוֹת שְׁבִירַת הַכֵּלִים** כל **שִׁבְעָה** דנקודים, **אֶלָּא**[64] **שֶׁבְּכָל בְּחִינַת שְׁבִירַת מֶלֶךְ אֶחָד** מהשבעה מלכים דנקודים, **הָיָה גּוֹרֵם יְרִידַת קְצָת בַּאֲזוֹרַיִים דְּאו"א** עילאין וישסו"ת, לכן אפילו בחינת כלי המלכות דנקודים שנשבר אחרון, היה מעלה מ"ן לישסו"ת, והמשיך להם מוחין, עד שגם הוא נשבר.

59

כרם שלמה ש"ט פ"א אות א' – אומנם יען שנשברו ומתו, לכן גם או"א האחוריים שלהם העמדת אותם פנים בפנים ירדו למטה. פירוש, למטה בעולם האצילות עצמה, והוא במקום זו"ן כמו שמבואר אחר כך, ולא ח"ו למטה בבריאה כמו זו"ן, והואיל וכן הוא לכן אז חזרו להם אחור באחור. ור"ל שלא נמשכו להו עוד מוחין דפנים בפנים כדי שיעמדו בבחינתם הראשונה.

60

בית לחם יהודה ש"ט פ"א דכ"ו ע"ד – המעמדת אותם פנים בפנים. פירוש הגורמת חזרתם פנים בפנים, והם בחינת חצי האחוריים שנתוסף לאו"א על ידי הזו"ג כמבואר בפרק ו' דנקודים.

61

כרם שלמה ש"ט פ"א אות א' – ואם תאמר ולמה לא עמדו בעמידת פנים בפנים אף על פי שלא נמשכו עוד להם מוחין דפנים בפנים היה להם לעמוד על עמידתם, ולכן אמר כי כבר **אין להם מי שיעלה להם מ"ן**, ומקיים חזרתן פנים בפנים.

62

כרם שלמה ש"ט פ"א אות א' – ולכן כאן גם כן מעת העיבור של זו"ן המשכו מוחין לאו"א, והעמידו אותם בבחינת פנים בפנים, ולא נפלו האחוריים שלהם. ואחר שיצאו גם כן היה ראוי שימשיכו להם עוד בחינת מוחין לצורך פנים בפנים, והוא מלבד הבירור של חלק העיבור הוא מהבירור של חלק היניקה, אבל הואיל ונפלו, לכן לא יכלו לעלות עוד בחינת מ"ן לאביהם ואמם, וחזרו אחור באחור, כמו שכתב הרב ז"ל כאן. וזהו שסיים **כי אין להם מי שיעלה להם מ"ן, ומקיים חזרתם פנים בפנים**, עד כאן.

63

כרם שלמה ש"ט פ"א אות ב' – מה שכתב **פשוט הוא** וכו'. פירוש, שלא תחשוב כי מתחילת שבירת המלך הראשון נגמרו אחורי או"א כולם לירד, כי לא נגמרו לירד עד כלות שבירת כל השבעה מלכים. ודין הוא שאחשוב כך מפני שהשבעה מלכים דז"א הם בחינת שבעה קצוות, ויצאו מפורדים זה מזה, ולא מחוברים, כמו שכתב הטעם בשער המלכים לצורך התיקון והפגם, ולכן דין הוא שיפלו אחד אחד, ולא כולם בבת אחת, כי אינם קשורים זה בזה. אבל או"א הואיל ויצאו מחוברים כל העשרה ספירות שלהם בחיבור אחד, לכן הייתי טועה ואומר כי כשהתחיל אחורי הכתר שלהם ליפול, אז נפלו כל אחורי העשר ספירות עמו.

64

הגירסא בספר אוצרות חיים – **אלא.**

וזהו[65] ביאור העניין. הנה כאשר נערך מציאות השבעה מלכים אלו דנקודים **בארבעה פרצופים של זו"ב** עילאין, שהם או"א עילאין עם **ישראל סבא ותבונה כנזכר לעיל**,[66] שכללות או"א נחלקים לשנים,[67] ר"ל עד החזה שלהם הם נקראים פרצופי או"א עילאין, ומהחזה ולמטה הם נקראים פרצופי ישסו"ת, נמצא שראש פרצופי ישסו"ת מתחילים מהחזה דאו"א הכללים, ולכן[68] נחלקה נפילת האחוריים דאו"א וישסו"ת בזמן שבירת הכלים, כפי האורות שבכלים שהעלו מ"ן, ואחר כך נשברו, **נמצא**[69] כי עד שבירת **שליש** העליון של **ספירת תפארת** דנקודים, **שהוא המלך הרביעי** הנקרא בתורה הדד בן בדד, **אז נגמרו לירד אזוריים דאו"א עלאין, וכאשר נשברו כל השבעה מלכים** ר"ל שאר המלכים משליש התפארת ולמטה, **אז ירדו גם אזוריים דישראל סבא ותבונה**, וכן[70] הוא אחרי התיקון, כאשר מבררים מבירורי המלכים, הברורים המתייחסים

---

[65] **כרם שלמה ש"ט פ"א אות ב'** – וזהו ביאור העניין, הנה כאשר נערך וכו'. פירוש, הואיל ואו"א הם מתחלקים לארבעה פרצופים, והם כמו שחלקנו אותם לעיל בפרק ו' דשער הנקודים, שכתב - כמו שז"א נחלק לשנים, עד החזה ומן החזה ולמטה וכו'. כן הוא באבא, וכן הוא באימא. והואיל והם מתחלקים לארבעה פרצופים חלוקים, לכן אין נפילתם בבת אחת, אלא קצת קצת, ולא נגמרה נפילתם עד גמר נפילת השבעה מלכים.

[66] **ע"ח ש"ח פ"ו מ"ת דט"ל ע"ד** – ואמנם למטה בע"ה נבאר סדר או"א ומציאותן, ושם נאמר כי אבא כולל עשר ספירות, וכן אימא כלולה מעשר ספירות, וכן זו"ן מעשר ספירות. והנה כמו שז"א הנקרא ישראל כלול הוא מעשר ספירות, ונחלק לב', נגד לאה ורחל, ונמצא שרגלי לאה עד שליש תפארת דז"א שהוא בחזה שלו, ומשם ולמטה מתחיל ראש רחל, כן העניין באו"א כל אחד מהם נחלק לב' חצאין, וב' חצאי העליונים של או"א נקרא או"א עילאין, וב' חצאי התחתונים נקרא ישראל סבא ותבונה. וכאשר נערוך כל זה בבחינה אחת, נמצא כי ראש ישראל סבא ותבונה הם בחזה ספירת שליש תפארת דאו"א עלאין, עיין לקמן.

ע"ח שי"ד פ"א מ"ת דס"ט ע"ג – והעניין הוא באופן זה כי שני כתרים דאו"א הלבישו את הגרון דא"א, זה ימין, וזה משמאל, ושאר הפרצוף של אבא ושל אימא הלבישו את א"א, מהגרון ולמטה עד הטבור של א"א, אבא מימינא, ואימא משמאלא, זה בזרוע החסד, וזה בזרוע גבורה. וגם זה פירוש שני במה שכתוב לעיל, שנזכר בזוהר - דאבא אחיד ותלייא בחסד, ואימא אחיד ותלייא בגבורה. וצריך שנפרט בחינות אלו, כי הלא נתבאר לעיל שאו"א נחלקים לארבעה פרצופים, והם או"א וישסו"ת, וצריך שנדע איך ארבעתן מלבישין לא"א מן הגרון עד הטבור כנזכר לעיל.

[67] **תרשים א – א.**

[68] **תרשים א – ב.**

[69] **בית לחם יהודה ש"ט פ"א דכ"ו ע"ד** – נמצא כי עד שליש ספירת תפארת שהיא המלך הרביעי אז נגמרו לירד אחוריים דאו"א עלאין. מבואר היטב בסוף פרק ו' דשער הנקודות, וז"ל - כי אבא כולל עשר ספירות, וכן אימא כלולה מעשר ספירות, וכן זו"ן מעשר ספירות. והנה כמו שז"א הנקרא ישראל הוא כלול מעשר ספירות ונחלק לשנים, כנגד לאה ורחל, ונמצא שרגלי לאה עד שליש תפארת דז"א, ומשם ולמטה מתחיל ראש רחל, כן העניין באו"א, כל אחד מהם נחלק לשני חצאין, וב' חצאין העליונים של או"א נקראים או"א עילאין, וב' חצאי התחתונים נקראים ישסו"ת, יעו"ש. לכן כשנשבר עד שליש תפארת שהם סיום פרצוף לאה, אז נגמרו גם אחורי או"א עילאין לירד. ועיין עוד בפרק ג' דאה"ף שכתב רז"ל כי כל כך גדול שיעור מחזה ולמטה, כמן החזה ולמעלה, יעו"ש.

[70]

למלכי הדעת, חסד, גבורה ושליש העליון דתפארת מבררים ברורים המתייחסים לאו"א עילאין, והברורים המתייחסים למלכי שני שלישי התפארת התחתונים, נצח, הוד, יסוד ומלכות מבררים ברורים המתייחסים ליש"סות.◆

הנצרכת[71] **כאן השאלה** מה הקשר בין השבירה של שבעה המלכים לנפילת האחוריים דאו"א ויש"סות. הרב ז"ל מבאר להלן כי כל מלך שמלך הוא העלה מ"ן לבחינה שכנגדו באו"א או ביש"סות, וכאשר נשבר אותו מלך, ירדה אותה בחינה שבאו"א או ביש"סות. ואם[72] לא היו נשברים ונופלים המלכים האלו לבי"ע, היו ממשיכים מ"ן לאו"א ויש"סות, ומעמידים אותם פנים בפנים כל הזמן.

והנה הדעת הנקרא[73] בתורה בלע בן בעור הוא בעור הוא **המלך הראשון שיצא** ממעי אימא ומלך לפי שעה, **ובו היו כלולים כל השבעה** מלכים כנזכר לעיל[74], **והנה**[75] כבר ידעת כי

נהר שלום די"ח ע"א – ואז הזו"ן מתעוררים ומבררים ממה שנשאר מכלים דאחוריים דאו"א ויש"סות, שעדיין לא הובררו, שנפלו במיתת המלכים במקום זו"ן, **אחורי או"א עד חזה דז"א, ואחורי יש"סות במקום הנוקבא מחזה דז"א עד סוף האצילות**, ובתוכם נתונים שארית האורות של המלכים, אותם המדריגות העליונות של האורות שלא ירדו עם הכלים לבי"ע, וכפי שיעור הבירורים העולים מבי"ע, כך נבררים ועולים מאחוריים דאו"א, שהם אותם החלקים שבהם מלובשים חלקי האורות העליונות של אלו הבירורים של הכלים והרפ"ח דאורות שנבררו היום ועלו מבי"ע, כפי זכות הזמן, וכח המכוין, וזכותו, ועוצם כונתו, כך ריבוי או מיעוט הבירורים שעולים מבי"ע, ובערכם מתבררים גם כן מהאחוריים ההם דאו"א ויש"סות, ועולים עם חלקי האורות שבתוכם, הראויים לבירורים אלו דמלכים שעלו.

71

כרם שלמה ש"ט פ"א אות ב' – אבל עדיין לא ידענו מה תלוי זה בזה, השבירת השבעה מלכים באחוריים דאו"א ויש"סות, ולמה צריך מפני שנופל מכאן אחד יפול מאו"א גם כן קצת. אלא זה מבואר באורך בסמוך, וקיצור הענין הוא, כי הואיל וכל יציאת מלך מאלו השבעה מלכים היה מעלה מ"ן לקצת ספירות דאו"א, כמו דרך משל, כשמלך הדעת העלה מ"ן לצורך הדעת דאו"א, ולכן בשבירתו של הדעת נפל גם כן אחורי הדעת דאו"א. וכן בכל יציאת מלך מ"ן לאו"א לאותה הספירה שנגדו באו"א, בנפילתו היה גם כן אותה הספירה שהעלה מ"ן אליה היתה יורדת, וכן על דרך זה כולם. ולכן שפיר הוא מה שתלוי זה בזה, ולכן לא נגמרו לנפול אחורי או"א עד גמר כל השבעה מלכים, ופשוט.

72

שער ההקדמות, דרוש בסדר ירידת ז' מלכים ונפילתם ויריד האחוריים דאו"א ואיך נעשה הכל ביחד ד"כ ע"ד – ונחזור לענין הראשון, כי או"א היו בתחילה פנים בפנים, כי נמשכו להם מוחין מן הכתר הנקרא א"א כנזכר לעיל. והנה הבחינה הגורמת להם העמדה וקיום להתקיים עמידתם פנים בפנים, היתה מציאות השבעה מלכים הנזכרים שהיו בתחילה במעי אימא, ושם היו לה בבחינת מ"ן שלה, **כי זה הכלל הוא שלעולם הבנים הם בחינת מ"ן של אימא**. ובעוד שאלו השבעה מלכים היו במעוי דאימא שם העלו מ"ן, וגרמו זווג לאו"א, כי נמשכו להם המוחין הנזכרים, וחזרו פנים בפנים כנזכר. ואז בנזדווגו יחד כדי להוליד ולהוציא אלו השבעה מלכים לחוץ. והנה כאשר יצאו אלו המלכים, אם לא נשברו ונשארו קיימים היו מעמידים בחינת העמדת או"א פנים בפנים, והיו מועילים ומשמשים להיותם בחינת מ"ן באימא, אף על פי שנולדו ויצאו לחוץ, אבל כיון שאלו המלכים נשברו ונפלו, ולכן גם או"א נפלו מהם בחינת האחוריים שלהם אשר היא גורמת להם היותם עומדים פנים בפנים כנזכר לעיל, ואז חזרו אחור באחור לפי שאין להם עתה מי שיעורר בהם בחינת מ"ן כדי לקיים עצידתם פנים בפנים.

73

בראשית ל"ו ל"ב – וימלך באדום בלע בן בעור ושם עירו דנהבה.

74

ע"ח ש"ח פ"ה מ"ת דט"ל ע"א - ונחזור לבאר סדר יציאת שבעה מלכים אלו מתוך הבינה, ואיך נשברו, **הנה ראשונה יצאו כולם מתוך הבינה והיו כלולים באור הדעת, ונכנסו עמו בכלי שלו.**

75

עִיקָר הָעֲלָאַת מ"ן אחר יציאת האורות ממעי אימא אימא **הֵם** לא גורסים **הַכֵּלִים** אלא[76] צריך לגרוס **הַבָּנִים** ר"ל האורות [נ"א הבנים] **שֶׁנּוֹלְדוּ כְּבָר בָּעוֹלָם,** כי בהיות הבנים במעי אימא היו מעלים **מַעַט מ"ן** לאו"א.

יָדוּעַ הוּא כִּי[77] יש שתי בקיאות בדברי הרב ז"ל, מי יצא ראשון. בקיאות אחת[78] בכל שער דרושי הנקודות וכן בפרק זה, והוא שהדעת יצא ראשון, ובו כלולים שאר האורות. והבקיאות השניה[79] הוא שאור החסד יצא ראשון, ובו כלולים שאר האורות, והדעת לא נזכר כלל. וכן[80] הוא בדברי מרן הרש"ש, ובסידורו[81] הטהור דיליה.

צָרִיךְ לָדַעַת כי כל הבנים כעת מעלים מ"ן לאו"א, אבל העיקר הוא אור **הדעת,** וכן על דרך זה כאשר נשבר כלי הדעת ונתלבשו שאר האורות בכלי החסד, עיקר העלאת המ"ן היתה על ידי החסד, וכן בכולם עד המלכות. **וְלָכֵן**[82] **עִיקָר**

כרם שלמה ש"ט פ"א אות ג' – מה שכתב כי עיקר העלאת מן הם הבנים שנולדו, ר"ל אף על פי שכתבנו לעיל שאלו השבעה מלכים היו במעי הבינה בסוד העיבור, והיו מעלין מ"ן, **זהו בבחינת מה והוא דבר מועט,** אבל עיקר ההעלאה שלהם הם אחר שנולדו כבר בעולם.

76
הגירסא בספר אוצרות חיים – **הבנים.**

77
תרשים א – ג.

78
ע"ח ש"ח פ"ד מ"ת דל"ח ע"ג – אמנם בצאת משם השבעה תחתונות, שהם השבעה מלכים שמלכו בארץ אדום, ורצו ליכנס בכלים שלהם, ולא יכלו הכלים לסבול, ונשברו ומתו כמו שנבאר בע"ה. ולכן נבאר תחלה סדר ז' מלכים אלו, **כי הנה הם מהדעת ולמטה,** דעת א'. חסד ב'. גבורה ג'. תפארת ד'. נצח הוד הם תרי פלגי גופא, והם ה'. יסוד ו'. מלכות ז'. כי הנצח הוד נחשבים כל אחד חצי הגוף, ובין שניהם הם אחד לבד.

79
ע"ח ש"ט פ"ב מ"ת דמ"א ע"א – ונבאר עתה שם מ"ב הנ"ל, והוא כי שם אבגית"ץ הוא **בספירת חסד כנודע, לפי שממנו מתחיל)ביטול(מיתת המלכים** כנ"ל, לכן בשם זה נרמז מיתת שבעה מלכים, וזהו פירוש אבגית"ץ, כמו אבג"י ת"ץ כי אבג"י גימטריא י"ג, והם סוד שבעה מלכים כי י' הוא במלכות שהיא נקודה אחת לבד, והוא י' של אבג"י, ואותיות אב"ג הם ו' בגימטריא, והם ו' ק' דז"א, והרי הם שבעה מלכים.
ע"ח שי"א פ"ד מ"ק דנ"א ע"ד – והנה הבינה לא יכלה לקבל אור החכמה אלא פנים באחור, וכאשר הבינה הוציאה שבעה מלכים תתאין, לא הוציאתן אחד לאחד, רק כולם ביחד, ששה משמעתון על אבן אחד ו"ק, עם המלכות השביעית הנקרא אבן, ולא היה בדרך ג"ר, כי כל אחד יצא בפני עצמו, ולא יכלו לסבול בשביל זה לקבל האור, **ואז נתבטל החסד תחלה,** ואחר כך הגבורה, וכן כולם עד המלכות.

80
נהר שלום דכ"ו ע"ב – והנה ביום ראשון שולט החסד, ולכן שם הראשון דשם מ"ב שהוא אבגית"ץ הוא הגובר, ובו כלולים כל השׁשה, ולכן ביום ראשון יכוין להמשיך השׁשה שמות הנז"ל, מחג"ת נה"י דחסד דיצירה, להעלות שש מדרגות דחב"ד וחג"ת דחסד דעשיה, להלביש פנימיות וחיצוניות דמלכות דחסד דיצירה, הכל כסדר הנ"ל. וכסדר הזה **ביום שני בגבורה,** וכן כולם, **וביום השלישי בתפארת,** וכן כולם, עד שביום שבת במלכות. יכוין להמשיך ששה שמות דמ"ב האלו מו"ק דו"ק דיצירה, דהיינו ביום ראשון מו"ק דחסד, יום שני מו"ק דגבורה, יום שלישי מו"ק דתפארת, יום רביעי מו"ק דנצח, יום חמישי מו"ק דהוד, יום הששי מו"ק דיסוד, יום ש"ק מו"ק דנקודת המלכות עצמה, לחיצוניות החב"ד ופנימיות חג"ת דעשיה, להעלותם להלביש פנימיות וחיצוניות מלכות דספירה השולטת ביום ההוא.

81
תרשים א – ד.

82

הַעֲלָאַת מַ"ן עַד עַתָּה הָיָה עַל יְדֵי אור הדעת דייקא **אֲשֶׁר כְּבָר יָצָא לְעוֹלָם בָּרִאשׁוֹנָה** ובכלי שלו היו כלולים שאר האורות, כי [נ"א כי בראשונה] כבר ביארנו **שֶׁלֹּא הוּצְרְכוּ תְזִלָה** ר"ל לפני שנתעברה אימא **מַ"ן לָאוּ"א** להחזירם פנים בפנים כדי שיזדווגו או"א, ונתן אבא את שבעת המלכים תוך מעי אימא, **רַק סָלִיק בִּרְעוּתָא לְבַד** ר"ל רק ברצון העליון, בלי העלאת מ"ן מלמטה, כלומר נמשך שפע מרום המעלות, ועל[83] ידי זה נזדווג א"א מניה ביה והמשיך מוחין לאו"א, וחזרו או"א פנים בפנים, ואז בזיווג זה נתן אבא את שבעת המלכים במעי אימא.

וּמַה[84] **שֶּׁאָמַרְנוּ שֶׁאֵלּוּ הַשִּׁבְעָה מְלָכִים הָיוּ** מעלים מַ"ן, **אֵין הַכַּוָּנָה לוֹמַר שֶׁהֵם הַמַּמְשִׁיכוּ** זוּ"ג להחזיר את או"א פנים בפנים כדי שיזדווגו, **כִּי כְּבָר נִמְשְׁכוּ** לאו"א מוחין דחו"ג **בַּתְחִזְלָה** ברצון העליון על ידי פרצוף א"א שהזדווג מניה וביה. **וּרְאֵיָה**[85] **לְזֶה, שֶׁהֲרֵי** לא גורסים **הַחֲזִירוּ** אלא[86] צריך לגרוס **הֻחְזְרוּ אוּ"א פָּנִים בְּפָנִים** על ידי המוחין דחו"ג שנמשכו מהכתר, **וְאָזַר**

כרם שלמה ש"ט פ"א אות ג' — ומה שכתב ולכן עיקר העלאת מ"ן עד עתה היה על ידי הדעת, אשר יצא לעולם בראשונה. ר"ל אף על פי ששאר השבעה בנים היו כלולים בתוך אור הדעת, וכבר יצא מבטן הבינה, אף על פי כן הואיל והיציאה העיקרית לא שלהם היתה, אלא של הדעת, אף על פי שכלולים הם בתוכו, עיקר העלאת מ"ן עד עתה, **עד עתה דייקא**, היה על ידי הדעת.
83

מבוא שערים ש"ב ח"א פ"ו ד"ד ע"ג — ובהיותם בכלי החכמה כל השמונה אורות הם פחותים ממנו, ויכול כלי החכמה לסובלם, כי השבעה מלכים תאין הם כלולין בו ואינם ניכרים, דמיון הבנים הנכללים ונרשמין במוח הזכר, כעין הטפה קטנה. ואחר כך נשאר שם אור החכמה והוציא את הבינה, ובה כלול השבעה בנים טפלים אצלה, דמיון העובר שבמעי אמו, ונתנם החכמה בבינה בסוד הזיווג פנים בפנים, והיו כולם בכלי הבינה, כי תחלה היא אחור באחור, **ואחר כך נזדווג הכתר מניה וביה**, והמשיך להם מוחין, ואז חזרו והיו פנים בפנים. והשבעה תחתונות נתנו בה, והיה בה אחר כך בסוד מ"ן והיו מעמידן בבחינת מוחין דאו"א, ואחר כך נזדווגו יחד או"א, ואז הולידו שבעה מלכים אלו, כמו שנבאר לקמן.
84

כרם שלמה ש"ט פ"א אות ג' — לזה אמר כי כבר ביארנו שלא הוצרכו תחילה מ"ן לאו"א, רק סליק ברעותא לבד, ר"ל על ידי שהמשיך הכתר מניה וביה מוחין לאו"א, והחזירם פנים בפנים, ונזדווגו.
85

ע"ח ש"ח פ"ד מ"ת דל"ח ע"ב — נמצא שיצא הכתר תחלה ונכנס בכלי שלו, והיו כלולים בו כל התשעה אורות. ואחר כך נשאר אור הכתר בכלי שלו, ויצא אור החכמה עם שמונה אחרים כלולים בו, ונכנס בכלי החכמה, ועל דרך זה עד שסיימו כולם לכנוס בכלים שלהם. **אבל דע** כי כאשר אור הכתר נכנס בכלי שלו, היו שאר האורות בטלים בו בערכו שהוא גדול מכולם יחד, ולכן היה יכולת בכלי שלו לסובלו, ולסבול תשעה אורות האחרים, ולא נשבר, וכן כאשר יצאה אור החכמה ונכנס בכלי שלו, היו השמונה אורות כלולים בו. וכן בצאת אור הבינה כלולה משבעה אורות, ונכנסים בכלי שלה, היו הכלים יכולים לסבול ולא נשברו, כי כולם הם בטלים בערך או"א, דמיון הבנים שבתחלה עומדים כלולים במוח אביהם, בסוד טיפת מוח, וכן בהיות בנים בסוד עיבור במעי אמן, יכולין להיות שם והיא יכולה לסובלם. (ונתנה החכמה בבינה בסוד זווג פנים בפנים, והיו כולם בכלי הבינה, כי תחלה היו אחור באחור, **ונזדווג הכתר מניה וביה, והמשיך מוחין להם ואז חזרו פנים בפנים,** וזו"ן ניתנו בה, והיו בה בסוד מ"ן, והיו מעמידין מוחין דאו"א על עמדן, ואחר כך נזדווגו יחד או"א והוציאו שבעה מלכים אלו(ולכן היה בחינת התיקון בג"ר, ולא נשברו כלל, וכאשר היו השבעה תחתונות כלולין במעי אמם, היו שם בבחינת מ"ן, המעוררין זווג עליון.
86

כך על ידי זיווג או"א **נתן זוכמה** שהוא אבא, **בבינה** שהיא אימא, את **שבעה מלכים אלו** כמו שכתבנו. **אם[87] כן אי אפשר לומר ש**שבעת המלכים **היו** מעלים **מ"ן אל הבינה** לפני שנתן אבא לאימא את שבעת המלכים, **אמנם הכוונה** אחרי שהבנים היו במעי אימא **שהם היו מעמידין אותם בבזוינת פנים בפנים לאו"א, על ידי העלאת מ"ן שלהם, אזרי[88] שהיו[89]** כבר **בבינה** בבחינת עיבור, **ואז היו** השבעה מלכים **ממשיכין עוד הזו"ג[90] כבתזולה** לאו"א מן הכתר.

דע כי בזמן שהאור נכנס לכלי שלו, הוא זמן המלוכה שלו, ועם האור הזה נכנסים שאר האורות ששייכים לספירות שתחתיו, והבעיה היא כי הכלי יכול לסבול את האור שלו, ולא את שאר האורות ביחד, כי[91] כל ספירה כלולה מעשר, והכלי קטן מלהכיל אור זה, לכן הכלי נשבר. ובזמן זה שהאור שלו נמצא בכלי שלו, הוא מעלה מ"ן לבחינות דא"א וישסו"ת, ובזמן שנשבר הכלי שלו ויורד לבי"ע, מסתלק האור הפרטי מתוכו)בפרק ג' דשער זה הרב ז"ל יבאר לאן

הגירסא בספר אוצרות חיים — **הוחזרו.**
87

שער ההקדמות, דרוש בסדר ירידת ז' מלכים ונפילתם וירידת אחוריים דאו"א ואיך נעשה הכל ביחד ד"כ ע"ד – והנה המלך הראשון שבכולם שבכולם אשר יצא ראשונה הוא הדעת, ובו היו כלולים כל השבעה מלכים כנזכר לעיל. ונודע כי עיקר העלאת מ"ן הם הבנים אשר יצאו כבר לעולם, והם מעלים מ"ן לאימם העליונה, ולכן עיקר העלאת מ"ן עתה היה על ידי הדעת, שהוא המלך הראשון שיצא עתה כנזכר. וכבר נתבאר למעלה שלא הוצרך עליית מ"ן באו"א, כי זווגם היה בסוד סליק ברעותא בלבד כנזכר לעיל. ונמצא כי מה שאמרנו שאלו השבעה מלכים היו להם בבחינת מ"ן, אין הכוונה לומר כי הם המשיכו החסדים והגבורות באו"א, כי כבר נמשכו להם בתחילה שלא על ידם, כי הרי כבר מתחלה הוחזרו או"א פנים בפנים, ואחר כך נתן אבא באבא אימא אלו השבעה מלכים. ואם כן אי אפשר שהם היו מ"ן שלהם, אבל הכוונה היא כי אחר אשר ניתנו באימא, היו הם מקיימים ומעמידים אותה הבחינה של עמידת או"א פנים בפנים, על ידי היותם הם עתה מעלין מ"ן, והיו ממשיכים עוד תמיד חסדים וגבורות אחרים כבתחילה באו"א.
88

הגהות וביאורים)ב(– נוסח כתב יד אחר יצאו כבר בחו"ג אשר היו בבינה.
89

כרם שלמה ש"ט פ"א אות ג' – אלא אחר שהוחזרו או"א פנים בפנים היו הזו"ן ממשיכים להם חו"ג על ידי העלאת עוד מ"ן שלהם לצורך קיום והעמדה לאותה בחינה של העמדת פנים בפנים שלהם, וזהו בעת שכבר היו חו"ן בבינה. וזהו שכתב **אחרי שהיו כבר בבינה**, פירוש בעת העיבור, ואז היו **ממשיכים עוד חו"ג כבתחילה עוד** דייקא, והוא לצורך ההעמדה שלהם
90

הגהות וביאורים)ג(– נוסח כתב יד מן הכתר לאו"א, כבתחילה הגה"ה מן היסוד דכתר, כי נה"י נתלבשו במוחין דאו"א.
91

ע"ח ח"ב של"ד מ"ב דמ"ו ע"ב – והנה בצאת המלכים, יצאו מבחינת ב"ן מעיני א"ק, והיו בו עשרה אורות של עשר ספירות דב"ן, שהם כללות כל עולם אצילות. ותחלה נעשה בחינת כלים, ואחר כך יצאו האורות לכנוס בכלים. **ואמנם העשר כלים האלו היו קטנים, ונקרא נקודות, פירוש כי לא היה כל כלי וכלי מהם גדול כדי שיוכלו כל העשרה חלקי האור הנקודה ההיא להתפשט בתוכו**, דמות צורת אדם כמו שהוא עתה אחר זמן התיקון, רק חלק העשירית שבה לבד, באופן שכל כלי מהם היה כשיעור כלי של כתר של עתה של הנקודה ההיא, שהיא עשירית אחת מעשר חלקי הכלי, ואותו עשירית נקרא נקודה, כי הנקודה היא י' שהיא עשירית, ולכן נקרא עשר נקודות, וכולן בחינת הכתרים לבד, וכנזכר לעיל.

34

האורות דנקודים הסתלקו), והוא מפסיק לעלות מ"ן, ואז יש נפילה לחלקים של האחוריים דאו"א או ישסו"ת שיורדים בגבול האצילות, כל אחד למקומו, כמו שהרב ז"ל מבאר לקמן בפרקים הבאים.

וְנַחֲזוֹר[92] **אֶל הָעִנְיָן** של יציאת אור הדעת עם שאר האורות, והתלבשותם בכלי הדעת, **כִּי הִנֵּה** תחילה היו כל האורות דמלכים במעי הבינה, **אַזוֹר שֶׁיָּצָא אוֹר הַדַּעַת** שהוא[93] בלע בן בעור, **וְנִכְנַס בִּכְלִי שֶׁלּוֹ** שהוא זמן המלוכה שלו, ונכנס עם האורות שמתחתיו, **הֶעֱלָה** עוד **מַ"ן**[94] לצורך העמדת או"א עילאין פנים בפנים **וְהִמְשִׁיךְ**[95] זוּ"ג **בָּאוֹ"א** עילאין מהדעת דא"א, מלבד המ"ן שהמשיכו כל שבעת המלכים בהיותם תוך מעי אימא, **כִּי הֲלֹא הַדַּעַת הוּא** כללות[96] **וְכָלוּל מִזּוּ"גֵּ**[97], ר"ל ידוע כי ספירת הדעת מחולקת[98] לב' בחינות, צד הימין שבה הם בחינת החסדים, וצד שמאל הם בחינת הגבורות, וכן[99] הוא בסידור הטהור למרן הרש"ש.

וְעוֹד[100] **כִּי הֲלֹא הַשִּׁבְעָה מְלָכִים הָיוּ אָז כְּלוּלִים בּוֹ** ר"ל בתוך כלי הדעת, **וְלָכֵן הָיָה בּוֹ כֹּחַ** לעלות מ"ן ולהוריד ולהמשיך **עוֹד**[101] **זוּ"גֵ**[102] מהדעת דא"א **כַּנִּזְכָּר לְעֵיל** לדעת

92

כרם שלמה ש"ט פ"א אות ד' – ועכשיו חוזר לעיל שכתב והנה הדעת הוא המלך הראשון שיצא וכו', ועיקר העלאת המ"ן על ידי הבנים שיצאו וכו'. ועכשיו מבאר לנו שהדעת מה בחינת מ"ן המשיך באו"א מהיכן להיכן, וזמן משך של ההעלאה הוא בזמן הכנסת האור בכלי שלו, **שהיא נקראת שעת המלוכה של אותו אור.**

93

ע"ח ש"ח פ"ד מ"ת דל"ח ע"ג – בלע בן בעור, זה דעת.

94

בית לחם יהודה ש"ט פ"א דכ"ו ע"ד – העלה מ"ן והמשיך חו"ג באו"א. פירוש, שהמשיך עוד חו"א, מלבד אותם החו"ג שהמשיכו השבעה מלכים בהיותם במעי אמם.

95

הגהות הרמ"ז והרנ"ש אות צ"ז – נראה לעניות דעתי נתן, שחו"ג אלו שהמשיך הדעת באו"א, הוא מדעת דכתר, שנה"י דכתר נתלבשו במחין דאו"א.

96

שער ההקדמות, דרוש בסדר ירידת ז' מלכים ונפילתם וירידת אחוריים דאו"א ואיך נעשה הכל ביחד ד"כ ע"ד – ונחזור לדברינו, כי אחר שיצא המלך הראשון, הוא הדעת, ונכנס בכלי שלו, העלה מ"ן למעלה, והמשיך חסדים וגבורות באו"א, לפי שהדעת הוא **כללות חסדים וגבורות** כנודע.

97

ע"ח ח"ב שכ"ה דרוש א' ד"ב ע"ב – והנה המוחין הם ג' בחינות חב"ד, והדעת נחלק לשנים שהם חו"ג, והרי הם ארבעה מוחין, חו"ב חו"ג.

98

תרשים א – ה.

99

תרשים א – ו.

100

ע"ח ש"ח פ"ה מ"ת דט"ל ע"א – ונחזור לבאר סדר יציאת שבעה מלכים אלו מתוך הבינה, ואיך נשברו. הנה ראשונה יצאו כולם מתוך הבינה, **והיו כלולים באור הדעת, ונכנסו עמו בכלי שלו.**

101

כרם שלמה ש"ט פ"א אות ד' – ולכן כתב כי הנה אחר שיצא אור הדעת ונכנס בכלי שלו, אז באותו זמן העלה מ"ן, ואותה ההעלאה של מ"ן הועילה להמשיך לאו"א חו"ג. ופירושו הוא, **עוד חו"ג** לצורך ההעמדה של בחינת הפנים בפנים שלהם, כמו שכתב לעיל בדבריו ז"ל.

דאו"א עילאין. והטעם שהדעת היה יכול להמשיך חו"ג מא"א לאו"א עילאין, כי הדעת הוא עצמו בחינת חו"ג, לכן המשיך חו"ג כמוהו, וכן כל בחינה ממשיכה מ"ן כמו בחינתה, צד החסד חסדים, צד הגבורה גבורות, והאמצע חו"ג.

דע[103] שנכנס אור הדעת עם שאר האורות לכלי הדעת, רק אור הדעת היה מעלה מ"ן, אפילו ששאר המלכים היו בתוכו, ולכן יכל אור[104] הדעת להמשיך רק את בחינת החו"ג ברישא דאו"א עילאין שהם כמוהו, חסדים באבא וגבורות באימא, כמו שמבאר הרב ז"ל.

ואמנם לפי שאין שאר המלכים שנמצאים בזמן זה בכלי הדעת **מעלין מ"ן** אף על פי שהיו כלולים בכלי הדעת, **לפי שעדיין היציאה לא היתה להם, אלא אל הדעת** אור בלבד, **לכן אי** אפשר[105] **להוריד** [ד"מ ע"ב 79] **במוזזין שלמים רק על ידי זו"ן ביחד**, והם היו כל השבעה המלכים שהם כללות זו"ן, כל אחד בכלי שלו, היו מעלים מ"ן שלמים, היו נשלמים או"א, וכל החו"ג היו מתפשטים בכל גופם, ר"ל רק אם **האור אם כל אחד משבעת המלכים** היה נכנס לכלי שלו, והיה יכול להראות את כחו **ולעלות מ"ן לפי בחינתו**, היו נשארים או"א וישסו"ת פנים בפנים. **ולכן**[106] **מה שהוריד** אור

הגהות וביאורים)ד(– ר"ל להוריד חו"ג מדעת הכתר שעליהם. מהרנ"ש באוצרות חיים. ה"ר שב"ח.

103

שער ההקדמות, דרוש בסדר ירידת ז' מלכים ונפילתם וירידת אחוריים דאו"א ואיך נעשה הכל ביחד **ד"כ ע"ד** – ונחזור לדברינו כי אחר שיצא המלך הראשון, הוא הדעת, ונכנס בכלי שלו, העלה מ"ן למעלה, **והמשיך חסדים וגבורות באו"א, לפי שהדעת כלול חסדים וגבורות כנודע**, ועוד לפי שהיו עתה כל השבעה מלכים כלולים בו כנזכר, ולכן היה יכולת בו להמשיך חסדים וגבורות באו"א, **ולפי ששאר המלכים הנכללים בו לא היו הם מעלים גם הם מ"ן כמוהו,** לכן)לא(יכול הדעת להמשיך מוחין שלמים באו"א. כי אי אפשר להיות זה אלא על ידי ז"א ונוקביה ביחד, ולכן מה שהמשיך הדעת לבדו הוא, **שנמשכו בחינת חסדים וגבורות ברישא דאו"א, עד מקום דעת דילהון, שהוא דוגמתו של הדעת הזה,** ולא נתפשטו עוד למטה.

104

מבוא שערים ש"ב ח"ב פ"ו ד"ח ע"ב – ועתה נבאר סידרן, הנה הדעת הוא המלך הראשון שיצא מכלי אימא, למלוך בכלי שלו, והנה עיקר העלאת מיין נוקבין, הוא על ידי הבנים שכבר יצאו לעולם, ולכן אחר צאת הדעת לחוץ למלוך בכלי שלו, והנה אורו גדול, כי הוא כולל כל החסדים והגבורות כנודע, וגם כי שאר השישה מלכים יצאו עמו כמו כנזכר לעיל בפרק ג' כו', לכן היה בו כח להעלות מיין נוקבין באימא, אשר היתה אז פנים בפנים עם אבא, **וגרם להמשיך חסדים וגבורות מן הכתר באו"א ברישייהו לבד, ולא נגמרו להתפשט בשלימות בגופייהו כדרכן** כמו שנבאר. **ואלו כל השבעה מלכים שהם כללות זו"ן, היו כולם בכלים שלהם, והיו מעלים מיין נוקבין שלימים,** היו נשלמים או"א מחסדים וגבורות להתפשט אף בגופא דילהון כנהוג. כי כבר ביארנו כי עיקר העלאת מיין נוקבין הוא על ידי הבנים שכבר יצאו לחוץ, וכיון שעתה העלאת מיין נוקבין היתה על ידי הדעת לבדו שמלך, ושאר המלכים היו כלולים בלבד בו, ולא מלכו גם הם, **לכן היו החסדים וגבורות בלתי שלמים, ולא נתפשטו באו"א, רק עד הדעת שלהם בלבד, כפי בחינת המעלה מיין נוקבין, שהוא הדעת.**

105

בית לחם יהודה ש"ט פ"א דכ"ו ע"ד – ואי אפשר להוריד מוחין שלימים רק על ידי זו"ן ביחד. פירוש, אם כל השבעה מלכים שהם כללות זו"ן היו כולם בכלים שלהם, היו מעלין מ"ן שלימים, והיו נשלמים או"א מחו"ג להתפשט אף בגופא דילהין כנהוג)מבוא שערים ד"ח סוף ע"ב(.

106

בית לחם יהודה ש"ט פ"א דכ"ו ע"ד – ולכן מה שהוריד הדעת היה בחינת חו"ג בראש דאו"א עלאין במקום הדעת שלהם. ברישייהו לבד, ולא נגמרו להתפשט בשלימות בגופייהו כדרכן)מבוא שערים שם(. ונראה לעניות דעתי דחו"ג הנזכרים שהוריד הדעת, אינם בחינת חו"ג בלבד המלובשים ביסוד דכתר, אלא הוא

36

הַדַעַת לאו"א עילאין מהדעת דא"א **היה בזוינ**ת זו"ג, ובחינות אלו ירדו **בראש דאו"א עלאין** היינו[107] חסדים בדעת דאבא, וגבורות בדעת דאימא כמו שמבאר הבית לחם יהודה לקמן, **במקום הדעת שלהם** ר"ל במקום הדעת דאו"א עילאין, והדעת של או"א עילאין **הדומה אליו** לדעת דמלכים, והם **כמוהו** ר"ל והם כמו הדעת דמלכים.

צריך[108] **להבין** מה ההגדרה והכלל של שבירת הכלים, והוא - העדר כח הכלי לבלתי יכול לסבול האור שנכנס בתוכו, וממילא האור יסתלק מתוך הכלי, ומתרחק הכלי מן האור, ויורד הכלי יורד לעולמות בי"ע. **ויש לדעת כי**[109] תועלת גדולה בשבירתם וירידתם של הכלים לבי"ע, והוא כי בהיות הכלים בעולם האצילות, הנקרא עתה עולם הנקודים, היו הכלים מעורבים בסיגים, והאור שנכנס בתוכם לא היה יכול לברר סיגים אלו בעולם האצילות, שבו הקדושה גדולה עד מאוד, ולכן היו צריכים הכלים להישבר, ורק בעולמות בי"ע יהיה אפשר לבררם. וזה סוד הכתוב במשנה[110] - ושבירתן היא טהרתן. וכן מסיים[111] רבי יוסי את מסכת כלים - **אשריך כלים, שנכנסת בטמאה, ויצאת בטהרה**. פירוש, שנכנסתם לעולמות בי"ע בטומאה, שהיתם טמאים, שעדיין מעורבים הסיגים בכם, ויצאתם מעולמות בי"ע ועליתם לעולם האצילות כשנטהרתם, ונתבררו הסיגים מכם.

הדין שהוריד גם ב' מוחין אחרים, שהם חו"ב דאו"א המלובשים בנצח והוד דכתר. וכן כשנשבר כלי הדעת ירדו כל חב"ד דאו"ד דא"א במקום גופם, ומאי דנקט רז"ל חו"ג לבד, לפי שהם עיקר ההגדלה של האחוריים, כי הם בחינת המים המגדילין את האילן, והכי דייק לשון פרק ו' דנקודים דכתב - והנה מוחין אלו שהם חו"ג נמשכין לאו"א עם הכלים דנה"י דא"א, דוגמת מוחין דז"א שבאים עם נה"י דאו"א, וגם נה"י אלו ירדו למטה, יעו"ש. וכך כתב בפרק ז' דלקמן וז"ל - ואז ירדו גם נה"י דאחור דכתר דאבא המתלבשין בחו"ב דאבא, יעו"ש.
107

תרשים א – ז.
108

כרם שלמה ש"ט פ"א אות ה' – מה שכתוב וכאשר נשבר, כבר ידעת פירוש **נשבר** מה ענינו, שהוא **העדר כח הכלי לבלתי יכול לסבול האור שנכנס בתוכו**, וממילא האור יסתלק מתוכו, ויתרחק הכלי מן האור, אז יורד לעולם הבריאה, כי אינו יכול לעמוד עוד באצילות אחר שכבר נעשה מלך, ולא היה כח בו לסבול הא. לזה נגרע מבראשונה כשעדיין לא בא האור בתוכו, ועדיין היה עומד באצילות, עתה נגרע וירד לעולם הבריאה.
109

כרם שלמה ש"ט פ"א אות ה' – והטעם הוא פשוט, מפני שבתחילה קודם כניסת האורות לתוכו, היו הסיגים עדיין כמוסים בתוך הכלים, ונעלמים המה שם, ולכן היה כח בכלים אפילו שהם לבדם לעמוד באצילות. אבל עכשיו שבאו האורות לתוכן, ולא יכלו לסבול, ואז נראו הסיגים שבתוך הכלים, כי בלתי התבררותם אין האורות נכנסים בתוכם, **ואי אפשר להם להתברר בעולם האצילות**, כי קדושה גדולה היא שם באצילות, ולכן ירדו לעולם הבריאה, ושם הם יכולים להתברר. **ולכן נמצא כי תועלת גדולה הם להם ירידתם לעולם הבריאה כדי לברר הסיגים מתוכם**. וזה מה שרמז התנא הקדוש בדבריו - **שבירתן היא טהרתן**. פירוש, על ידי שנשברו וירדו לעולם הבריאה, אז שם יכלו הסיגים להתברר, ואז נטהרו הכלים מן הסיגים שלהם. וכן זהו מה שאמר רבי עקיבא)א"ה צ"ל רבי יוסי(- **אשריכם כלים שנכנסתם בטומאה ויצאתם בטהרה**. פירוש, שנכנסתם לעולם הבריאה בטומאה, שהיתם טמאים, פירוש שעדיין מעורבים הסיגים בכם, ויצאתם ועליתם לעולם האצילות כשנטהרתם, ונתבררו הסיגים מכם, וכאלה רבות.
110

משנה מסכת כלים פרק ב' משנה א' – כלי עץ, וכלי עור, וכלי עצם, וכלי זכוכית, פשוטיהן טהורים, ומקבליהן טמאים. נשברו, טהרו. חזר ועשה מהם כלים, מקבלין טמאה מכאן ולהבא. כלי חרס וכלי נתר, טמאתן שוה. מתטמאין ומטמאין באויר, ומטמאין מאחוריהן, ואינן מטמאין מגביהן, ושבירתן היא טהרתן.
111

משנה מסכת כלים פרק ל' משנה ד' – צלוחית קטנה שנטל פיה, טמאה. וגדולה שנטל פיה, טהורה. של פליטון שנטל פיה, טהורה, מפני שהיא סורחת את היד. לגינין גדולים שנטל פיהן, טמאין, מפני שהוא מתקנן לכבשין. והאפרכס של זכוכית, טהורה. אמר רבי יוסי, **אשריך כלים, שנכנסת בטמאה, ויצאת בטהרה**.

[112]**וכאשר**[113] **נשבר**[114] ומת **כלי המלך זה הנקרא דעת** דנקודים[115], **אז**[116] **גם הדעת דאו"א עילאין ירדו למטה במקום הגוף דאו"א**[117] בין הכתפיים שלהם, בשליש[118] העליון

112

איפה שלימה, שער הנקודים פ"ז ד"ט ע"ד)ב(– וכאשר נשבר כלי המלך וכו'. עיין להרב יפה שעה בשער הנקודות פרק ב' אות ג' ד"ה וכו'. שהקשה כי מהכא מוכח שהדעת יש בו כלי, וכן בשער השמות ג' שמות דג' כלי הדעת, יעו"ש. ובשער מוחין דצלם פרק ה' כתב כי הדעת הוא בחינת נשמה בלא כלי, ותירץ במה שכתב רז"ל בשער כ"ג פרק ח', שכתב כי חיצוניות הכתר נטלה הדעת דז"א וכו', לכן הוא משלים למנין עשר ספירות במקום הכתר, וזה בבחינת חיצוניות. נמצינו למדים כי כלי הדעת הם לעולם כלים לחיצוניות הכתר. ומה שכתב רז"ל שהדעת אין בו בחינת כלי, היינו שאין בו מצד עצמותו וכו', יעוין שם בדבריו. ועיין עוד בהגהות מהרנ"ש אות צ"ט ואות קי"ב. ועיין עוד בשאלת חכמי המערב, שאלה ג'. ובתורת חכם דף קמ"ד. ובהגהות וביאורים בשער השבירה פרק ב' אות ג', שהקשו שכאן כתב רז"ל שהשבירה התחילה מהדעת, ולקמן בפרק הסמוך לזה כתב שמן החסד מתחיל ביטול המלכים, יעו"ש מה שתרצו. ונראה לי כי מה שכתב שחיצוניות הכתר נטלו הדעת, ר"ל לפי שבגדלות הז"א נתחלקו חג"ת נה"י שלו לי"ח פרקין, ומתרין פרקין עילאין דחג"ת נעשו כלים לחב"ד, ומהראוי היה ששני שלישי תפארת העליונים יהיו כלים לכתר דז"א. אמנם לפי שכתר דז"א נעשה משלישו תחתון דתפארת דאימא, לא הוצרך ליקח בחינת כלי מהו"ק, והשני שלישי תפארת העליונים הראויים להיות כלי לכתר, נטלם הדעת. ולפי זה הרחיב הוי"ה לנו להבין מה שכתב הרב ז"ל בשער השמות פרק ג', שיש ג' כלים לכתר, ושלשה כלים לדעת, ואין שמות כליהם זה לזה. ומה שאין הדעת נכנס במנין העשר ספירות כי אם דווקא בחיצוניות. וכן לא מנה מדרגות שירדו מהדעת בכלל הרפ"ה ניצוצות, יובן על פי מה שכתב הרב ז"ל בדרוש הדעת, וז"ל בקיצור השייך לעניינינו - והדעת הוא שבעה תחתונות דחו"ב, ולפי שאינו ספירה בפני עצמה, משום הכי אינו נמנה בכלל העשר ספירות, יעו"ש. ועל פי דברים אלו נתבאר לנו שבלע שהוא המלך הראשון הוא שבעה תחתונות דחו"ב, שהוא דעת שברישא דז"א, והוא דעת עליון, ואינו בחינת דעת המתפשט בגופא דז"א, ומטעם זה כשמלך הדעת המשיך בחינת חו"ג ברישא דאו"א הדומה אליו כמוהו. ומה שכתב בשער כ"ה פרק ו', וז"ל - כי הנה הדעת אינה ספירה בפני עצמה, אמנם הוא בחינת היסוד המזווג ומכריע בין החו"ב, יעו"ש. נראה לי שהכוונה היא על דעת התחתון. גם הותר לנו מה שיש קצת להקשות, והיא כיון שג"ר דז"א לא יצאו, היאך אנחנו מבררים לצורך ג"ר דז"א מבי"ע, אמנם במה שכתב הרב ז"ל שהדעת הוא שבעה תחתונות דחו"ב יתורץ זה, שכבר היה הדעת בזמן המלכים, אבל לפי שהג"ר דז"א בעצמם לא יצאו, משום הכי הדעת אינו עולה בשם, שאינו כי אם ענפי הג"ר שנקראים הארה בעלמא, כמבואר בשער כ"ג פרק ו', יעו"ש. ולפיכך לא מנה אותו בכלל המלכים, כי אם התחיל מן החסד ולמטה, וא"ש את"מ.

113

בית לחם יהודה ש"ט פ"א דכ"ז ע"א – וכאשר נשבר כלי המלך זה הנקרא דעת. עין להרב יפה שעה ז"ל בפרק ג' דנקודים ד"ה והנה יש בזה מקום שאלה וכו', שהקשה כי בפרק ה' דשער כ"ג כלל ד' כתב רז"ל הטעם שאין אנו מונין הדעת בכלל העשר ספירות, הטעם הוא כי הדעת הוא בחינת נשמה לז"א, ואין בו כלי, ואין אנחנו מונין אלא מה שיש בו כלי, יעו"ש. והיכי אפשר שהדעת אין בו כלי, והלא בפרק א' דשער השבירה כתב כי ראש המלכים שנשברו הוא כלי הדעת, עו"ש מה שתירץ. ועיין עוד באש"ל בפרקין שהאריך בזה. אמנם נראה לענ"ד דעתי דתירוץ הרב יפה שעה והאש"ל ל"ל יכונו, כי אם בבחינת הדעת דזמן התיקון, אבל בעולם הנקודים כבר קדמו הכלים לאורות, ואם כן אין עוד מקום לתירוצם, וכבר ישבנו קושייתם בטוב טעם בפרק ה' דשער כ"ג כלל ד' ד"ה זה טעם, יעו"ש.

114

שפת אמת ש"ט פ"א אות א' ד"י ע"ג – וכשנשבר המלך זה הנקרא דעת, אז גם הדעת דאו"א על ידו ירדו למטה במקום הגוף ההוא וכו'. לי למזכרא אכתוב היאך היה סדר ירידת חו"ג אלו במיתת כל אחד ואחד משבעה מלכים אלו, והיכן מקום חניתם. והוא דכשמת הדעת נפלו חו"ג אל בין כתפין דילה. וכשמלך החסד המשיך החסדים, ונתפשטו בגופו דאבא, וכשמת ירדו החסדים ביסוד אבא. וכשמלך הגבורה המשיך חמשה גבורות וכו', ונתפשטו בחמש קצוות שלהם, וכשמת נפלו הגבורות אלו בסיום הגוף שלה, על דרך הנזכר

דתפארת דאו"א עילאין, החסדים בכתף אבא, והגבורות בכתף אימא, **אבל** הכלי הפנימי של **המלך הזה** הַנִּקְרָא דַּעַת אזור שֶׁנִּשְׁבַּר, יָרַד[119] לְעוֹלָם הַבְּרִיאָה, הכלי האמצעי דדעת לעולם היצירה, והכלי החיצון דדעת לעולם העשיה, **כְּמוֹ שֶׁנִּתְבָּאֵר** לקמן **בְּעֵ"ה**, בסוד[120] - וישב העפר על הארץ.

וּשְׁאָר הַשִּׁשָּׁה[121] (נ"א הַשִּׁבְעָה) אורות שֶׁהָיוּ עִמּוֹ שהם חג"ת נה"י דנקודים, **נִכְנְסוּ בְּכְלִי הַמֶּלֶךְ הַנִּקְרָא[122]** בתורה יובב בן זרח, שֶׁהוּא[123] בחינת הַיֶּסֶד דנקודים, **וְאָז עֲדַיִן אוּ"א**

בָּאבָּא. ואז מלך התפארת, וכשנכנס)אבא שהוא שליש ראשון דתפארת שלו בהיות(האור שלו בשליש ראשון, כלי שלו אז המשיך כללות החסדים ביסוד אבא, שהוא שליש ראשון דתפארת שלו, בהיותו הוא וישראל סבא פרצוף אחד, והמלכות שלו היא כלולה בו כן ביסוד, ועוד המשיך כללות הגבורות ביסוד ומלכות של אימא. וכשהגיע האור של מלך התפארת זה לשתי שלישים התחתונים של כלי שלו, אז המשיך חו"ג אלו גם כן עד למטה בראשי ישסו"ת, במקום הדעת שלהם, וכשמת נפלו חו"ג אלו בין כתפין דיליהן, על דרך הנזכר באו"א. וכשנמלך הנצח נתפשטו החסדים אלו בחמשה קצוות דישראל סבא, וכשמת נפלו למטה בסיום הגוף, דהיינו בראש היסוד שלו. וכשנמלך ההוד נתפשטו הגבורות בחמשה קצוות דתבונה, וכשמת נפלו התפשטות הזה בראש יסודה, על דרך הנזכר בישראל סבא. וכשנמלך היסוד נתפשטו החסדים ביסוד ישראל סבא, והגבורות ביסוד התבונה, וכשמת נפלו בתחתית היסוד שלהם. וכשנמלך מלך המלכות נתפשטו במלכות שלהם, שהם עטרות היסוד שלהם, וכשמת נפלו כל החסדים והגבורות אלו בסוד טיפה קרי, וא"ש את"מ.
115

תרשים א – ח.
116

בית לחם יהודה ש"ט פ"א דכ"ז ע"א – אז גם הדעת דאו"א עילאין ירד למטה במקום הגוף דאו"א. וגם הנה י' דכתר ירד למטה בגופא דאו"א, כמו שמבואר בדבור הקודם, ועל ידי כך לא נמשך עוד מכאן ואילך חו"ג חדשים מלמעלה, יען כי בירידת נה"י דכתר למטה נפסק הקשר שבין או"א לכתר, ומה שהמשיכו שאר המלכים בעת מלכותם לא המשיכו כל אחד בחינת אותן החו"ג שהוריד הדעת בזמן מלכותו, והם היו מורידן אותם ממקום למקום, באו"א ובישסו"ת. ואף על פי שירד הדעת למטה בגוף או"א, מכל מקום בחינת האחוריים דאו"א השייכים לכלי הדעת לא נפלו, רק ננסרו מגופם בלבד, ונשארו במקומם עד שמת שליש עליון דתפארת, ואז ירדו כל האחוריים ביחד.
117

הגהות וביאורים)ה(– נ"ב בין הכתפיים.
118

תרשים א – ט.
119

מבוא שערים ש"ב ח"ב פ"ט ד"י ע"ב – אחר שביארנו לעיל פרק ג', ענין שבעה מלכים דמתו ממש, כי האורות שנסתלקו. **הוא בבחינת הנפש המסתלקת מן הגוף, והכלים שירדו בבריאה, הוא בסוד -** וישוב העפר על הארץ.
120

קהלת י"ב ז' – וישב העפר על הארץ כשהיה והרוח תשוב אל האלהי"ם אשר נתנה.
121

הגירסא באוצרות חיים – **הששה.**
122

בראשית ל"ו ל"ג – וימת בלע וימלך תחתיו יובב בן זרח מבצרה.
123

עֶלְאִין הָיוּ עומדים פָּנִים בְּפָנִים, כִּי אֵינָן חֹזוֹרִין אָחוֹר עַד שֶׁיִּגָּמֹר הַכֹּל לִירֵד ר"ל אחרי שבירת כלי החסד וכלי הגבורה, ירדו האחוריים דאו"א, כִּי הֵם עתה דְּבוּקִים פָּנִים בְּפָנִים, וְצָרִיךְ שֶׁיִּגָּמֹר לְהָסִיר הַהִתְדַּבְּקוּת הַזֶּה לְגַמְרֵי, וְאָחוֹר כָּךְ יֵחֹזְרוּ או"א עילאין לעמוד אָחוֹר בְּאָחוֹר, אֲבָל כָּל זְמַן שֶׁעֲדַיִין נִשְׁאֲרוּ קְצָת דְּבֵקוּת בָּהֶם, אֵינָם חֹזוֹרִין אָחוֹר בְּאָחוֹר, וּלְהַלָּן[124] בע"ה נְבָאֵר עִנְיַן הַדְּבֵקוּת גָּמוּר דְּאו"א, בִּהְיוֹתָן פָּנִים בְּפָנִים מַה עִנְיָנוֹ.

הרב ז"ל ביאר לעיל[125] וגם לקמן[126], כי הפנים והאחור דשבעת המלכים נשברו, והאחוריים דאו"א נפלו, ואחורי הנה"י דכתר נפגם. כאן בפרקין מבאר הרב ז"ל כי כאשר כלי הדעת נשבר, ירדו החו"ג דאו"א בין שני הכתפים שלהם, היה כביכול בהם חסרון גם בבחינת הפנים, והוא חסרון הסתכלות עיני או"א זה בזה, שהוא בבחינת הפנים שלהם. על הקושיה הזאת עמדו כמעט כל המפרשים, ומבאר ומתרץ מרן הרש"ש לקמן[127], לפי שהחמשה חסדים הם חמשה הוי"ת,

---

ע"ח ש"ח פ"ד מ"ת דל"ח ע"ד – יובב הוא חסד, וזהו בן זרח לשון זריחה, כי הוא בחינת חסד הנקרא אור כנודע.
124

ע"ח ש"ט פ"ב מ"ת ד"מ ע"ג – והנה לא ירדו אחוריים דאבא עד שמת המלך השני, שהוא חסד, ולא ירדו אחוריים דאימא עד שמת המלך השלישי, שהוא גבורה. באופן כי במות הגבורה **אז נשלמו אחורי או"א לירד**. והענין הוא כי אף על פי שבמיתת החסד ירדו אחורי אבא, עם כל זה אין אלו נקראים אחוריים גמורים, לפי שעדיין היתה הבינה בבחינת פנים עמו, והיתה מאירה באחוריו. נמצא כי עדיין לא ירדו בעצם כל אחורי אבא, רק כשירדו גם אחורי אימא, אז ירדו שניהן לגמרי, ואז היו אחור באחור.
125

ע"ח ש"ח פ"ב מ"ת דל"ו ע"ג – והרי נתבאר שלושה בחינות אלו והם, כי הכתר נתקיים כולו. **ואו"א נשברו ונפלו האחוריים שלהם**. וזו"ן נפלו פנים והאחוריים שלהם.
ע"ח ש"ח פ"ג מ"ת דל"ז ע"ג – והנה הכלים הראוין למלכים אלו שבעה יצאו דרך צפורני רגלים, ואף על פי שהצפורנים הם עשרה, והנקודות שנשברו אינן אלא שבעה תחתונות לבד כנזכר לעיל. הענין הוא כי גם שתי מיני אחוריים דאו"א שנשברו, הרי הם תשעה בחינות. והעשירית **הוא כי גם מן הכתר היה בו קצת פגם**, כמו שנבאר לקמן בע"ה.
126

ע"ח ש"ט פ"ב מ"ת ד"מ ע"ד – אמנם כוונת מ"ב זה הוא להעלות כל הברורים משם, אשר נשארו מזעיר ונוקבא ביצירה ועשיה, כי כל שם מ"ב הוא להעלות כנודע. אם כן ודאי הוא כי בשם זה נרמז מיתת המלכים, ועל סדר מיתתן הוא סדר העלאתן על ידי בירור בכח שם זה, ולכן **מיתת שבעה מלכים** נרמז בשם הראשון זה, **וביטול אחוריים דאבא ואימא** נרמז בשם השני. והענין כי מן האדרא זוטא נראה שלא ירדו רק השבעה מלכים בלבד, וממדרשים אחרים בספר הזוהר משמע כי גם **באו"א יש ביטול ופגם וכמעט אפילו בכתר**. ואמנם הענין הוא כי ודאי שמכל עשרה נקודות נפלו מהם בחינה, ובכולם היה ביטול, רק זו"ן נפלו כולם, בין בבחינת היותן אחור באחור, ובין בבחינת היותן פנים בפנים, והנה זו נקרא מיתה, כי הכל ירד לגמרי. אבל אבא ואימא שלא ירד מהם רק בחינת אחוריים, יקרא ביטול ולא מיתה. וכתר שלא נפלו ממנו רק בחינת נצח הוד יסוד שלו, שנכנסו בסוד מוחין דאבא ואימא כנזכר לעיל, אשר אין בחינת זו נכנסה אפילו בערך אחוריים, **לכן לא נקרא ביטול בכתר רק פגם בעלמא**. עוד יש טעם אחר והוא כי אינו נקרא מיתה רק מי שהולך מעולם לעולם, ונבדל מעולמו, ולכן שבעה מלכים שהיו באצילות וירדו אל הבריאה, יקרא מיתה ממש, כמו שמבואר באדרא קל"ה - לא תימא דמיתו, אלא כל מאן דנחית מדרגא קדמאה דהוי ביה, קרי ביה מיתה, כמו שכתוב וימת מלך מצרים. אמנם אחורי או"א אף על פי שנפלו, לא ירדו בבריאה, אלא נשארו בעולם האצילות עצמו, לכן להיותן שלא במקומן, יקרא ביטול, אבל לא יקרא מיתה.
127

40

והם[128] בגימטריא עין ימין, וכן חמשה גבורות הם חמשה הוי"ת, גימטריא עין שמאל, וכשירדו חו"ג אלו מן ראשם, בהכרח שנמנע הסתכלותם זה בזה. **וצריך עיון, כי מה שנפל מאו"א הם בחינת הכלים דאחוריים לבד**, ובחינת העינים **וההסתכלות הוא מבחינת הכלים דפנים כנראה בחוש**, אלא שהוא **פנימיות דחיצוניות**. דעת[129] הצמ"ח היא כי יש מספר בחינות של הדעת, וכאן מדובר בדעת שהוא כנגד העינים. דעת הרב שלמה היא כי דעת שירד הוא לא הדעת דאו"א עצמם, אלא בחינת המ"ן שהדעת דנקודים העלה. **והמשכיל** יבין שכל הפרושים אמת, וכולם מתחברים לאחד. **עוד מבאר הרב** ז"ל כי האורות של הדעת דאו"א עילאין ושל ישסו"ת יורדים **בין תרין כתפין**, ר"ל בין שני הכתפים שלהם. ולמה שם, **והוא**[130] כי בנימין נתברך[131] על ידי משה רבינו ע"ה בברכה - ובין כתפיו שכן, והבן[132] הבכור של בנימין נקרא בלע, הרומז למלך הראשון דנקודים הנקרא בלע בן בעור, הרומז לדעת.

הרב ז"ל ביאר כי אור הדעת המשיך חו"ג מהכתר לאו"א עילאין, וכאשר נשבר כלי הדעת ירד הדעת דאו"א עילאין, **צריך לדעת** כי הדעת דאו"א עילאין שירד, הוא לא **עצמות** הדעת דאו"א עילאין, ולא החו"ג שנמשכו לאו"א עילאין מהכתר, לפני שיצאו המלכים מהבינה ומלכו, אלא[133] החו"ג **שהמשיך אור הדעת דנקודים בזמן מלכותו**, ר"ל הבחינה

תרשים א – י.

128

ע"ח ח"ב שכ"ה דרוש ב' מ"ב ד"ז ע"ב – בדעת דז"א יש חמשה חסדים וחמשה גבורות, והם עשר הוי"ת, גימטריא ק"ל ק"ל, שתי פעמים עי"ן, כמנין ס"ר לראות, **כי משם נמשכת ראיה אל העינים, היושבים ממש כנגד הדעת.**

129

מבוא שערים ש"ב ח"ב פ"ו ד"ח ע"ג)הגהה לצמח(– העינים שכנגד מוח הדעת שבראש. לאפקא הדעת שבין חסד וגבורה, והדעת המתפשט, ששלש אית בכל פרצוף, כנזכר בספר עב"י דף צ"ד, ועיין שם כמה בחינות דעת יש בכל פרצוף. ולאפקא כולם אמר הדעת שכנגד העינים. והנה הדעת שרשה חמשה חסדים, חמשה הוי"ת כנגד העינים מצד ימין. וחמשה גבורות מצד שמאל, חמשה הוי"ת, העולים גם כן עין. ואולי שאל הדעת זה שמנגד העינים כיון משה רבינו ז"ל - כי ס"ר לראות, דהיינו עין עין, שממנו חוש הראות, שהם כנגד העינים. ומכאן משמע, שכיון שדעתן של נשים קלה, דגליפו דתרין מוחין אתגלפין בה, כנזכר באדרת האזינו, ופירש הרב ז"ל בספר עולת תמיד דף מ"ב ע"ב, שאין בראשה כי אם חו"ב, והדעת למטה בין ב' הכתפים, ואם כן כמו שבאו"א ובישראל סבא ותבונה כנזכר בסוף ענין זה, בפרק זה, וכיון שהדעת שבראש היא כנגד העינים, ובנוקבא בין הכתפים, לכן שפיר קאמר סבא דמשפטים - עולימתא שפירתא דלית לה עיינין, דהיינו עין ימין ושמאל, דחמשה חסדים וחמשה גבורות כנזכר לעיל. אי נמי כפי בחינת הגבורות חמשה מחלק הדעת שיש לה, וחסד החסדים דדעתה קל מהם כנזכר הרב ז"ל במציאות זה, גם מה אתי שפיר, דלית לה עיינין תרין. אלא עין אחד מצד חמשה גבורות, והיא ק"ל מעין מצח ארבעה חסרים, כי לזה אנו מכסין העינים ביד ימין לבד, הרומז אל חמשה חסדים כנודע. ושהדעת כנגד העינים רמוז - בלא **ידעו ולא יראו**, כי זה תלוי בזה. ותפקחנה **עיני שניהם וידעו**. ולא כתיב ויראו. **עיני הוי"ה ינצרו דעת.**

130

ע"ח ח"ב שכ"ט פ"ו מ"ב דכ"ג ע"ד – והנה מזה הדעת שהם שתי כתפין דז"א, נמשך כח אל אל יסוד דז"א, כדי למיהב חד רוחא בביאה ראשונה בנוקבא, לעשותה כלי. וזה הרוחא נקרא בנימין לכן ברכו משה רבינו ע"ה - ובין כתפיו שכן, **והבן זה, כי משם מקורו.**

131

דברים ל"ג י"ב – לבנימין אמר ידיד הוי"ה ישכן לבטח עליו חפף עליו כל היום **ובין כתפיו שכן.**

132

בראשית מ"ו כ"א – ובני בנימין **בלע** ובכר ואשבל גרא ונעמן אחי וראש מפים וחפים וארד.

133

כרם שלמה ש"ט פ"א אות ה' – וצריך לומר **מה שירד הדעת דאו"א ממקומו להגוף שלהם, היא אותה הבחינה וחלק של הדעת שלהם, שנמשכה על ידי העלאת המ"ן של הדעת הזה שנשבר עתה, ולא כל הדעת של או"א**, אלא אותה הבחינה דוקא שנמשכה על ידי זה הדעת שנשבר, כך צריך לומר. כי אי אפשר לומר כל הדעת דאו"א ירד. כך צריך להבין מפרק ו' דשער הנקודים. ועוד שאין כל כך כח בשבירת הדעת, או

שנמשכה על ידי העלאת המ"ן של הדעת דנקודים הזה שנשבר עתה, ולא כל הדעת של או"א עילאין, אלא אותה הבחינה דווקא שנמשכה על ידי זה הדעת שנשבר. **וְהִנֵּה**[134] [135]**כְּשֵׁירְדוּ הַחֲמִשָׁה חֲסָדִים וְהַחֲמִשָׁה גְּבוּרוֹת מֵרֵישָׁא דְּאו"א עִלָּאִין** לַאֲפוּקֵי[136] יְשׂו"ת שֶׁגַּם הֵם נִקְרָאִים או"א, אֶלָּא או"א תַּתָּאִין[137], [138]עַד[139] **לְמַטָּה בַּגּוּפָא** (צָרִיךְ[140] לִגְרוֹס **בֵּין הַתְּרֵין כְּתֵפִין** דְּהַיְינוּ בִּשְׁלִישׁ הָעֶלְיוֹן דְּתִפְאֶרֶת דְּאו"א

כלי אחר מן השבעה מלכים, להוריד כל חלקי אחורי או"א, כי מה כחם כל כך. ולכן ודאי הוא שלא ירד למטה בהגוף, **אלא אותו חלק הדעת הנמשך על ידי הדעת הזה**, ופשוט.
134

יפה שעה)א(– והנה כשירדו החו"ג מרישא דאו"א כו', בהכרח הוא שגרם חסרון כו', וענין החסרון הזה, הוא בחינת חסרון הסתכלות עיני או"א בזה כו'. ואם תאמר, והלא בכל מקום הוא אומר, שלא נפלו מאו"א אלא בחינת אחוריים שבהם, והעינים הם דרך הפנים, ואיך נמצא מהם ההסתכלות. ויש לומר שאור העינים אינו בא אלא מן הדעת, אשר הוא כולל חמשה חסדים וחמשה גבורות, שהם עשר הוי"ת, לכן כל חמשה הוי"ת עולין למספר ק"ל, שהוא בגימטריא עין. ונמצא בעין ימין מאירים חמשה חסדים, ובעין שמאל חמשה גבורות. וכשנפלו החו"ג ודאי נפגם גם ההסתכלות, לכן אף על פי שעדיין הם פנים בפנים, לא היו רואים זה את זה כאשר בתחילה, בסוד ותכהנה עיניו מראות.
135

בית לחם יהודה ש"ט פ"א דכ"ז ע"א – והנה כשירדו החו"ג מרישא דאו"א עלאין. היינו שירדו החמשה חסדים מדעת דאבא, וחמשה גבורות מדעת דאימא, כי אין אבא לוקח ב' בחינות חו"ג, אלא חמשה חסדים בלבד, וכן אימא אינה לוקחת ב' בחינות חו"ג, אלא גבורות בלבד. ולכן בשאר המלכים שמלכו כתב רז"ל שזה המשיך חסדים באבא, וזה המשיך גבורות באימא, ואפילו כאשר מלך השׁשׁי והשׁביעי שהמשיכו חו"ג ביסודות או"א, כמו שכתוב לקמן. עם כל זה לא המשיכו חו"ג בב' בחינות חו"ג ביסוד אבא, וחו"ג ביסוד אימא, אלא המשיכו חסדים ביסוד אבא, וגבורות ביסוד אימא.
136

כרם שלמה ש"ט פ"א אות ה' – ומה שכתב **עילאין**, הוא פשוט לאפוקי ישׂו"ת שגם הם נקראים או"א, **אלא או"א תתאין**.
137

ע"ח שט"ו פ"ד דע"ז ע"ד – והענין כי הנה ב' אותיות ראשונות של הוי"ה, הם בחינת חו"ב. אבל באות יו"ד לבד שהוא חכמה, שם יש בחינת בינה, וזהו ענין הבן בחכמה. ופירוש, הוא כי יו"ד במלואו י' הוא חכמה, וב' אותיות ו"ד נעשית צורת ה', שהוא צורת יו"ד, והיא נקרא בינה עילאה הנזכר לעיל. ואמנם ה' ראשונה עצמה שבשם הוי"ה זו, היא תבונה ראשונה הנזכר לעיל, וכבר הודעתיך בדרוש תפילין בענין כתיבת שם הוי"ה, שצריך לכתוב תחלה י' בקרן זוית של ה' הזאת, כזה ה', ואות י' הוא בחינת חכמה של זאת התבונה ראשונה, וזו החכמה נקרא ישראל סבא. וזה שכתוב - וחכם בבינה. והרי נתבאר כי באות י' של הוי"ה יש בחינת או"א עילאין, ובאות ה' ראשונה של הוי"ה יש בחינת ישראל סבא ותבונה, **שהם תתאין**.
138

איפה שלימה, שער הנקודים פ"ז ד"י ע"א)ג(– עד למטה בגופם בין תרין כתפין וכו'. משמע מהכא שהשבעה תחתונות דאו"א היו בבחינת קיום, שהרי התרין כתפין הם חסד וגבורה, ובין שניהם ירדו בחינת החו"ג שהיו בראש או"א. וכך כתב בהדיא לקמן בשער המלכים סוף פרק א', שכתב שם וז"ל - גם העשרה נקודות שבה היו קשורים כולם זה בזה בסוד קוים מתפשטים מזו לזו, וכן על דרך זה גם בשני הנקודות של חו"ב היה כך, שכל אחת היתה כלולה מעשרה, וכולם קשורים זה בזה דרך קוים וכו', יעו"ש. וכך מובן במבוא שערים ש"ה ח"א פ"א דל"א פ"א ע"ד יעו"ש. אבל בספר מבוא שערים ש"ב ח"ב דף ה' פ"א ע"ג, אינו משמע כן שכתב שם, וז"ל - באופן שהשלשה נקודות ראשונות עם היותם כל אחד כלולה מעשרה, לא היו עשרה חלקים של כל אחד ואחד בפרטותם בדמיון קיום, אמנם הג' נקודות בכללותם היו בדמיון קיום כנזכר, ועיין לקמן בשער המלכים סוף פרק א' בהגהת הרב שמן זית זך, שנעתיק דבריו שם בעזרת השם יתברך. ובהרב שפת אמת בשער המלכים פרק ה' אות ב'. ובשער השבירה פרק ה' אות א'. ובהגהות וביאורים של מבוא שערים ש"ה ח"א פ"א דל"ה ע"ג אות ה'. ובהרב יפה שעה בפרקין, והוא בשער השבירה פרק א' בסוף דיבור

עילאין), ואז **בהכרוז הוא שגרם חסרון האור** לאו"א, **אף על פי שלא חזרו** לגמרי אור עילאין **אחזור באחזור, והנה ענין (נ"א עדיין) חסרון הזה הוא**[141][142]

המתחיל - ובהגיע האור אל שליש עליון שלו וכו', יע"ש. ונראה לעניות דעתי כי פרטות הכח"ב היו בבחינת קוים, כפשטיות סוגין דהכא, וכמו שכתב בשער המלכים הנזכר, ומה שכתב רז"ל במבוא שערים בדף ה' הנזכר לעיל, שלא היה בפרטות הכח"ב בחינת קוים, כוונתו היא שלא היו בבחינת קוים של בחינת פרצופים שלימים, כדמיון עולם התיקון שנתרחבו ונגדלו הכלים, והיו בבחינת פרצוף שלם, אבל היו בבחינת קוים בדרך כללות העשר ספירות של כל אחד מהכח"ב, וכן מוכח מתחלה לשונו שבדף ה' הנזכר שכתב שם וז"ל - עוד היה שינוי אחר בהם, כי להיות שהשלשה נקודות ראשונות יצאו שלימות, כל אחת מעשרה חלקים, לכן גרס זה תוספת אחר, והוא שכל עשר חלקי הנקודים היו כלולים ונקשרים ומחוברים ביחד חיבור גמור וכו', יע"ש. והקשר והחיבור הגמור הזה מוכרח לומר שהוא בחינת הקוים, כמבואר שם בש"ה ח"א פ"ה דל"ה ע"ג, שכתב שם בענין השבעה מלכים וז"ל - ולכן כשרצה המאציל העליון לתקנם, הוצרך לתקן הפירוד שהיה בהם בתחלה, וליחדם ולקשרם לקשר אמיץ יחד, שהוא על ידי היותם בדרך קוים, כי יש חו"ל והתפארת מכריע וכו', כי תחלה היו אלו הנקודות בלי קוים, ובלי בחינת פרצוף, אמנם היו כלולות כל אחת מעשרה, בסוד כללות, מעורב ומעורבב בהם, ולא היו האורות מראים פעולתם, ועתה על ידי הקשר הזה שנתקשרו על ידי עיבור זה, הראו האורות פעולתם זה בחינת רישא, וזה בחינת גופא, והיתה עין רואה ואזן שומעת וכו', יעוין שם בדבריו. הראת לדעת כי הקשר והחיבור הוא בחינת הקוים עצמם. והגם שיד הדוחה נטויה לדחות ולומר שמה שכתב רז"ל בדף ה' הנזכר, שכל עשר חלקי הנקודים היו כלולים ונקשרים ביחד וכו', כוונתו לומר שאורותיהם היו מחוברים ודבוקים זה על זה ביחד, אמנם לא היה דיבוקם על ידי קוים. ומה שכתב שם בדף ל"ה ע"ג בענין השבעה מלכים ליחדם ולקשרם לקשר אמיץ, שהוא על ידי היותם בדרך קוים וכו', הם שני ענינים שהם קשר וקוים. אין פשטיות לשון הרב משמע הכי. עוד יש להביא ראיה שגם בפרטות הכח"ב היה בחינת קוים, ממה שסיים שם בדף ל"ה הנזכר, ואמר והיתה בהם בחינת עין רואה ואזן שומעת וכו', נראה מזה שאו"א היו בבחינת קוים, שאם לא כן מהיכן היה בהם עין רואה, וחסרה מהם ההסתכלות בירידת הדעת. ועוד ראיה אחרת שבפרטות הכח"ב היה בחינת קוים היה ממה שכתב שם בש"ב ח"א פ"ו ד"ד ע"ד, וז"ל - הנה הג"ר שהם כח"ב יצאו יותר מתוקנים, כי יצאו בדרך קוים, אך השבעה תחתונות לא יצאו בדרך קוים וכו', והטעם לפי שהג"ר קבלו מאח"פ וכו', אך השבעה תחתונים שחסר מהם אור האזן לא יצאו כליהם בתיקון קוים וכו', יע"ש. משמע שעיקר ההפרש שעושה הרב ז"ל בין הג"ר להשבעה מלכים הוא בבחינת הקוים עצמם, ולא בעניין הפרש אחר ואם כן מוכרחים לומר שתוספת הקוים שהיו לג"ר על השבעה תחתונות הוא בבחינת פרטיות העשרה נקודות של כל אחד מהכח"ב. שכל אחד ואחד מהכח"ב היו נקודותיו בדרך קוים, אבל ששה חלקי נקודות הז"א לא היה בו בחינת קוים, מטעם שלא קבל אור האזן, ובזה יבוא טעם הרב על נכון. אבל אם נאמר שמה שכתב הרב שהג"ר יצאו בדרך קוים בכללות דוקא מטעם שקבלו אור האזן, אבל בפרטות אינם בדרך קוים. אם כן גם הז"א בפרטותו אינו בדרך קוים, ודומה בזה לפרטות הכח"ב. ובכללותו הוא מכריע בין החו"ב, ודומה לכללות הג"ר. ואם כן מה הועיל אור האזן להוסיף בהכח"ב בבחינת הקוים יותר מהז"א, אלא ודאי שפירוש מבוא שערים הוא כמו בשער המלכים הנזכר, שגם בפרטות הכח"ב היה בחינת קוים, ולא בא לשלול רק שלא היו בבחינת פרצוף שלם, כמו אחר התיקון.

139

בית לחם יהודה ש"ט פ"א דכ"ז ע"א – עד למטה בגופא בין תרין כתפין. פירוש בין חסד לגבורה. ואין לפשוט מזה שגם השבעה תחתונות דחו"ב היו בבחינת מתקלא, שהם ג' קוין ימין ושמאל ואמצע, שאם כן היאך חזרו או"א אחור באחור, ועדיין היסודות שלהם פנים בפנים, וכמו שהקשה הרב יפה שעה ז"ל בסמוך, אלא דרז"ל תופש כל הדרוש כפי סדר עולם התיקון, וכמו שחילק גם חו"ב את הדנקודים לאו"א עלאין ולישסו"ת, אף על פי דלא שייך זה בעולם הנקודים, כי עדיין לא היו בסוד פרצופים.

140

הגירסא בספר אוצרות חיים – **בין שתי כתפין.**

141

וחסרון הסתכלות עיני או"א[143] **זה בזה** כי ראיית העינים נמשכת מן הדעת, לכן שנשבר הכלי של הדעת דנקודים, ירד החו"ג שהמשיך הדעת דנקודים לדעת דאו"א עילאין, בין הכתפים שלהם, ר"ל ירד בחינת הדעת דאו"א שנמשכה להם על ידי המ"ן שאור הדעת דנקודים העלה, ולכן נחסרו בחינת הראייה דאו"א עילאין זה בזה.

צריך לדעת כי שורש בחינת החסד והגבורה דנקודים הם בחסד וגבורה דפרצוף א"א, כאשר החסד דא"א הוא שורש לחסד דנקודים, והגבורה דא"א הוא שורש לגבורה דנקודים. **עוד צריך לדעת** כי[144] פרצופי או"א מלבישים את החסד והגבורה דפרצוף א"א, כאשר פרצוף אבא מלביש את החסד דפרצוף א"א, ופרצוף אימא מלבישה את הגבורה

איפה שלימה, שער הנקודים פ"ז ד"י ע"א)ד(– הוא בחינת חסרון הסתכלות עיני או"א זה בזה וכו'. נ"ב **השמ"ש** לפי שהחמשה חסדים הם חמשה הוי"ת, והם גימטריא עין ימין, וכן חמשה גבורות הם חמשה הוי"ת, גימטריא עין שמאל, וכשירדו חו"ג אלו מן ראשם, בהכרח שנמנע הסתכלותם זה בזה. וצריך עיון, כי מה שנפל מאו"א הם בחינת הכלים דאחוריים לבד, ובחינת העינים והסתכלות הוא מבחינת הכלים דפנים, כנראה בחוש, אלא שהוא פנימיות דחיצוניות עד כאן לשונו. וכתב הרב אליהו משען ז"ל בהגהותיו כתב יד, וז"ל - ואחרי נשוק ידיו ורגליו הקדושות צריך עיון, זה לא ידעתי כי הכי כתב הרב ז"ל, שבחינת החו"ג האלו עם הבחינה שהגדילו האחוריים, כל זה נפל למטה, עיין שם. אם כן כיון שהשארת העינים היא נמשכה מהחו"ג, ועתה ירדו מן ראשם בהכרח שיוחשך מאור עיניהם מלהסתכל זה בזה, ולא אתנו יודע עומק דבריו אלה. ולולי למסתפינא הייתי אומר שהמעתיק לשון זה מגליון שלו עוותו, וצריך עיון. זה צריך להיות בתחלת הלשון, ואחר כך יבוא עליו התירוץ, לפי שהחמשה חסדים הם וכו', כך נראה לעניות דעתי, עד כאן לשונו. וכן הקשה ותירץ מהרש"ך ז"ל, יעו"ש באות א'.
142

בית לחם יהודה ש"ט פ"א דכ"ז ע"א – הוא חסרון הסתכלות עיני או"א זה בזה. כי הואיל וירד היסוד דכתר שבו מלובשים החו"ג בין תרין כתפין, לכן גם אורות החו"ג המגדילים את הדעת מצד הפנים דאו"א, כמו שמבואר בדברינו בפרק ו' דנקודים בסוף ד"ה אוכ"ל מספר ד וכו', ירדו בין ב' כתפין כמו אותיות בד"ק חי"ה, וממילא חסר מהם ההסתכלות. ועיין בהגהות השמ"ש והרב יפה שעה שכתבו לפי שהחמשה חסדים הם חמשה הוי"ת, והם גימטריא עי"ן ימין, וכן חמשה גבורות הם חמשה הוי"ת גימטריא עי"ן שמאל וכו', עו"ש. וקימא לן והא לעיל בד"ה והנה כשירדו וכו', מבואר שאין ב אבא באבא כי אם חמשה חסדים בלבד, ואין באימא כי אם חמשה גבורות בלבד, עו"ש. ואם כן היאך כתבו השמ"ש והרב יפה שעה שבאבא דבאבא יש חו"ג ובאימא יש חו"ג. ואולי שעל ידי דיבוק או"א זה בזה נכללים החו"ג זה בזה, ודוחק. ועיין באש"ל שכתב כי רבי אליהו ז"ל כתב על הגהות השמ"ש וז"ל - ואחרי נשיקת יד ורגלי קדשו צריך עיון, זה לא ידעתי כי כן כתב הרב ז"ל שבחינת החו"ג אלו עם בחינה שהגדילו האחוריים כל זה נפל למטה, יעו"ש. אם כן כיון שהשארת העינים היא נמשכת מהחו"ג, ועתה ירדו מן ראשם, בהכרח שיוחשך מאור עיניהם. מלהסתכל זה בזה, ואין אתנו יודע עומק דבריו, אלה ולולי דמסתפינא הייתי אומר שהמעתיק לשון זה מהגליון שלו עוותו, וצריך עיון. זה צריך להיות בתחלת הלשון, ואח"כ יבוא עליו התירוץ לפי שהחמשה חסדים וכו', עד כאן לשונו. וכן הוא מסודר הקושיא והתירוץ בהרב יפה שעה ז"ל, עד כאן לשון האש"ל.
143

השמ"ש]א[– נ"ב לפי שהחמשה חסדים הם חמשה הוי"ת, והם בגימטריא עין ימין, וכן חמשה גבורות הם חמשה הוי"ת, גימטריא עין שמאל, וכשירדו חו"ג אלו מן ראשם, בהכרח שנמנע הסתכלותם זה בזה. וצריך עיון, כי מה שנפל מאו"א הם בחינת הכלים דאחוריים לבד, ובחינת העינים וההסתכלות הוא מבחינת הכלים דפנים כנראה בחוש, אלא שהוא פנימיות דחיצוניות.
144

ע"ח שי"ד פ"ב מ"ת ד"ע ע"ג – נמצא עתה כי או"א מתחילין להלביש את א"א מן הגרון שבו עד סיום היסוד דעתיק שבתוכו, שהוא עד סיום שליש עליון דתפארת דא"א, והוא עד החזה שלו, **ואבא מלביש הימין, ואימא מלביש השמאל.**
ע"ח שי"ג פ"ב מ"ק דס"א ע"א – והנה בינה דא"א שהוא בצואר גרון שלו כנודע, ממנו נעשה שתי כתרים לאו"א, **וחסד דא"א מתלבש באבא, וגבורה באימא, הנקרא בינה.** וזה סוד אני בינה לי גבורה.

דפרצוף א"א, ואו"א מקבלים[145] את המוחין שלהם מהחסד וגבורה דא"א. לכן טבעי הוא שהחסד דנקודים יעלה מ"ן לאבא, וגבורה דנקודים תעלה מ"ן לאימא, כמו שמפרש הכרם שלמה לקמן באות ט' דפרק זה.

כאשר נשבר ומת כלי הדעת, ושברי הכלים דכלי הדעת נפלו לבי"ע, ואור הדעת הסתלק, אז האורות דחג"ת נהי"ם ירדו והתלבשו בכלי החסד, **וכאשר מלך**[146] **השני** הנקרא בתורה יובב בן זרח, **שהוא** אור **הזחסד** דנקודים, והתלבש בכלי החסד דנקודים עם כל שאר האורות שתחתיו, ומלך רק לפי שעה, ואז אור החסד העלה **מ"ן רק לאבא עילאה,** והוא כי כל בחינה ממשיכה מ"ן לדומה לה, אור החסד לאבא עילאה, ואור הגבורה לאימא עילאה.◆

כאן[147] הרב ז"ל לא מבאר **מהיכן ולהיכן** אור החסד המשיך את החסדים. אבל[148] **ידוע** כי שורש החו"ג תמיד נשארים בדעת עצמו, ורק הענפים שלהם מתפשטים בחמשה קצוות של אותו פרצוף. והארה[149] של הענפים, הנקראת[150] כללות

145

ע"ח שט"ז פ"ד מ"ד ד"ק ד"פ ע"ד – אך סוד העניין, **כי כבר ידענו כי מחסד דא"א נתהווה מוחין דאבא, ומגבורה דא"א נתהווה מוחין דאימא.** והעניין כי צד דכורא דא"א מ"ה שבו, הוא בימין, דכורא. וצד ב"ן שבו, נוקבא, הוא צד שמאל.

146

כרם שלמה ש"ט פ"א אות ו' – כבר ביארנו לעיל מהו פירוש של מלת **מלך**, שהוא הכנסת האור בכלי שלו, זהו ההמלכה שלו, כמלך יושב על כסאו. והנה עכשיו הגיע עת הכנסת השבעה אורות בכלי החסד, ובאותו זמן שנכנסו האורות בכלי החסד, אז העלה מ"ן והמשיך חמשה חסדים שיתפשטו בגופא דאבא.

147

כרם שלמה ש"ט פ"א אות ו' – ובכאן לא ביאר מהיכן באו ונתפשטו החמשה חסדים אלו. ועוד למה חמשה חסדים ולא יותר. ועוד והלא כבר כתב לעיל שהדעת הכלול מחמשה חסדים וחמשה גבורות כבר נפל בגופא דאבא ואימא, ומה הוסיף עכשיו העלאת המ"ן דהחסד. ועוד והלא לעיל חשב זאת בבחינת גרעון שהיא הירידה של הדעת בגופא דא"א, שהוא כלול מן החמשה חסדים ומן החמשה גבורות, ומה מעלה זאת שעשה המלך השני שהוא החסד.

148

ע"ח ח"ב שכ"ה דרוש ב', כללי חו"ג (טי"ז) ד"ז ע"ג – דע שהדעת הוא נשמת ו"ק, ודע **ששורש** חמשה חסדים נשארין בדעת תמיד, אך **ענפיהם** הם החסדים המתפשטים בו"ק, ואלו הענפים הם המגדילין את ז"א מבחוץ כנזכר לעיל. והם מבחוץ, ושרשם מבפנים, ומקבלין הארה מרשרשם דרך מחיצות שביניהן, ומגדילין לגופא דז"א עצמו.

ע"ח שי"ח פ"ד מ"ד דפ"ז ע"ג – עוד טעם אחר, והוא בעניין חמשה חסדים עצמן המתפשטים בז"א מצד יסוד אמא, והוא כי הלא נתבאר אצלינו כי ג' בחינות יש אל החסדים דז"א, אחד הוא למעלה במקום הדעת דז"א, **כי שם הוא שורש החסדים.** ואחר כך **מן הארתן מתפשטין חמשה חסדים מן החסד שבו עד הוד שבו.** ואחר כך מהארתן של החסדים המתפשטין **מתקבץ הארתן ביסוד** דז"א חמשה חסדים אחרים, אשר לסבה זו נקרא היסוד **כל** כנודע.

149

כרם שלמה ש"ט פ"א אות ו' – והארת הענפים הם המתכנסים ומתחברים ביסוד, והוא מה שקרא אותם הרב ז"ל לעיל פרק ה' דשער ח', חמשה רשימות שנותנים החמשה קצוות ליסוד.

150

ע"ח ח"ב שט"ל דרוש י"ג מ"ב דע"ז ע"ג – ודע שהז"א יש לו ג' מוחין שהם חב"ד, והדעת כלול מחו"ג שלקחם מחו"ב. אחר כך שורש עטרא דחסד נשאר שם בדעת כולה, ויורדין ממנה בחינת חמשה חסדים של התפשטות חמשה קצוות שבו כנודע. ואחר כך **כללותן** יורדין ביסוד שבו.

ע"ח ש"ו פ"ג מ"ת דכ"ו ע"א – עוד יש הפרש אחד בין היסוד לחמשה קצוות אחרים, והוא כאשר בא ההוד נתן **כח כללותו** מחדש ביסוד, בחינת נפש לבד. וכן **כולם, עד שיצא החסד וגם הוא נתן בצאתו כח כללותו**

או רשימו לוקח היסוד, והארת הכללות, שהיא כללות דכללות, ניתנים למלכות[151]. ובחינת ההארה היא רק בחינת המלכות של אותו שיעור קומה, ר"ל שהיסוד לוקח את בחינת המלכויות דחו"ג, והמלכות לוקחת את המלכות דמלכות דחו"ג. וכל זה בסוד[152] אין לך אדם שאין לו שעה[153]. **שע"ה** ראשי תבות **ש**ורש, **ע**נף, **ה**ארה.

והמשיך[154] אור החסד מבין תרין כתפין **הזזמש"ה**[155] ענפים של **ה**זסדים, שי**ת**פשטו בגו**פא דאבא** עילאה בלבד **כנוד"ע**, ר"ל[156] בחג"ת נ"ה דאבא עילאה. **וכש**נשבר ו**מת**[157] כלי החסד דנקודים, הסתלק אור החסד, נתנה בראש יסוד דאבא עילאה, כמו שיתבאר לקמן. **וירד הוא** ר"ל הכלי הפנימי דחסד **בבריאה**, הכלי האמצעי דחסד ביצירה, וכלי חיצון דחסד בעשיה.

כאשר נשבר ומת כלי החסד, אור החסד הסתלק ממנו, ונשארו ששה אורות דנקודים, שהם אור הגבורה, תפארת, נצח, הוד, יסוד ומלכות. כאן מבאר הרב ז"ל כי הם חמשה אורות ולא ששה, ופשוט[158] הוא שאור הנצח וההוד נחשבים לאחד,

---

ביסוד. משאין כן בשאר חמשה קצוות, כי בבא אחד לא היה מוסיף שום תוספת בחבירו כלל ועיקר, כי כולם שוים, רק כאשר נשלמו כל השישה, אז נמצא שנגמר כל הז"א בבחינת נפש.
151

שער הכוונות, דרושי קבלת שבת, דרוש א', ענין הבו להוי"ה דס"ה ע"ב – גם צריך שתדע כי אלו השבעה ההבלים, הם בחינת החסדים המתפשטים תוך שבעה תחתונות דז"א. והנה **חמשה החסדים הם המתפשטים תחילה, מחסד עד הוד** דז"א, ואחר כך **כללות כל אלו החמשה נכלל ומתקבץ ביסוד**, ואחר כך **כללות כולם פעם שניה נכלל ומתקבץ במלכות שבו**. הרי הם שבעה בחינות חסדים, והם סוד שבעה ההבלים היוצאים מפי היסוד, ששם הוא מקום עטרת יסוד, שהוא בחינת המלכות שבו, ששם הוא בחינת החסד השביעי, בסוד כללות הנזכר.
152

משנה, מסכת אבות פ"ד משנה ג' – הוא היה אומר, אל תהי בז לכל אדם, ואל תהי מפליג לכל דבר, **שאין לך אדם שאין לו שעה** ואין לך דבר שאין לו מקום.
153

תרשים א – י"א.
154

בית לחם יהודה ש"ט פ"א דכ"ז ע"ב – המשיך חמשה חסדים שיתפשטו בגופא דאבא כנודע. פירוש, כנודע שהחמשה חסדים הם מתפשטין בחמשה קצוות, מחסד עד הוד, וכל המשכות והתפשטות החו"ג הם נמשכין ומתפשטין בפנים ואחור דאו"א, ולא באחוריים בלבד, כמו שכתב בפרק ו' דנקודים ד"ה - ושבעה מהם הם כלים, יעו"ש. רק מה שנפל היה בחינת האחור לבד.
155

תרשים א – י"ב.
156

תרשים א – י"ג.
157

תרשים א – י"ד.
158

ע"ח ש"ח פ"ד מ"ת דל"ח ע"ג – ולכן היה בחינת התיקון בג"ר ולא נשברו כלל, וכאשר היו השבעה תחתונות כלולין במעי אמם, היו שם בבחינת מ"ן המעוררין זווג עליון. אמנם בצאת משם השבעה תחתונות, שהם השבעה מלכים שמלכו בארץ אדום, ורצו להיכנס בכלים שלהם, ולא יכלו הכלים לסבול ונשברו ומתו, כמו שנבאר בע"ה. ולכן נבאר תחלה סדר שבע מלכים אלו, כי הנה הם מהדעת ולמטה, דעת א', חסד ב', גבורה ג', תפארת ד', **נצח הוד הם תרי פלגי גופא והם ה'**, יסוד ו', מלכות ז'. **כי הנצח הוד נחשבים כל אחד חצי הגוף, ובין שניהם הם אחד לבד.**

שהם[159] תרי פלגי דגופא. **וַהֲחֲמִשָּׁה הָאוֹרוֹת** הנותרים **יָרְדוּ בִּכְלִי הַגְּבוּרָה** דנקודים, וּבְמלוֹך **הַמֶּלֶךְ הַשְּׁלִישִׁי** הנקרא[160] בתורה חשם מארץ התמני, שמלך לפי שעה.

וְנִשְׁבַּר[161] ומת כלי החסד, **אָז**[162] **נָפְלוּ הָאֲחוֹרַיִים דְּאַבָּא** עילאה **הַנַּעֲשִׂין**[163] **עַל יְדֵי הִתְפַּשְּׁטוּת חֲמִשָּׁה הַחֲסָדִים כַּנִּזְכָּר לְעֵיל**, ר"ל שנפלו אותו חלק האחוריים שנעשו על ידי התפשטות חמשה חסדים אלו. **וְהַחֲסָדִים** שהתפשטו בחג"ת ונצח הוד דאבא עילאה **עַתָּה** בשבירת כלי החסד דנקודים **נָפְלוּ כֻּלָּם, וְהַחֲסָדִים**[164] האלו **יָרְדוּ** כולם **בְּרֹאשׁ יְסוֹד דְּאַבָּא**[165] עילאה, דהיינו בדעת דיסוד

159

שער הפסוקים, פרשת שמיני, ויקחו בני אהרן נדב ואביהוא איש מחתתו וגו' דל"ב ע"ב – וזה סוד היותם נקרא בספר הזוהר, תרי פלגי גופא, דלא איתנסיבו, והם החשובים נפש אחד בלבד, ולכן יכלו להתעבר שניהם יחד בפינחס, כשהרג את זמרי כנודע. והוא, **כי נצח והוד הם נקרא תרי פלגי גופא**. גם זה סוד מה שכתוב בזוהר פרשת ויצא, בסתרי תורה, וז"ל - ויגע בכף יריכו, דא נדב ואביהוא, לרמוז כי הם ביריכיו דז"א, בנצח והוד שבו כנזכר.

שער הגלגולים, הקדמה ל"ב – ונמצא, כי ארבע בחינות נכללו בפינחס, האחת, היא נפש פינחס עצמו כשנולד, כי אף על פי שהיתה כלולה מני טפין דיוסף ויתרו, נקראים נפש אחת. **השניה, היא נפש נדב ואביהוא, כשבאה בסוד עבור, וגם זו נפש אחת נקראת, ולא שתים**, כנודע מספר הזהר בפרשת אחרי מות דנדב ואביהוא תרי פלגי גופא הוו. והשלישית, היא נפש הנקראת אליהו התשבי, משרש גד. הרביעית, היא נפש הנקראת אליהו דשורש בנימין. וזה סוד מה שאמרו חז"ל הנזכר לעיל – תנא, מיכאל באחת וכו', ואליהו בארבע וכו', והבן זה.

160

בראשית ל"ו ל"ד – וימת יובב וימלך תחתיו חשם מארץ התימני.

161

בית לחם יהודה ש"ט פ"א דכ"ז ע"ב – ואז נפלו האחוריים דאבא. נראה דנפלו ממש קאמר, וגם החזיר אחריו ממש, כן הוא פשט דבריו. וכן כך באש"ל משם יוס"ד, ומשם אי"ה, יעו"ש. וכן הבין הרב יפה שעה ז"ל, מדכתב דבר תימה הוא זה, אחר שבמות החסד נפלו אחוריים דאבא, ובמות הגבורה נפלו אחוריים דאימא, היאך עמדו או"א אחור באחור, ועדיין יסודותיהם פנים בפנים, עד שמת שליש עליון דתפארת. כי איך אפשר לחלק היסוד משאר הגוף, ותירץ כי העשרה נקודות דאו"א לא היו בסוד קוין, ולפי זה לא קשיא מדי אם מתחלק היסוד משאר הגוף, יעו"ש.

162

ע"ח ש"ט פ"ב מ"ת ד"מ ע"ד – והנה לא ירדו אחוריים דאבא עד **שמת המלך השני, שהוא חסד**, ולא ירדו אחוריים דאימא עד שמת המלך השלישי, שהוא גבורה, באופן כי במות הגבורה אז נשלמו אחורי או"א לירד.

163

בית לחם יהודה ש"ט פ"א דכ"ז ע"ב – הנעשים על ידי התפשטות החמשה חסדים. כלומר כי רק הכלים דאחוריים הנגדלים על ידי התפשטות החמשה חסדים הם נפלו למטה, אמנם החמשה חסדים עצמם לא נפלו עמהם, אלא ירדו ביסוד אבא.

164

תרשים א – ט"ו.

165

הגהות וביאורים)ו(– ר"ל האורות, אבל הכלים דאותן אחוריים ירדו במקום שעתיד להיות החסד דז"א, ה"ר שב"ח.

דאבא עילאה, הנמצא[166] בשליש הראשון דתפארת של אבא הכללי[167], והחסדים האלו ממתינים בשליש התפארת העליון דאבא הכללי, כדי להתפשט יותר מאוחר בפרצוף ישראל סבא. וכן הגבורות, אחרי השבירה והמיתה של כלי הגבורות, ירדו לשליש העליון דתפארת דאימא הכללית, שהוא מקום היסוד דאימא עילאה, וימתינו שם כדי להתפשט בפרצוף התבונה.

יש[168] ארבעה בחינות שפרצופי הזכר והנקבה עומדים[169]. שהם **אחור באחור**, שזאת הבחינה הכי גרועה. הבחינה היותר מעולה היא **אחור בפנים**, אחור הזכר בפנים דנקבה. בחינה יותר מעולה היא **פנים באחור**, פני הזכר באחורי הנוקבא, בסוד הפסוק[170] - וחכם באחור ישבחנה. והבחינה הגדולה מכולם היא בחינת **פנים בפנים**, פני הזכר בפני הנקבה, ומדרגה זאת היא תכלית השלמות. וארבעה בחינות אלו הם סוד שמות עסמ"ב. **והכלל הוא** - שתמיד מזכירים את הזכר לפני הנקבה.

הרב ז"ל ביאר בפרקין[171] כי אפילו שכלי הדעת דנקודים נשבר ומת, או"א עדיין היו עומדים פנים בפנים. **ואז** ר"ל אחרי שירדו החסדים בראש יסוד דאבא עילאה, אז[172] **אבא** עילאה **הזוזיר אזזוריו אל פני** אימא עילאה

מבוא שערים ש"ב ח"ב פ"ו ד"ט ע"א - אחר כך מלך החסד, והוא הגורם על ידיו העלאת ומיין נוקבין גם כן, להתפשט החמשה חסדים בגופא דאבא, להגדיל אחוריו כנזכר לעיל בפרק ד'. וכשמת וירד כלי החסד בבריאה, ואור שלו ירד באצילות למטה כנזכר לעיל בפרק ה', ושאר חמשה אורות יצאו בכלי המלך השלישי, ואז נפגם אבא, ונפלו כל חמשה חסדים שבו בגופו, ואז נגמרו אחורי אבא ליפול, ואז חזר אבא פניו מאימא, והיו, או"א אחור בפנים, אחורי אבא בפני אימא. ואף על פי שעדיין לא נגמר פרצוף אבא להפגם, עד חזה התפארת כנזכר לעיל. הטעם הוא כי בכל הספירות יש בהם פנים ואחור, חוץ מן היסוד, שכולו פנים, כי כולו נכנס תוך נקודת היסוד של הנוקבא, משאין כן בשאר האיברים, שקצתם דבוקים עם איברי הנוקבא פנים בפנים, וקצתם באחוריים. **והנה כשתעריך תמצא כי שליש הראשון של התפארת, שהוא עד החזה הוא שיעור היסוד של אבא**, כמו שהוא בז"א עם היסוד דאימא כנזכר. ולכן בהגמר החסד למות, נגמרו כל אחורי אבא ליפול.
167

תרשים א - ט"ז.
168

ע"ח שי"א פ"ז מ"ת דנ"ד ע"א - ותחלת הכל נקדים לך הקדמה אחת, והוא כי בכל בחינה שיש זכר ונקבה, יש ארבעה בחינות, וזה סדרן לפי מעלתן ממש מלמטה למעלה, תחלה היא מדרגת **אחור באחור**, פירוש שיהיו זו"ן אחוריהם דבוקים זה לזה, והפוכים אחור נגד אחור. למעלה מזה מדרגה שניה, והוא שיהיו **אחור בפנים**, שיהפוך הזכר אחוריו נגד פני הנקבה, ואז יש מעלה בזה שמקבלת הנוקבא מהזכר דרך הפנים, אבל עדיין אינה מקבלת רק אור של אחוריים מהזכר, ואינה יכולה לקבל אור הפנים שלו. למעלה מזה מדרגה שלישית המעולה ממנו, והוא **פנים באחור**, שפני הזכר מביטים באחורי הנקבה, ובזה יש מעלה יתירה שמקבלת הנקבה אור הפנים ממש, אלא שלהיות אור גדול אינה מקבלתו אלא דרך אחור שלה, ואז שם מתעבה האור, וכאשר יתעבה יוכל אחר כך האור לילך דרך אחור ולהגיע עד הפנים שלה, ואז תוכל לקבלו, וזה סוד הפסוק - וחכם באחור ישבחנה, כי כאשר החכמה שהוא הזכר יפנה בפניו אל אחורי הנוקבא, שהיא בינה, ישבחנה יותר ממה שהיה)בעת(בהיות להיפך, אחורי הזכר בפני הנקבה. מדרגה רביעית למעלה מכולם, הוא פנים בפנים, פירוש שיהיו שניהן זכר ונקבה פונים פניהם זה לזה, ומדרגה זו היא תכלית השלימות.
169

תרשים א - י"ז.
170

משלי כ"ט י"א - כל רוחו יוציא כסיל **וחכם באחור ישבחנה.**
171

הנקראת **בינה**, אשר בזיונה זו נקרא אזור בפנים, כי פני אימא עילאה ה**נקראת בינה, נוכח אזורי** אבא עילאה ה**נקרא חכמה עומדין.**

הרב ז"ל ביאר בפרק[173] ו'[174] דנקודים כי כמו שז"א נחלק לב' בחינות שהם לאה ורחל, עד השליש העליון דתפארת דז"א שם לאה, ומהשליש העליון ולמטה פרצוף רחל, החלק[175] העליון דז"א נקרא זו"ן הגדולים, וגם נקראים ישראל ולאה הגדולה (ולפעמים נקראת גם רחל הגדולה), והחלק התחתון נקרא יעקב ורחל הקטנים, והם עטרת דיסוד דז"א, ויעקב ורחל הקטנים נקראים **נוקבא** בערך זו"ן הגדולים, לאפוקי[176] יעקב ולאה שיצאו מהאחוריים דאו"א[177]. גם פרצופי או"א

ע"ח ש"ט פ"א מ"ת ד"מ ע"ב – וכאשר נשבר כלי המלך זה הנקרא דעת, אז גם הדעת דאו"א עילאין ירד למטה, במקום הגוף דאו"א. אבל כלי המלך הזה הנקרא דעת, אחר שנשבר ירד לעולם הבריאה כמו שנבאר בע"ה, ושאר הששה (נ"א הז') אורות שהיו עמו נכנסו בכלי המלך הנקרא חסד. **ואז עדיין או"א עילאין היו פנים בפנים**, כי אינן חוזרין אחור באחור עד שיגמור הכל לירד.
[172]

תרשים א – י"ח.
[173]

ע"ח ש"ח פ"ו מ"ת דט"ל ע"ד – אמנם למטה בע"ה נבאר סדר או"א ומציאותן, ושם נאמר כי אבא כולל עשר ספירות, וכן אימא כלולה מעשר ספירות, וכן זו"ן מעשר ספירות. והנה כמו שז"א הנקרא ישראל כלול הוא מעשר ספירות, ונחלק לשנים, נגד לאה ורחל, ונמצא שרגלי לאה עד שליש תפארת דז"א, שהוא בחזה שלו, ומשם ולמטה מתחיל ראש רחל. כן הענין באו"א, כל אחד מהם נחלק לשני חצאין, ושני חצאי העליונים של או"א נקרא או"א עילאין, ושני חצאי התחתונים נקרא ישראל סבא ותבונה, וכאשר נעריך כל זה בבחינה אחת, נמצא כי ראש ישראל סבא ותבונה הם בחזה, ספירת שליש תפארת דאו"א עילאין, עיין לקמן.
[174]

שער הפסוקים, ויצא די"ד ע"ב – ויאהב יעקב את רחל ויאמר אעבדך שבע שנים וגו'. הנה ענין יעקב עם שתי נשיו, רחל ולאה, הוא זה. דע, כי יעקב יש לו שני שמות, כי בתחלה נקרא שמו יעקב, והוא עדיין לא תקן, רק מהחזה ולמטה דז"א, ואז היתה בחינתו שם ולמטה. ונודע, כי רחל מקומה שם מן החזה ולמטה, ולכן כתיב ויאהב יעקב את רחל, הנקראת עלמא דאתגלייא כנודע. כי גילוי האורות, הם מן החזה ולמטה, כי שם נגמר יסוד דאימא. אבל לאה, היא מכנגד החזה ולמעלה, כי שם האורות מכוסים, ולכן נקראים עלמא דאתכסייא.
[175]

רחובות הנהר ד"ז ע"ד – ונתחברו ו"ק שהם ז"א דמ"ה, עם ו"ק שהם ז"א דב"ן, ונכללו אלו באלו, ונתלבשו אלו באלו, והלבישו לתנה"י דא"א מהטיבור ולמטה, מכל צדדיו פנים ואחור, **ונקראים זו"ן הגדולים.** כי ו"ק דב"ן נקרא רחל הגדולה, מלכות שבגופו, **ולפעמים נקראת בשם לאה**, ובכללותם נקרא ז"א, וו"ק דמ"ה נקרא אותיות עצמם ממש, וו"ק דב"ן נקרא בחינת חשבון דאותיות דז"א. וכן נתחברו מלכות נוקבא דזעיר אנפין דמ"ה, עם מלכות נוקבא דז"א דב"ן, ונכללו אלו באלו, ונתלבשו אלו באלו, והלבישו לתנה"י דזו"ן הגדולים, **ואלו נקראים יעקב ורחל**, ובכללותם נקראים נוקבא דז"א.
[176]

ארבע מאות שקל כסף דל"ח ע"ד – והנה דוגמת או"א, הם ז"א ורחל השווים בקומתם. ודוגמת ישסו"ת, הם יעקב ורחל הקטנים, מן החזה דזעיר ולמטה, והבן זה. ודע זה כי יש יעקב שהוא חצי תחתון דזעיר, והוא המזדווג עם רחל הקטנה. **ויש יעקב ולאה שהם בחינת אחוריים דאו"א** דז"א, ועתיק וא"א דמ"ה. וכנגדם אבא וישראל סבא דמ"ה, ובינה ותבונה דב"ן. וכנגדם ממש זעיר ויעקב דמ"ה, ורחל דב"ן. הרי הם שלשה בחינות, כי כך הוא אריך דכורא לגבי עתיק דכורא, כמו ישראל סבא לגבי אבא, ויעקב לגבי זעיר. וכן כך הוא נוקבא דא"א, לגבי נוקבא דעתיק, כמו תבונה לגבי בינה, וכמו **רחל קטנה לגבי רחל עילאה.**
[177]

תרשים א – י"ט.

הכללים נחלקין לשני חצאין, עד השליש העליון הנקרא תפארת של פרצוף אבא, נמצא אבא עילאה, ומהחזה דאבא הכללי ולמטה מלביש עליו פרצוף ישראל סבא, שהוא[178] בעצם בחינת עטרת היסוד דאבא הכללי. וכן באימא, עד שליש העליון הנקרא תפארת דאימא הכללית, נקרא אימא עילאה. ומהחזה דאימא ולמטה מלביש עליה פרצוף התבונה, שהוא בעצם עטרת היסוד דאימא הכללית. וכללות ישסו"ת הם נוקבא בערך או"א עילאין. ומאו"א עילאין וישסו"ת מקבלים זו"ן ויעקב ורחל הקטנים מוחין, בעומק[179] **הדברים צריך לדעת** כי בעולם התיקון זו"ן[180] הגדולים מקבלים מוחין

178

ע"ח ש"א ענף ה' מ"ב די"ד ע"ג – רצוני בענף זה להקדים קצת הקדמות אל כל הבא למלאות את ידו ולהתעסק בחכמה זאת, והוא כי כבר ביארנו לעיל כי פרצוף אדם כלול מרמ"ח אברים בעשר ספירות פרטיות שבו, באופן זה כי כתר הוא גולגלתא, וחב"ד הם שלשה מוחין, וחג"ת הם שני דרועין וגופא, ונה"י שני שוקין ואמה, ומלכות היא נקבה שלו. אמנם אם תרצה לחלק ולפרט אלו העשר ספירות הכלליות בפרטים רבים, הנה אינם נחלקות רק לחמשה בחינות לבד, אשר כל בחינה מהם הוא פרצוף אחד שלם כמראה אדם. וזה סדרן, הנה הכתר הוא פרצוף אחד שלם מעשר ספירות, ונקרא א"א. וחכמה הוא גם כן פרצוף אחד מהעשר ספירות, ונקרא אבא. ובינה היא גם כן פרצוף אחד מעשר ספירות, ונקרא אימא. והו"ק מחסד עד היסוד הוא פרצוף אחד מעשר ספירות, ונקרא ז"א. וספירה עשירית שהיא מלכות, היא פרצוף אחד מעשר ספירות, ונקרא נוקבא דז"א. עוד צריך לדעת כי בחינת המלכות שבכל פרצוף ופרצוף, מאלו החמשה פרצופים הוא באופן זה, כי מלכות אשר בפרצוף זכר כגון אבא וז"א, **הנה המלכות שבו הוא בחינת עטרה שעל הצדיק, הנקרא יסוד**, בסוד ברכות לראש צדיק, הנזכר בספר הזוהר פרשת ויצא דף קס"ב וז"ל - רבי ייסא זוטא הוה שכיח קמיה דרבי שמעון, אמר לו מהו דכתיב ברכות לראש צדיק, מבעי ליה וכו'. ואם הוא מלכות בפרצוף נוקבא כגון אימא ונוקבא דז"א, **הנה המלכות שבה הוא גם כן בחינת עטרת היסוד שבה**, כי היסוד שבה הוא הרחם, והעטרה שבה הוא בחינת הבשר התפוח שעליה, הנקרא בדברי חז"ל שפולי מעים בעניני סימני איילונות כנודע.

ליקוטי תורה למהרח"ו, שמות דנ"ד ע"א – ויאמר מלך מצרים. דע כי מילדות העבריות הם **בינה ותבונה**. ולפי שלפעמים נכללים זו בזו, לכן המילדת כתיב חסר. גם שהם בחינת אם ובת, **כי תבונה סוד מלכות דבינה**, לכן יוכבד ומרים אימא וברתא, וכן יוכבד גימטריא מ"ב, והוא אם ע"ה, שהוא סוד אימא עילאה. ומרים סוד תבונה, ובה דינין מתערין. וזה שכתוב בזוהר ומינא דינין מתערין, היינו מבחינת תבונה, ולא כן בינה, לכן היא הוי"ה בניקוד אלהי"ם, כי היא גופא רחמים. אך תבונה דינים, לכן מרים גימטריא פ"ר דינים.

ארבע מאות שקל כסף דכ"ב ע"ג – הנראה לעניות דעתי דעתי חיים, תכלית הדברים, כי בינה ותבונה הם ס"ג, **והתבונה הוא מלכות הבינה**, העומדת מן החזה עד הסיום, ולכן נקרא מ"ם. ואמנם המלכות של התבונה זו, היא מעשר ספירות, והיא גם כן תשע ספירות, והם כללות צ"ל של הצלם, והמלכות שבה שמלכות הנזכר היא צדי"ק דצלם, נכנסת ממש בפנימיות זעיר.

ע"ח שי"ט פ"ט דצ"ה ע"ד – אך באו"א יש מ"ה וב"ן, אלא שהם שני פרצופים דבוקים יחד תמיד פנים בפנים, דוגמת עתיק, וכל כך הם דבוקים עד שנחשבין שניהן לפרצוף אחד, ונקרא אבא. וכן באימא יש מ"ה ב"ן. ובזו"ן יש גרעון אחר כי כל מה שהולכין הפרצופים ויורדין ממדרגתן מתגלה מאד פירודם, בחינת המ"ה מבחינת הב"ן, ולכן נתוסף פירוד בחלק מ"ה וב"ן שבזו"ן, והענין כי הז"א כולו בחינת מ"ה, והנוקבא כולה בחינת ב"ן, והם נפרדים לזמנין אחור באחור, ולזמנין פנים בפנים, **והנה דוגמת או"א הם ז"א ורחל השוין בקומתן, ודוגמת ישראל סבא ותבונה הם יעקב ורחל הקטנים מהחזה דז"א ולמטה, והבן זה**. ודע כי יש יעקב שהוא חצי תחתון דז"א, והוא המזדווג עם רחל הקטנה.

ע"ח ח"ב ש"מ דרוש ז' דפ"ב ע"א – ודע והבן מאד כי אז כל בחינת מלכות דז"א עצמו, שהוא ב"ן שלו כנזכר במקום אחר, **הוא דוגמת בינה עליונה, והיא דוגמת תבונה**. וכל אחוריים שלו ננסרין וניתנין אליה, ועל ידי זה נשלמה, כי היא דוגמת התבונה הנעשית פרצוף גמור בהתחברה עם הבינה.

179

תורת חכם דס"ד ע"ו – בשער ט' שער השבירה פרק א', וז"ל - וכל דרוש זה צריך שתבינהו על דרך הדרוש ההוא, והכל בציור אחד, ואז תבינהו, עיין שם. הכוונה היא שהשלשה מלכים ראשונים עד שליש הראשון דתפארת הם בחינת זו"ן הגדולים, הלוקחים מוחין מאו"א עילאין. ומשני שלישי התפארת עד המלכות, הם

דפנים, הנקראים **חיה** מאו"א עילאין, ויעקב[181] ורחל הקטנים מקבלים מוחין דפנים, הנקראים **חיה** מישס"ות. וכן הוא בעולם הנקודים, עד מקום החזה הנקודים שהוא שליש העליון דתפארת דנקודים, והם דעת, חסד, גבורה ושליש העליון דתפארת דנקודים, נקראים[182] בערכין זו"ן הגדולים, והם מעלים מ"ן לאו"א עילאין, וממקום החזה דנקודים ולמטה, שהם ב' השלישים התחתונים דתפארת דנקודים, ונצח, הוד, יסוד, מלכות דנקודים, כל אלו נקראים בערכין יעקב ורחל הקטנים דנקודים, והם מעלים מ"ן לישסו"ת. **מכאן אפשר להבין** כי בשבירת הכלים העליונים דנקודים, חסד, גבורה ושליש העליון דתפארת העליון דנקודים, גרם לירידת האחוריים דאו"א עילאין עד מקום שליש העליון דתפארת דנקודים. ובשבירת הכלים התחתונים מן החזה ולמטה דנקודים, גרם לירידת אחוריים דישסו"ת. **זאת ועוד** כאשר נעריך את או"א עילאין בערך או"א הכוללים, היסוד דאו"א עילאין נמצא בשליש התפארת דאו"א הכוללים, ומשם ולמטה בב' שלישים התחתונים דתפארת דאו"א הכוללים נמצאים הראשים דישסו"ת.

כאן יש הגה"ה ממ"ק.

הגה"ה היא חזרה על דברי הרב ז"ל משער ח' סוף פרק א' מ"ב דל"ה ע"ד. שם מבוארים דברי הרב ז"ל באריכות.

מ"ק. כאן כתבתי שאזוור כל **הארבעה נפלו** ר"ל האחוריים של או"א עילאין, והאחוריים

בחינת זו"ן דאחור, ונקרא נוקבא, ונקרא כלי החיצון, וחג"ת נקרא כלי הפנימי, שהוא בחינת פנים כמו שכתב הרב ז"ל בשער חיצוניות ופנימיות פרק ח', שיצאו המלכים בחינת אחור ופנים, שהאמצעי נקרא פנים, וזה הכלי החיצון שהיא מן החזה ולמטה, שנקרא אחור, מקבל מוחין מישסו"ת, לכך במיתתן נפלו אחורי ישסו"ת. ועיין פרק א' וב' דשער כ"ז שער פרטי עי"מ, שכתב אף על פי שהם שוים בקומתם, נקרא מן החזה ולמטה, עיין שם. וכן האמצעי עם הפנימי, האמצעי נקרא זו"ן דאחור בערך הפנימי הנקרא זו"ן דפנים. וזהו בהכרח כי כל פרצוף נקרא נוקבא בערך העליון ממנו, כי הרי ישסו"ת שם בת זוג לאו"א עילאין, בערך הפרצוף התחתון החמישי בערכם, הם נקראים או"א ונוקבא. הרי כי א"א ונוקבא הם בת זוג לעתיק ונוקבא, וכן על דרך זה תקיש לכולם.
180

ע"ח ש"ו פ"ב דכ"ה ע"ג הגה"ה לשמש [א] – נ"ב צ"ע, והלא כבר כתב לעיל בפרק זה שאינם חוזרים פנים בפנים עד בא להם החיה, שהם מוחין דאבא. ונראה לעניות דעתי לומר כי לעיל מיירי בזמן שבאים לזו"ן מוחין מצד בינה דאימא לבד, שאז אינם חוזרים פנים בפנים, עד בא להם מוחין מצד בינה דאבא, והכא מיירי בזמן שבאים להם מוחין מצד בינה דאמא ובינה דאבא, שהם בחינת נשמה ונשמה דחיה, ואז חוזרים פנים בפנים ומזדווגים, ואשמועינן הכא כי אף על פי שעדיין לא נגמר כניסת המוחין, לא דאבא ולא דאמא, כבר הם יכולים לחזור פנים בפנים ולהזדווג. ואל תתמה על סדר כניסת המוחין באופן הנזכר, ואיך נכנס בינה דאבא קודם גמר כניסת החכמה וכתר דאמא, כי כך הוא הסדר בכל זמן כנודע, ואין מקום להאריך. וראיה לכל זה היא תפלת לחש דשחרית דחול, שבה נכנסו המוחין מצד בינות דישסו"ת, ועל ידי כך חזרו פנים בפנים ונזדווגו, ובחזרה נכנסו המוחין מצד חכמות דישסו"ת, ושם חזרו פנים בפנים ונזדווגו. ואף על פי שבספר הכוונות כתב שאין זיווג אלא בנפילת אפים, ומשמע שכיון שעדיין לא נכנסו המוחין דחכמות דישסו"ת אין זיווג. כבר כתב בשער או"א שט"ו (צ"ל שט') דאין זה אלא בזיווג הגדול דחב"ד, אבל לא בזיווגים הקטנים דנה"י וחג"ת, שאלו כבר היו בלחש ובחזרה כנ"ל. **עוד יש לומר כי לעיל מיירי בזיווג דזו"ן הגדולים הכוללים, שאין זיווגם רק בשבת, אחר שמקבלים מוחין דאו"א עלאין, שהם חיה לכללות, והכא מיירי בזיווג דיעקב ורחל שמזדווגים בחול, כי בערכם המוחין הנמשכין מישראל סבא ותבונה לזעיר ונוקבא בחול בערך זו"ן, הם נשמה ובערך יעקב ורחל הם חיה, כי הם מדרגה שלישית שלהם.**
181

ע"ח ש"כ פ"ט דק"א ע"א – והנה בעמידת **לחש דחול** הם לוקחים אחור ופנים דאמא דישראל סבא ותבונה, **ובחזרה** הם לוקחים אחור ופנים דחכמה דישסו"ת. **ולכן עדיין אין זווג אלא ליעקב ורחל**, אלא שהוא במקום גבוה בחג"ת דז"א כנודע.
182

תרשים א – כ.

דיסו"ת, **ובמקום**[183] **אזזר** כתבתי שאזזוריים[184] **של** ישראל סבא ותבונה לבד נפלו. ואפשר שכל זה נקרא בסוד ישראל סבא ותבונה.

המשך הדרוש מספר אוצרות חיים דמ"ת .

[185]**ואם**[186] **תאמר הרי** אחורי **פרצוף אבא** עילאה **אינו נגמר** (צריך לגרוס לירד) **עד** שבירת **השליש** העליון של **התפארת** דנקודים, שהוא המלך הרביעי **כנזכר לעיל** כי פרצופי או"א

183

ע"ח ש"ח פ"א מ"ב דל"ה ע"ד – וכאן יש קושיא שאמרנו כי שני נקודים הראשונים בלבד נתקיימו, ובמקום אחר כתבנו כי שלושה נקודות הראשונים לא מתו, שהם כח"ב, והשבעה אחרות שהם שש נקודות הנשארים מתשעה, והמלכות שהיא מלך בלתי נקודה כנודע, אלו השבעה מתו. ואפשר לתרץ ולומר שכיון שהפנים של או"א לא מתו הכל נ"א להכי(נקרא נקודה אחת בסוד יו"ד, שהוא אותיות י"ה, בסוד הבן בחכמה, ולכן הכל נקרא חכמה לבד, והאחוריים שנפלו מאו"א הם ה**ה' שבשם**, בסוד וחכם בבינה, והכל נקרא בינה לבד, שהוא סוד אחוריים אל הפנים, שהוא זכר חכמה. נמצא כי נקודת הפתח הוא שני פנים דאו"א, שהכל נקרא חכמה, ונקודת צירי הוא שני אחוריים שלהם, שהכל נקרא בינה. ובזה צדקו ב' בחינות הנזכרות לעיל. כי הצירי גם בה יש מיתה, שהוא כללות האחוריים, גם צודק מה שמבואר שגם הבינה לא מתה, והוא בסוד הפנים שלה, ואפשר שהפנים הם חו"ב, והאחוריים הם של ישראל סבא, ותבונה בסוד יעקב ולאה, שהם אחוריים שלהם, **ודי בזה.**

184

אמת ליעקב, מערכת א' אות ל"ב ד"י ע"ד – אחוריים דבינה היה בה הביטול באחוריים שלה, אבל שני הראשונים שהם קמץ ופתח, כתר וחכמה נשארו האורות עם הכלים, ולא מתו. והקשה הרב מורנו הרב רבי יעקב צמח ז"ל דבמקום אחר, כתב דגם באבא היה בה ביטול וכו', ועיין שם מבוא שערים ש"ב ח"א פ"א.)א"ה עיין בע"ח שער שבירת הכלים פרק א' במ"ב שכתב יש לומר אחוריים דאו"א וישסו"ת נפלו, ובמקום אחר כתבתי שאחוריים דיסו"ת לבד נפלו, ואפשר שכל זה נקרא בסוד ישסו"ת, יע"ש(. וביאור דבריו, נראה לי שיובן במה שמבואר בשער טנת"א פרק ג' דשבעה תחתונות דאו"א הם היו בחינת הכלים, שהם כ"ב אתוין, שמהם נעשו כל הכלים דאו"א וכו'. והענין דהנקודות הם חכמת אבא עם חכמת אימא, והאותיות הם זווג בינה דאבא עם בינה דאימא, כי ב' זווגים הם וכו'. ונודע מה שמבואר בשער הזוווגים פרק א', דשני זווגים אלו דאו"א האחד נקרא פנים, והשני נקרא חיצון, שהם סוד הכלים, עד כאן. הרי דקרא לזווג הב' כלים. וידוע דמה שנפל הוא מבחינת הכלים, באופן דמכונה מזה דמחכמות דאו"א, שהם נקודות לא נפלו אחוריים שלהם, אלא מבינות דאו"א שהם אותיות, ונקראים ישסו"ת, שכן בינה נקראת ישסו"ת, כמו שכתב בשער א"א פרק ט"ו, וזהו כוונת רז"ל שכתכ דכל זה נקרא בסוד ישסו"ת, ודוק.

185

איפה שלימה, שער הנקודים פ"ז ד"י ע"ב)ה(– ואם תאמר הרי פרצוף אבא לא נגמר עד שליש וכו'. עיין בהגהות מהרנ"ש אות ק' מה שהאריך בזה. ובע"ח כתב יד נ"ב וז"ל – **יוסף דעת** מסיומי הדרושים מוכח בהדיא שחזר אחוריו ממש, ועוד גם הקושיא על אימא, אדרבא אין קושיא כלל, דמכל שכן יסודה פנים גמורים, ואדרבא יסוד אבא נקרא פנים מצדה ודוק, עד כאן לשונו. וכתב עליו רבי יאודה הלוי, וז"ל - **אמר יהודה הלוי**, לא הבין דברי הרב מורנו רבי יום טוב אלגאזי ז"ל כי הוא הרגיש בכאן על זה הגם שאמר החזיר אחוריו, היינו שלא היה מאיר בה, וכאלו הפך פניו, וקושית הרב ז"ל אוקמה על שבירת הגבורה דלקמן סוף פרק ב'. ועלה קאמר שזה סוד צמיקת דדי אימא, כי על ידי שירדו האורות והגיעו לסוף שליש התפארת העליון מיד אירע שם צימוק, וחזרו או"א אחור באחור, ונגמר פרצופיהם, ולא הונח לו על מלכות הגבורה בנתיים, והניח בצריך עיון. אבל על היסודות כמו שהבין היוס"ד לא כן הוא. ובעיקר הקושיא אני אומר שאין פירוש חזרת אחור על שלא היה מאיר בה, והדבר כפשוטו בחזרת או"א אחור באחור במיתת חסד וגבורה. וצימוק הדדים דאימא אינו לענין זה ודוק, עד כאן לשונו.

עילאין מסתיימים בשליש העליון של או"א הכללים, ושם נמצא היסודות דאו"א עילאין, ומשם ולמטה מתחילים פרצופי ישסו"ת עד סיום רגלי או"א הכללים, **ויש**[187] **לומר כי אותו שליש של תפארת** דאו"א הכללים

הוא מכוון **אל אבא** עילאה **בערך היסוד**[188] ר"ל היסוד דאבא הוא בשליש העליון דתפארת דאבא הכללי, וכן היסוד דאימא עילאה הוא בשליש העליון של התפארת דאימא הכללית.

והוא[189] **דוגמת**[190] פרצוף ז"א **עם המוחין שלו** המתפשטים **שמצד הבינה** שהיא אימא, כי[191] כאשר פרצוף ז"א מקבל מוחין מאו"א, מתלבשים בו הנה"י דאו"א. נצח דאו"א מתלבשים בחח"ן דז"א, הוד דאו"א מתלבשים בבג"ה דז"א, והיסודות דאו"א בדת"י דז"א. וידוע הוא כי יסוד דאימא קצר בערך יסוד דאבא, ולכן יסוד דאבא מתפשט בכל דת"י דז"א, ויסוד דאימא רק בדעת דז"א, ועטרת היסוד דאימא מתפשטת בשליש העליון דתפארת

186

כרם שלמה ש"ט פ"א אות ו' – מה שכתב ואם תאמר הרי פרצוף אבא וכו'. כי לעיל כתבנו - הנה כאשר נעריך מציאות השבעה מלכים בארבעה פרצופים של חו"ב וישסו"ת, נמצא כי עד שליש התפארת שהוא המלך הרביעי, אז נגמרו לירד אחוריים דאו"א עילאין, עד כאן. נמצא שאחוריים דאבא אף על פי שנפגמו בשבירת המלך הראשון והשני, אין ראוי לו ליפול ולחזור פניו מאימא, עד שירד גם כן קצת מהמלך הרביעי שהוא התפארת, והוא עד ירידת השליש העליון דתפארת דז"א. ואיך נפלו מעכשיו האחוריים דאבא, וחזיר אבא אחוריו כנגד הבינה, הרי עדיין קצת מן האחוריים דספירות דאבא לא נפגמו, כמו היסוד שלו והמלכות שלו. ולזה תירץ **כי אותו שליש התפארת הוא אל אבא בערך היסוד.** פירוש, אותו השליש העליון של התפארת דז"א שנפל. וכתבנו עליו למעלה כי עד שליש התפארת שהוא המלך הרביעי אז נגמרו לירד אחוריים דאו"א עילאין, הוא מכוון אל אבא כנגד היסוד שלו, ולכן היה ראוי כי בנפילת השליש התפארת הזה, תלוי ירידת האחוריים דיסוד דאבא, שהוא גמר פרצופו, כי היסוד הוא הגמר של אותו פרצוף.

187

הגהות וביאורים (ז**)** – עיין מבוא שערים דף כ"ב, הלשון מתוקן יותר.

188

מבוא שערים ש"ב ח"ב פ"ו ד"ח ע"ג – והנה כשתעריך תמצא **כי שליש הראשון של התפארת, שהוא עד החזה, הוא שיעור היסוד של אבא,** כמו שהוא בז"א עם היסוד דאימא כנזכר.

189

בית לחם יהודה ש"ט פ"א דכ"ז ע"ב – והוא דוגמת ז"א עם המוחין שלו שמצד הבינה. פירוש, דכי היכי שבזמן התיקון, היסוד דאימא הוא נגמר בחזה דז"א, ונמצא דשליש ראשון דתפארת הוא כנגד יסוד אימא, כמו כן הכא קודם התיקון, שליש העליון של התפארת הוא כנגד יסוד אבא. ואין זה תירוץ, רק הצעה לתירוץ, אחר שעשה הצעה זו התחיל לתרץ ואמר והנה היסוד וכו'.

190

ע"ח ח"ב של"א פ"ג מ"ת דל"ג ע"ד – והענין כי הנה נתבאר שמוח הדעת דמצד או"א מלובשים תוך כלים דיסוד אבא ואימא, וכל דעת משניהן כולל חו"ב כנזכר לעיל. והנה היסוד של אימא אינו כמו הנצח הוד, שכל אחד יש בו ג' פרקין כנזכר לעיל, אבל הוא פרק אחד לבד, והוא נכנס ומתלבש תוך כלי הדעת של ז"א, ושם נעשה בחינת מוח דעת דז"א בראשו. ונודע כי כלי היסוד של הנוקבא אין בו בחינת המשך והתפשטות, רק אותו השיעור של היסוד הנתון באמצע בין שתי ראשי פרקי עליונים דנצח הוד שלה. ויש בחינה אחרת, והיא אותה הנקרא בגמרא ובהרמב"ם על איילונית שאין לה שפולי מעים כנשים, והוא בחינת בשר התפוח, כעין עטרה בסיום היסוד שבה. והנה היסוד עצמה שלה הוא מתלבש למעלה בדעת של ז"א בראשו, **אבל הבחינה השני הנקרא עטרה, מתפשטת יותר למטה, ומתלבשת תוך שליש תפארת דז"א, עד מקום החזה שלו,** ומשם ולמטה אין עוד התפשטות כלי יסוד של אימא כלל.

191

תרשים א – כ"א.

דז"א עד מקום החזה שלו. **וכל** [192] **דרוש זה** של ירידת החסדים דאבא עילאה עד שליש העליון דתפארת דאבא
הכללי **צריך שֶׁתְּבִינֵהוּ עַל דֶּרֶךְ הַדְּרוּשׁ הַהוּא** ר"ל על דרך התפשטות החסדים מצד אימא
עד השליש העליון דתפארת דז"א, **וְהַכֹּל בְּצִיּוּר אֶחָד** [193], **וְאִם תְּבִינֵהוּ** כי לב' הבחינות אותו דין.

הרב ז"ל מבאר כאן כי ליסוד אין בחינת אחוריים, במקומות אחרים מבאר הרב ז"ל כי יש ליסוד בחינת אחוריים,
לפעמים האחוריים דיסוד נקראים הערלה [194], ובעוד מקומות מבואר שיש אחוריים ליסוד, כי כמו שכל ספירה וספירה

192

הגהות הרמ"ז והרנ"ש אות ק' – הגה"ה, מפי מורנו הרב רבי יום טוב (אלגאזי) שמענו, שאין הקושיא
נופלת כאן, לפי שאף על פי שאנו אומרים שהיו אחורי אבא אל פני בינה, אין הכוונה שהופך פרצוף שלו. אלא
שכיון שנפלו האחוריים שלו הפך פניו, כלומר שלא היה מאיר בה, ועדיין דבקות פרצופי או"א במקומו. אבל
בקושיא זאת הרגיש הרב זלה"ה, בשבירת כלי הגבורה, שאז ביארנו שנהפכו או"א אחור באחור לגמרי, ואיך
אפשר, והלא עדיין לא נשבר שליש תפארת באופן שעדיין היו שניהם דבוקים בשליש תפארת, שהוא גמר
הפרצוף שלהם. והשיב שזה סוד צמיקת הדדין, שכיון שירדו האורות לכלי התפארת, והגיע לסוף שליש עליון,
מיד אירע צימוק ושבירה, ועל ידי כן חזרו או"א אחור באחור. כי הצימוק של שליש המלך הזה, גרם חסרון
בשליש תפארת דאו"א שהוא גמר פרצופם. ועיין לקמן שדברים אלו יש להם שורש, אבל אין הקושיא
מתורצת, שאין מיתת גבורה ושליש תפארת כאחד, שהרי היתה מלוכת תפארת בנתים, ואיך נהפכה אימא
אחור באחור במיתת הגבורה, וצריך עיון ממורנו הרב רבי יום טוב (אלגאזי).

193

הגהות וביאורים (ח) – עיין תורת חכם דף ס"ד שורה ט"ז.

194

שער המצות, לך לך ד"ט ע"א – עוד נבאר מצות המילה בקצרה. כבר הודעתיך בשער ההקדמות בדרוש ג'
זמני העיבור ויניקה וגדלות, כי בעיבור אין בחינת דעת, אבל ביניקה וגדלות יש בו גם מוח הדעת, ושם נתבאר
כי הדעת הזה הוא מלובש תוך יסוד דתבונה, שיש לו ג' כלים ולבושים. האחד החיצון הוא עור, ושנים
הפנימים הוא בשר והעור הוא פתוח ביסוד הנקבה, לפי שכל תאוות החיצוניים להטיל זוהמה בחוה, ביסוד
שבה, כדי לינק משם, כי שם מוצא כל השפע העליון, והבחינה חיצונה היא דינים גמורים, ולכן היא עור, ואילו
היה סתום כמו של הזכר היו נאחזים בו החיצונים, וכיון שהוא פתוח, ואין בו מקום קיבול שפע, ואין שם
בחינת יסוד אין מקום אל החיצונים להתאחז שם, אבל בשני בחינותיו הפנימים הם סתומים, ויש להם בחינת
יסוד כבית קיבול סתום וסגור, כי הם יותר רחמים, ואין יכולים להתאחז החיצונים שם. **אבל הזכר אין בו**
אחיזה אל החיצונים, אפילו בחיצוניות היסוד שלו, ולכן יש לו בחינת היסוד החיצון גם כן, והיא סתומה,
כי אין שם שום חשש. ובזה נבוא אל הביאור, ונתרץ שאלה אחת חזקה והוא כי אדרבא בחינת הערלה ראוי
להיות באשה, להיות בה האחיזה החיצונים, ולא באיש, ואם כן למה הזכרים נצטוו בכריתת הערלה ולא
הנקבות. אבל הענין הוא כי לא רצה המאציל העליון שיהיה מקור אחיזה ביסוד החיצון של הנקבה, כדי שלא
יתאחזו בה החיצונים יותר מדי, ולא יחרב העולם, ולכן לא יש בחינת ערלה בנקבה, אלא בזכר, כי שם לא
יוכלו להתאחז יותר מדאי, כי החסדים אשר בזכר דוחים אחיזת החיצונים. והנה יניקת החיצונים שפע הוא
מוכרח בסוד ומלכותו בכל משלה, כדי שיעור חיותם וקיומם בלבד. ובזה נבאר מצות המילה **כי הנה בתחלה**
כורתים את הערלה, והיא עור החיצון, הכלי החיצון משלשה משלשה הכלים של היסוד, מבחינת זמן העיבור, ויען
שם אחיזת החיצונים, לכן כורתין הערלה ההיא ומשליכין אותה, ואחר כך פורעין העור שלפנים ממנו, שהוא
הכלי האמצעי של היסוד, מבחינת זמן היניקה, שהוא בחינת אלהי"ם, שהוא דין, אלא שהוא קדוש ולכן אין
כורתין ומשלכים אותו, כמו העור החיצון. אמנם כונתינו לפרוע כדי שיתגלה הכלי השלישי של היסוד הפנימי
שבכולם, האמיתי, הנקרא קודש קדשים. ובהתגלותו תתבטל אחיזת החיצונים. ובזה תבין למה נברא האדם
ערל, והטעם הוא כי צריך שיהיה בו שלושה בחינות כלים של היסוד, אשר החיצון הוא הערלה כנזכר, ואחר
שכבר נולד אשר נכנס לזמן היניקה, אין לו צורך לבחינת הערלה של זמן העיבור, כי אין אחיזת החיצונים
בזכר אלא בזמן העיבור, וכשישלם זמן העיבור כורתים הערלה, להורות כי נגמר אחיזת החיצונים בו, ואחר
כך כדי שלא יתאחזו החיצונים בבחינה השנית, שהיא זמן היניקה שהיא דין, אבל להיותו דין קדוש, אין ראוי

יש לה שלוש כלים, כן הוא עם ספירת היסוד. לדוגמה ליסוד[195] דז"א יש ג' כלים, עם ג' שמות, כאשר הכלי החיצון דז"א נקרא **שי"ן שי"ן דל"ת יו"ד**. גם[196] מבאר הרב ז"ל את פנימיות נרנ"ח שבכלים דיסוד, ושם מבאר כי בחינת הנפש שביסוד, שהיא אות ה' בנקוד שורוק, כזה **הֻ**, היא בכלי החיצון דיסוד דז"א. וכן הוא ביסוד דאבא[197] יש ג' כלים, כאשר האחורים דכלי החיצון הוא רבוע שם הוי"ה דיודי"ן, שהוא **יו"ד, יו"ד ה"י, יו"ד ה"י ו"ו, יו"ד ה"י ו"ו ה"י**, והוא[198] בגימטריא קפ"ד. וכן[199] הוא בסידור הטהור למרן הרש"ש. דעת הבל"י בסוגיה דפרקין, כי לכלי

שיתאחזו החיצונים בו, ולכן פורעין אותו, ומגלים היסוד האמתי הקדוש, שהוא חסד, ובהתגלותו יצא אורו לחוץ, ויברחו החיצונים מלהתאחז בעור הפריעה האמצעי, כי אין בהם כח להביט אל אור יסוד הפנימי הרב.

[195] **ע"ח ח"ב שמ"ד פ"ד דצ"ח ע"א** – היסוד, **החיצון שי"ן דל"ת יו"ד**, תתי"ד. האמצעי שי"ן שי"ן דל"ת שי"ן דל"ת יו"ד,)אל"ף תתקס"ח(הפנימי יאהדונה"י, צ"א.

[196] **ע"ח ח"ב שמ"ד פ"ג מ"ת דצ"ח ע"ג** – היסוד יוהווה"ו, יו בשורק נשמה לנשמה, בפנים מן הכל. הוא בשורש נשמה, בשם הפנימי. וו בשורק רוח, בשם האמצעי. **הֻ אחרונה בשורק נפש, בשם החיצון.**

[197] **ע"ח ח"ב של"ב פ"ו מ"ת דל"ח ע"ג** – ועתה צריך לבאר איך תחילה יוצאין על ידי משה ואהרן ומרים, ואחר כך חזרו שלשתן בזכות משה לבדו כמאמר רז"ל, והענין כי נתבאר אצלינו איך משה ואהרן שניהם הם מבחינת יסוד אבא, **כי משה גימטריא קס"א קפ"ד שהם אחוריים דיסוד אבא ממולאים הוי"ה דיודי"ן**, ואהי"ה דיודי"ן בבחינת פנים דיסוד אימא. אבל אהרן הוא ע"ב וקפ"ד, **שהם אחוריים פשוטין ואחוריים מלאים ביודי"ן דיסוד אבא.**

שער המצות, פרשת בעלותך דכ"ט ע"ב – והיות ענין זה נעשה על ידי אהרן, יתבאר לך במה שכתוב לעיל בפרשת תזריע, בענין מראות נגעים, דכתיב - והובא אל אהרן הכהן, **כי אהרן הוא מבחינה האחוריים ליסוד דאבא**, המתלבש תוך ז"ל, הפנים שלו הוא הוי"ה דע"ב דיודי"ן, והאחוריים הפשוטים הם גם כן גימטריא ע"ב, והמילואים קפ"ד. **וכן אהרן גימטריא ע"ב קפ"ד**. והנה היסוד דאבא מתפשט דרך כל קו האמצעי דז"א, עד היסוד שבו, והוא מכוון ממש כנגד קו האמצעי דרחל נוקבא דז"א העומדת עמו באחור ומשם נמשכת הארתו לחוץ, ומאיר בקו אמצעי דרחל...

שער הפסוקים, פרשת שמיני, ויקחו בני אהרן נדב ואביהוא איש מחתתו וגו' דל"א ע"ד – והנה נתבאר אצלינו בדרוש הרפ"ח ניצוצין, איך יש כמה אחוריים לאחורים, וכמה פנים לפנים. וביארנו, כי הפנים מעולים מן האחוריים, והאחוריים הפשוטים, מעולים מן האחוריים המליאים. והנה הפנים של יסוד אבא, היא הוי"ה דמלוי יודי"ן, העולה ע"ב. ואחוריים הפשוטים, הם גם כן ע"ב, **והאחוריים מליאים הם בגימטריא קפ"ד**. אמנם הפנים של יסוד דאימא, הוא שם אהי"ה דמלוי יודי"ן, ועולה קס"א. והאחוריים הפשוטים, הם בגימטריא מ"ד. והאחוריים המליאים, הם בגימטריא תקמ"ד. הנה נודע, כי בהיות יסוד דאבא תוך יסוד דאימא, **נמצא כי הפנים דיסוד דאימא, סובבים על אחוריים דיסוד דאבא**, והם דבוקים יחד. והנה משה, משתי בחינות אלו דבוקות יחד, שהם, פנים דאימא שהם קס"א, ואחוריים דאבא המליאים שהם קפ"ד. ושניהם בגימטריא משה. **כי נודע שהאחוריים היותר חיצוניים דיסוד דאבא, שהם קפ"ד**, הם הדבוקים עם הפנים דיסוד דאימא, ומשניהם שורש נשמת משה רבינו ע"ה. ובבחינת אחוריים של אבא שהם קפ"ד, נאמר לו - וראית את אחורי, כי שם שרשו, ולא בבחינת הפנים דיסוד דאבא. ובבחינת הפנים של יסוד דאימא, אמרו בספר הזוהר שמשה זכה לבינה, לפי שלא זכה אל הפנים דיסוד דאבא. ואמנם אין זה אלא בבחינתם למטה, בהיותם מתלבשים תוך ז"א, ולא בבחינתם למעלה במקומם עצמם. ולכן נקרא משה איש האלהי"ם, בעלה דמטרוניתא, כי הנה הוא בבחינת **אחורי היסוד של אבא**, ופני היסוד של אימא, בהיותם למטה בסוד הדעת דז"א, הנקרא בעלה דמטרוניתא.

שער המצות, פרשת שופטים דנ"ב ע"א – ובזה יתבאר לעיל טעם שמותם, **כי משה הוא גימטריא אחוריים דהוי"ה דע"ב דיודי"ן דיסוד דאבא, אשר למעלה בדעת דז"א, שהם בגימטריא קפ"ד. והפנים דאהי"ה דיודי"ן דיסוד אימא, שהם בגימטריא קס"א**, כי כן בהיות יסוד דאבא מלובש תוך יסוד אימא, נמצאו אחורי יסוד דאבא מחוברים עם הפנים דיסוד דאימא, ושתי בחינות אלו, **קפ"ד וקס"א בגימטריא מש"ה.**

[198]

היסוד יש בחינת אחוריים, אבל מכל מקום אחוריים שלו אינם עבים כמו אחוריים של הגוף, ובערך אחוריים של הגוף כולו נקרא בחינת פנים. ועוד[200] מבואר כי כל האברים שבגוף יש להם פנים ואחור, חוץ מן היסוד שהוא יוצא דרך הפנים, והאחור שלו דבוק בפנים של הגוף.

והנה[201] [202] כלי[203] **היסוד**[204] דאבא עילאה **כולו הוא בבזיינת פנים** בערך האחוריים של הגוף, וכולו נקרא פנים, **ואין**[205] **לו אזוריים שירדו במנו** עם האחוריים של שאר הגוף, ורק שישבר וימות השליש

שער הכוונות, דרושי תפילת השחר, דרוש א' די"ח ע"א – והנה נודע בסוד והחכמה תחיה בעליה, כי כל המזון והפרנסה באה מן החכמה, כנזכר בזוהר פרשת בשלח בענין המן. והוא סוד פותח את ידיך, יודי"ך, שהם הארבעה יודי"ן שבהוי"ה דע"ב דיודין כנזכר, וכל אחד כלולים מעשר, ועשר מעשר, הרי הארבע יודי"ן הם ת', וכ"ח אותיות שיש במילוי המלוי שיש בהוי"ה זו. הרי הכל גימטריא חת"ך. ובזה תבין היות השם הזה נקרא אצל המקובלים שם הפרנסה, והרי נתבאר ג' חילוקים שיש בכוונות שם חת"ך בג' זמנין הנזכרים. אבל כל שאר הכוונות שבפסוקים הזה הם שוים, בג' זמנים הנזכרים. הנה במילת ומשביע גם כן תכוין שהוא בגימטריא חת"ך הנזכר, ותכוין גם כן בו בענין כוונות שם חת"ך הנזכר. ובמלת רצו"ן, תכוין להמשיך מן הרצון העליון, **שהוא הוי"ה העולה קפ"ד, שהם האחוריים דהוי"ה דיודי"ן, שהוא ביסוד דאבא** שבתוך רישא דז"א, בדעת שבו כנודע. וגם הוא אהי"ה דיודי"ן העולה בגימטריא קס"א, שהוא היסוד דאימא, שגם הוא ברישא דז"א, בדעת שבו כנודע. והנה קפ"ד וקס"א עם הכולל הם בגימטריא רצו"ן, ותכוין להמשיך משני יסודות הנזכרים שפע ומזון וברכה אל כל העולם, ותכוין שעל ידם יתמתקו ב' כוחות של דין המונעים הפרנסה, שהוא סוד שני עינים הנזכר בפסוק שקודם לזה, והוא עיני כל אליך ישברו כו'. והנה בעינים יש שני דמעות שמהן יוצא הדין כנזכר בפרשת שמות, והם למטה בנוקבא דז"א הנקרא רחל, אשר גם היא בגימטריא דמעה שני פעמים, ולכן נרמזת רחל בראשי תבות לכ"ל ח"י רצו"ן, ותכוין להמתיק את רחל הנזכרת, שהיא נוקבא תתאה, ואת שני דמעות שהם בגימטריא גם כן כמנין רחל, אשר אלו הדמעות הם יורדים בימא רבא שהיא הנוקבא, כנזכר שם בזוהר בפרשת שמות, ותמתיקם על ידי הרצון הנזכר, שהוא קפ"ד וקס"א.
199

תרשים א – כ"ב.
200

שער הפסוקים, ישעיה נ"ד דמ"ה ע"ג – עוד יש מציאות אחר, והוא וברית שלומי לא תמוט. פירוש, כי בכל גופא דז"א, יש בו בחינת אחור ופנים, חוץ מן היסוד הנקרא ברית שלומי, שאין בו בחינת אחור, **לפי שהוא יוצא מצד הפנים של האדם כנודע, וכלו בחינת פנים, ואין בו אחור.**

שער ההקדמות, לקוטים דע"ז ע"ג – ואחר כך חוזרים המוחין להיכנס בז"א, ונכנסים שם החסדים במקום שהיו הדינים, באחוריים שלו, בסוד - ויסגור בשר תחתנה, בסוד אתא חסד ופריש לון. ואז אותם החסדים מאירים בה קצת דרך אחוריים דז"א, ועל ידי זה יש לה כח שמשם ולמטה ביסוד חוזרת לעלות פנים בפנים, ואין בו אחוריים. **כי היסוד הוא דרך פנים האדם, ולא באחור.**
201

יפה שעה)ב(– והנה היסוד כולו הוא בחינת פנים, ואין לו אחוריים שירדו, לפי שכל היסוד של הזכר נכנס תוך היסוד של הנקבה, וכולו הוא בחינת פנים, יע"ש. לפי הטעם שנתן רז"ל, לפי שכולו נכנס תוך יסוד הנוקבא, נראה שיסוד הנוקבא יש לו פנים ואחור. או אפשר שכיון שגם יסוד הנוקבא מקיף ליסוד דדכודא מכל הצדדים, גם יסוד הנוקבא כולו בחינת פנים, ואין בו אחור, כמו של דכורא. מכל מקום קשה, שהרי כתב רז"ל בשער האורות זו"ן פרק ו' ז"ל - והענין הוא כי הנה נתבאר אצלינו, איך משה ואהרן שניהם הם מבחינת יסוד דאבא, כי משה גימטריא קפ"ד וקס"א שהם אחוריים דיסוד דאבא כו', דבחינת פנים דיסוד דאימא. אבל אהרן הוא ע"ב וקפ"ד, שהם אחוריים פשוטים ואחוריים מלאים דיסוד דאבא, יע"ש. ולפי זה מתבאר היות אחוריים ביסוד דאבא. גם עוד לקמן כתב רז"ל, שכשמת מלך התפארת, אז נגמר כל אחורי או"א עילאין לירד וליפול לגמרי, יעיין שם. והתפארת היה ממשיך כללות החו"ג ליסודותיהם דאו"א, וכשמת מה נפל מיסוד אבא ואימא אחר שאין בהם בחינת אחור, וכללא הוא דלא נפלו אלא האחוריים.
202

איפה שלימה, שער הנקודים פ"ז ד"י ע"ב)ו(– והנה היסוד כולו בחינת פנים וכו'. עיין ביפה שעה ז"ל אות ב', שהקשה כי הנה בשער ל"ב שער הארת המוחין פרק ו' כתב רז"ל שם, וז"ל - והענין הוא כי הנה נתבאר אצלינו איך משה ואהרן שניהם הם מבחינת יסוד דאבא, כי משה גימטריא קפ"ד וקס"א, שהם אחוריים דיסוד אבא וכו', ובחינת פנים דיסוד אימא, יעו"ש. אבל אהרן הוא ע"ב וקפ"ד שהם אחוריים פשוטים ואחוריים מלאים דיסוד דאבא, יעו"ש. ולפי זה מתבאר שיש אחוריים ביסוד דאבא, גם עוד לקמן וכו', יעו"ש. ועיין מה שתרץ הרב שפת אמת ז"ל באות ב'. ומה שנראה לעניות דעתי בזה והוא במה שסיים רז"ל ואמר - מה שאין כן בשאר הגוף שיש בו אחוריים החוזרים נגד פני הנוקבא, אבל האחוריים אינם דבוקים עמה וכו'. שר"ל כי אף על פי שביסוד עצמו מניה וביה יש בו בחינת אחור ופנים, מכל מקום הואיל שבכללות כולו הוא עומד בצד הפנים, כולי יקרא פנים, ונתן טעם כי שאר הגוף כשחוזר אחור עם הנוקבא, הנה כל אבר ואבר יש בו צד אחור שחוזר נגד אחוריים דנוקבא, כשחוזרים אחור כנזכר בשער ההקדמות דף כ"א ע"ב, ובמבוא שערים ש"ב ח"ב פ"ו דכ"ב ע"ב, ובהנדפס מחדש דף י"ח ע"ג, יעו"ש. וכן יש בו צד פנים שחוזר נגד פני הנוקבא כשחוזרת עמו פנים בפנים. מה שאין כן ביסוד שכולו עומד בצד פנים, ואין לו בחינת אחוריים שחוזרים נגד אחוריים דנוקבא. וזה אומרו אבל האחוריים אינם דבוקים עמה, ר"ל אבל אחורי היסוד אינם נדבקים עם האחוריים דנוקבא, וכשחוזרים פנים בפנים, הנה כל היסוד כולו נכנס בכללות נכנס בנקודת ציון.

203

בית לחם יהודה ש"ט פ"א דכ"ז ע"ב – והנה היסוד כולו הוא בחינת פנים. כי אף על פי שהיסוד מניה וביה, יש בו פנים ואחור, כמבואר בפרק ו' דשער ל"ב, בעניין נשמת משה רבינו ע"ה שהיתה מחיצוניית יסוד אבא, ומפנימיות יסוד אימא, יעו"ש. **מכל מקום אחוריים שלו אינם עבים כמו אחוריים של הגוף, ובערך אחוריים של הגוף כולו נקרא בחינת פנים**. וטעם שכולו נכנס בפנימיות יסוד דנוקבא, כמו שביאר רז"ל, או מטעם שכתב בשער הקדמות דף ע"ז סוף ע"ד, ובשער הפסוקים ישעיה סימן נ"ד דף קמ"א ריש ע"ב, לפי שהוא יוצא מכנגד הפנים של האדם, יעו"ש.

204

שפת אמת ש"ט פ"א אות ב' ד"י ע"ד – והנה היסוד כולו הוא בחינת פנים, ואין לו אחוריים שירדו, לפי שכל היסוד הנזכר נכנס תוך היסוד של הנקבא, וכולו הוא בחינת פנים וכו'. כתב מהרש"ך ז"ל לפי הטעם שנתן וכו', מכל מקום קשה, שהרי כתב רז"ל בשער האורות זו"ן פרק ז' וז"ל - והענין הוא כי הנה נתבאר אצלינו איך משה ואהרן שניהם הם מבחינת יסוד אבא, כי משה גימטריא קפ"ד וקס"א, שהם אחוריים דיסוד אבא וכו', ולפי זה מתבאר היות אחוריים ביסוד דאבא, גם עוד לקמן וכו' יעו"ש. ואחרי נשיקת ידי ורגלי קודשו אפשר לומר דלא קשיא כלל, דמבשרי אחזה דאם ב' בני אדם עומדים זה כנגד זה, יהיה פני היסוד האחד דבוק בפני יסוד שנגדו, ואחורי יסודותיהם אינם דבוקים, ואם כן יש בהם בחינת אחוריים. אבל רז"ל דקאמר הכא דכולו בחינת פנים מיירי בעת הזיווג, שהרי עכשיו היו שבעה מלכים אלו מעלים מ"ן, משום הזיווג ואז יכון לומר שכולו בחינת פנים לפי שכולו נכנס ביסוד הנוקבא, אבל התם מיירי בעת שמתלבשים נה"י דאבא עם בחינת המוחין שבתוכם תוך נה"י דאימא, וכולם מתלבשין תוך זעיר, לעשות לו מוחין ובעניין זה ודאי יהיה לו בחינת אחוריים, ובחינת פנים, ומשם שורש נשמת משה רבינו ע"ה מבחינת אחוריים דיסוד אבא, ופנים דיסוד אימא, ולפי זה לא קשה דברי רז"ל, מניה וביה דבתחלה אמר דכשמלך מלך השלישי, שהוא שם גבורה, ונשבר נפלו גם אחוריים שלו אימא עילאה, ונגמר לירד. ובסמוך ונראה כתב במיתת התפארת, אז ירדו ונפלו כללות חמשה חסדים דיסוד אבא עילאה, וכללות הגבורות דיסוד אימא עד ידיו, ואז נגמר לירד כל אחורי או"א עילאין לגמרי, יעו"ש. והלא כבר נפלו במיתת הב' והג'. ועוד הוא אמר צריך לומר לעיל דביסוד אין בו בחינת אחוריים, אלא ודאי דכשהוא בבחינת הזיווג נקרא כולו בחינת פנים, ועתה במות התפארת שהיה ממשין חו"ג ביסוד שלהם, ועתה מת וירדו חו"ג אלו, ועתה נפסק הזיוווג מביניהו, אז נעשה לו בחינת אחור, ולכן אמר הרב ז"ל עתה נגמרו לירד כל אחורי או"א עילאין, והוא רחום יכפר עון.

205

בית לחם יהודה ש"ט פ"א דכ"ז ע"ב – ואין לו אחוריים שירדו ממנו. הנה לקמן מבואר שגם אחוריים דיסוד נפלו, שכתב ואז נגמרו כל אחורי או"א עלאין ליפול וכו'. וכך כתב בפרק ב' שבסמוך - ונחזור לעניין ראשון, כי הנה כאשר עדיין לא מת שליש תפארת, עדיין לא נגמר ירידת ונפילת אחורי או"א לגמרי, יעו"ש. אלא ר"ל אין לו אחוריים שירדו ממנו עם האחוריים של הגוף, כדי שעל ידי כך לא יוכלו האחוריים של הגוף

העליון דתפארת דנקודים, אז יפלו האחוריים של הגוף דאבא עילאה עם בחינת היסוד שלו, **לְפִי שֶׁכָּל** כלי היסוד שֶׁל זכר נכנס תוך היסוד שֶׁל הַנֹּקְבָה, וְכֻלּוֹ הוּא בִּזְוּנַת פָּנִים דהיינו בערך הגוף האחוריים דיסוד נקרא פנים, מַה[206] שֶׁאֵין כֵּן בִּשְׁאָר הַגּוּף דאבא עילאה, שֶׁיֵּשׁ בּוֹ בִּזְוּנַת אֲחוֹרַיִים הַחוֹזְרִים (ל"ג נ"א פָּנִים הַחוֹזְרִים) נֶגֶד פְּנֵי הַנֹּקְבָה שהיא אימא עילאה, **אֲבָל**[207] **אֲחוֹרָיו** של היסוד דאבא עילאה **אֵינָם**[208] **דְּבוּקִים עִמָּה** ר"ל עם היסוד דאימא עילאה, **וְלָכֵן סִיּוּם הָאֲחוֹרַיִים דְּאַבָּא** עילאה **הֵם נִגְמָרִים לֵירֵד טֶרֶם הֱיוֹת פְּגָם וְגֵרָעוֹן בִּיסוֹד דְּאַבָּא** עילאה, והאחוריים דיסוד דאבא עילאה נפגמים ויורדים רק אחרי נפילת השליש העליון של התפארת דנקודים.◆

וְאַחַר[209] **כָּךְ** ר"ל אחרי שנשבר ומת המלך השני, שהוא החסד, **מֶלֶךְ מֶלֶךְ הַשְּׁלִישִׁי** הַנִּקְרָא[210] בתורה חֻשָׁם[211] מֵאֶרֶץ הַתֵּימָנִי, ונכנס האור שלו יחד עם האורות שתחתיו לכלי שלו, **שֶׁהוּא** כלי הַגְּבוּרָה דנקודים, ומלך לפי שעה, **וְ**כמו שהחסד המשיך התפשטות הענפים דחמשה חסדים בגופא דאבא עילאה מהדעת שירד בין הכתפים, כך הגבורה בזמן[212] מלכותו **הִמְשִׁיךְ**[213] ר"ל העלה[214] מ"ן לאימא עילאה, וגרם **לְהִתְפַּשְּׁטוּת**

ליפול, עד שיפול גם שליש התפארת, ואז יפלו האחוריים של הגוף ושל היסוד כולם ביחד, לפי שכל היסוד הוא בחינת פנים, ואין לאחוריים שלו, שום יחס עם אחוריים של הגוף.

206

בית לחם יהודה ש"ט פ"א דכ"ז ע"ב – מה שאין כן בשאר הגוף. של הזכר.

207

בית לחם יהודה ש"ט פ"א דכ"ז ע"ב – אבל אחוריו. של הזכר שהוא אבא, החוזרים נגד פני הנקבה כנזכר.

208

בית לחם יהודה ש"ט פ"א דכ"ז ע"ב – אינם דבוקים עמה. עם הפנים דאימא, כי דווקא בהיות או"א אחור באחור הם דבוקים זה בזה, לפי שכותל אחד לשניהם, כמו שכתוב בפרק ו' דנקודים, וכמו כן בהיותם פנים בפנים הם דבוקים זה בזה כמו שמבואר לעיל, שהם דבוקים זה בזה פנים בפנים, וצריך שיגמר להסיר כל הדבקות הזה לגמרי, ואחר כך יחזרו אחור באחור וכו', וכמבואר גם כן בפרק ב' דשער י"ב, ובמבוא שערים דף י"ח ע"ג, יעו"ש. מה שאין כן בהיותם אחור בפנים, כדהכא אין אחוריו דבוקים עם הפנים שלה. וכלומר מה שאין כן היסוד דאבא שגם האחוריים דיסוד הם דבקים בפנימיות היסוד שלה. ומשום הכי אפילו האחוריים שלו נקראים פנימיות, ואין שום יחס לאחוריים דיסוד עם האחוריים של הגוף דאבא.

209

כרם שלמה ש"ט פ"א אות ח' – מה שכתב מלך מלך השלישי. פירוש, נכנסו החמשה אורות בכלי שלו, וזהו המלוכה שלו.

210

בראשית ל"ו ל"ד – וימת יובב וימלך תחתיו חֻשָׁם מֵאֶרֶץ הַתֵּימָנִי.

211

ע"ח ש"ח פ"ד מ"ת דל"ח ע"ד – חֻשָׁם הוא גבורה, כי הוא סוד חמש גבורות, ואותיות חֻשָׁם הוא חמש. וסופי תיבות חֻשָׁם מארץ התימני, **מִי"ץ**, וראשי תיבות **חמה**, והם סוד הפסוק - כי מיץ חלב יוצא חמה, כי חמה וחמאה הם אותיות שוין, והם בחינת הגבורות.

212

תרשים א – כ"ג

213

העפים של **החמשה גבורות באימא עילאה,** וחמשה העפים האלו נמשכו מהשורשים של החמשה גבורות שבדעת שירד בין הכתפיים, (וחמשה[215] גבורות אלו נמשכו **בגופא** דאימא עילאה, דהיינו בחג"ת נ"ה שלה).

וכשנשבר ו**מת** כלי הגבורה, הסתלק האור דגבורה מכלי הגבורה, והכלי הפנימי דגבורה דנקודים **ירד ל**עולם **הבריאה,** והכלי האמצעי דגבורה דנקודים ירד לעולם היצירה, והכלי החיצון דגבורה דנקודים לעולם העשיה, **והארבעה** המלכים (שהם **האורות** דתנה"י**ם**) **ירדו בכלי הרביעי שהוא** כלי **התפארת** דנקודים, הנקרא בתורה[216] הדד בן בדד.

ואז[217] כשנשבר ומת כלי הגבורה **נפלו התפשטות הגבורות** שהמשיך אור הגבורה בגופא דאימא עילאה, וכל[218] החמשה גבורות נפלו **בראש**[219] **היסוד דאימא** עילאה, דהיינו בדעת של היסוד שלה, **(נ"א** **חמשה גבורות דאימא עילאה שהיו בגופה)** הנמצא בשליש העליון של התפארת דאימא הכללית. **ונפלו גם האחוריים שלה** ר"ל של אימא עילאה **למטה**[220] כמו שנפלו האחוריים דאבא עילאה. **ו**כמו שאבא עילאה החזיר פניו שנפלו האחוריים שלו, **אז**[221] **גם כן אימא** עילאה **החזירה**

כרם שלמה ש"ט פ"א אות ח' – ומה שכתב **והמשיך** וכו', ר"ל על ידי העלאת המ"ן שלו שהעלה, אז המשיך החמשה גבורות שהם העפים של החמשה גבורות גבורות מן השורשים שלהם שבדעת. ונתפשטו בגופא דאימא, שהם החג"ת ונצח הוד שלה. ואז נבנו האחוריים שלה ונשלמו.
214

מבוא שערים ש"ב ח"ב פ"ו ד"ח ע"ג – אחר כך מלך מלך הגבורה, **והוא הגורם על ידי העלאתו מיין נוקבין,** להתפשט החמשה גבורות בגופא דאימא, להגדיל אחוריה כנזכר לעיל בפרק ד'. וכשמת, ירד הכלי שלו בבריאה, והאור שלו באצילות, ושאר ארבעה אורות נכנסו בכלי התפארת. ואז נפלו בחינת הגבורות שנתפשטו בגופא דאימא, ונגמרו אחורי אימא עילאה ליפול. וחזרו או"א שניהם אחור באחור.
215

תרשים א – כ"ד.
216

בראשית ל"ו ל"ה – וימת חשם וימלך תחתיו **הדד בן בדד** המכה את מדין בשדה מואב ושם עירו עוית.
217

כרם שלמה ש"ט פ"א אות ח' – ר"ל כי בנפול המלך הזה שהוא הגבורה לבריאה, אז מה שהמשיך ההתפשטות של החמשה גבורות הגבורות בגופא דאימא, עכשיו נפל זה ההתפשטות ממקומו, וירד ביסוד דאימא, ואז ממילא נגרעו בחינת האחוריים דאימא, וממילא חזרה אימא אחור שלה לאחור דאבא.
218

תרשים א – כ"ה.
219

תרשים א – כ"ו.
220

הגהות וביאורים)ט(– היינו במקום שעתיד להיות הגבורה דז"א, ה"ר שב"ח.
221

בית לחם יהודה ש"ט פ"א דכ"ז ע"ב – ואז גם כן אימא החזירה אחוריה והיה אחור דאימא באחור דאבא. כי גם יסוד אימא היא בחינת פנים כמו יסוד אבא, וכל שכן הוא, שהרי כולו הוא בחינת פנימיות בעומק גופה,

אזוריה לאחורי אבא עילאה, **והיה**[222] **אזור דאימא** עילאה עומד **באזור דאבא** עילאה, וכל זה לפני שבירת השליש העליון דתפארת דנקודים, עם כל זה היסודות דאו"א עילאין עדיין הם עומדים פנים בפנים, עד גמר שבירת השליש העליון דתפארת דנקודים.

ידוע כי כל ספירה[223] וספירה מתחלקת לג' פרקין, כך[224] גם ספירת התפארת מתחלקת לג' פרקין, כאשר הפרק העליון[225] הוא מהכתפיים עד החזה, ומהחזה ולמטה יש שני שלישים, כאשר השליש[226] האמצעי מגיע עד הטבור,

---

ואדרבא כל עיקר יסוד אבא שנקרא יסוד פנימית, הוא מסיבת יסוד אימא, ולכן משום הכי נגמרו כל אחורי אימא ליפול, וחזרה אחור באחור מקמי שבירת שליש עליון דתפארת.

222

תרשים א – כ"ז.

223

ע"ח ח"ב שכ"ז פ"א מ"ב דט"ז ע"ב – ז"א אין בו רק תשע ספירות, והעשירית היא נוקבא. אמנם הניחה שרשה בו, והיא עטרה שבו, כי משם נאחזת, אך העטרה היא מכלל היסוד עצמו כנודע, **כי כל ספירה נחלקת לג' פרקין**, ועטרה היא פרק ג' של היסוד, נמצא כי הספירה עשירית היא פרצוף נוקבא דז"א, והוא אינו רק תשע ספירות, והיא נשרשת ונאחזת בסוף היסוד, שהוא בפרק השלישי שבו, הנקרא עטרה.

224

תרשים א – כ"ח.

225

ע"ח שכ"א פ"א פ"ב מ"ת דק"ב ע"ב – נבאר ענין ההפרש שיש בין ז"א לנוקבא, בענין המוחין שלהם. כי הנה על דרך ששיעור ז"א הוא מן התפארת דאימא עד למטה, כן נוקבא דז"א הוא מן תפארת דז"א ולמטה. אלא שיש הפרש אחד ביניהן, והוא כי הנה הנוקבא דז"א מקומה הוא בתחילה כאשר נאצלה באחורי ז"א, מהחזה של ז"א ולמטה, כיצד **עד החזה הוא שליש עליון של התפארת דז"א**, וממקום סיום החזה עד סוף התפארת דז"א יש שני שלישים תחתונים אחרים.

226

ע"ח שי"ד פ"ב מ"ת ד'ע ע"ג – נמצא עתה כי או"א מתחילין להלבישין את א"א מן הגרון שבו עד סיום היסוד דעתיק שבתוכו, **שהוא עד סיום שליש עליון דתפארת דא"א, והוא עד החזה שלו.** ואבא מלביש הימין, ואימא מלביש השמאל. ואחר כך באים ישראל סבא ותבונה גם הם מלבישין את א"א **מהחזה הנזכר לעיל עד טבור של א"א, שהוא יותר למטה מעט מן חצי תפארת שלו.** ישראל סבא בימין, ותבונה משמאל, ואלו הארבעה פרצופים הן מלבישין לא"א מן הגרון עד הטבור כנזכר לעיל מכל צדדיו וסביבותיו, ימין ושמאל אחור ופנים.

ע"ח שי"ד פ"ג מ"ת דע"א ע"ב – והענין כי בא"א באמצע גופו יש חד פרסא, ומסך מבדיל בין חצי העליונה לחצי התחתונה, כנראה בחוש הראות. ומבשרי אחזה אלו"ה איך יש קרום אחד, מחיצה המפסקת בין אברי הנשמה)הנשימה(, שהם הריאה והלב, ובין איברים התחתונים שהם כבד ובני מעיים כנודע. והנה זה הפרסא אינו ביושר, רק כי **כאשר מתחלת מצד הפנים היא מתחלת מתחת החזה ממש, וכשמתרחבת ומתפשטת עד האחור היא עומדת)נמוכה עד(כנגד מקום הטבור,** כנראה בחוש הראות בחוש הטבע, וזהו נקרא יותרת הכבד, קרומא דפסיק גו מעוי דבני נשא, כנזכר בזוהר פרשת בראשית על פסוק - יהי רקיע בתוך המים. והנה או"א עומדין בב' הצדדין דא"א, זה בימין וזה בשמאל, ועומדין פניהם איש אל אחיו פנים בפנים, והנה בחוש הראות אנו רואין שמקום חיבור שניהם בחינת הבטן, והכרס של שניהן בולט ויוצא לחוץ משאר הגוף, ושם במקום סיום הכרס שלהם, של או"א שם כנגד מקום זה בא"א מתחיל הקרום הנזכר לעיל, להתפשט עד אחוריו, וכאשר הולך ומתפשט ונמשך זה לאחורי א"א, שם הוא הירכים של או"א, שהם יותר ארוכים מן הכרס שלהם, ויורדין ונמשכין למטה עד מקום הטבור של א"א, ושם מסתיימין אורך התפשטות ירכין דאו"א, וגם הקרום עד שם מתפשטת באחור, והולך ונשפע ויורד עד שנמצא גמר התפשטותו באחור נמוך מכנגד מקום הטבור, ודבר זה ניכר בחוש הראות, ואין להאריך.

והשליש[227] התחתון מתחיל מהטבור עד תחילת היסוד, כאשר ברוב[228] המקומות הרב ז"ל קורא לבחינה זאת חצי התפארת התחתון. ולפעמים[229] הרב ז"ל קורא לשליש העליון חצי התפארת. כך[230] גם בעולם הנקודים **התחלקה ספירת התפארת לג' פרקין, כאשר הפרק העליון מעלה מ"ן לאו"א עילאין, שב' שלישים תחתונים מעלים מ"ן לישסו"ת.** לכן נכנס קודם האור דתפארת דנקודים עם האורות שתחתיו לשליש העליון דכלי התפארת דנקודים, העלה מ"ן לאו"א עילאין, ונשבר ומת השליש העליון דכלי התפארת דנקודים, ושאר האורות ירדו לב' השלישים התחתונים דכלי התפארת דנקודים, כמו שהרב ז"ל יבאר לקמן.

ואזור[231] כך ר"ל אחרי שנשבר ומת המלך השלישי, שהוא הגבורה, **מלך[232] המלך הרביעי** לפי שעה, [ד"מ ע"ג 80] **והוא תפארת** דנקודים, הנקרא[233] בתורה הדד בן בדד[234], והתלבשו בו אור התפארת

227

ע"ח שכ"א פ"א מ"ת דק"ב ע"ב – נמצא כי מה שנכנס בז"א הם ארבע מדות ושלישי, **שהיא שליש תחתון של תפארת** ונהי"ם של בינה.

שער הפסוקים, בראשית ד"א ע"ד – דע, כי כשנברא אדם, עדיין לא היו בז"א, רק המוחין דמצד אימא בלבד. ולכן הכתר שלו, היה שיעור **שליש תחתון דתפארת** דאימא בלבד, כנזכר לעיל.

228

ע"ח שכ"ג פ"ג מ"ת דק"ו ע"ב – ועתה נבאר מהיכן נעשה בחינת הכתר הזה, והנה הוא נעשה מבחינת **חצי התחתון של התפארת דאימא**, הנקרא תבונה, וזהו ענינו. כי הנה כתבנו לעיל כי לסבת הכנסת נה"י דאימא הראשונים תוך ז"א בבחינת המוחין, הוצרכה להתגדל ולעשות לה נה"י חדשים אחרים, ושם בארנו איך היה הענין ואמרנו כי האורות של נה"י דאימא עלו **בחצי תפארת התחתון** של תבונה לדחות את הולד, שיולד ויצא לחוץ ואז אותן האורות הוציאו שם נה"י אחרים חדשים, כי בעלות האורות הנזכרים לעיל, האירו ונתנו כח לכלי ההוא של **מחצית התפארת התחתון**, והגדילו ממנו גם כן נה"י חדשים. ואז האורות הראשונים שנסתלקו נתלבשו תוך אלו הנה"י החדשים. כי הנה"י הראשונים הוצרכו להתרוקן לכמה סבות הנזכרים לעיל, אם לצורך לידת המוחין דז"א, ואם להעשות לבושין למוחין דז"א עצמו כנזכר לעיל. אבל אלו שהם תשלום עשר ספירות של תבונה עצמה חזרו האורות להתלבש בהם, **והנה מזה המחצית התחתון של התפארת** ומן הנה"י בבחינת כלים, ובחינת אורות גם כן שלהם עצמן הם הנעשין כתר של ז"א.

229

ע"ח שי"ג פ"ה מ"ב דס"ג ע"ב – הנה א"א יש לו שערות רישא, שהם חוורתא, והנימין הנמשכים מאחוריו, ויש לו שערי דיקנא הנמשכין מלפניו. ומקום סיום שני בחינות אלו הם עד טבורא דלבא, כנזכר באדרא. וביאור טבורא דלבא הוא שתפארת דא"א נקרא לב, ונקודה מחציתו נקרא טבורא דלבא, כי טבורא דגופא הוא בסוף שני שלישים של תפארת. **והנה גופא דיליה מן הגרון עד חצי תפארת**, מתלבש א"א על ידי או"א, אך שתי בחינות שערות הנזכרים לעיל מלבישין לאו"א מבחוץ מאחוריהם ומלפניהם, ונמצא ששתי בחינות שערות **מגיעין עד טבורא דלבא, שהוא חצי תפארת**, ומסיים שם, וגם שם מסתיימין או"א.

230

כרם שלמה ש"ט פ"א אות ט' – ומה שכתב **ובהגיע האור עד העליון** של תפארת וכו'. וחילק התפארת לשני חלקים, הוא פשוט כמו שכתב לעיל, כי עד כאן הוא תחום או"א עילאין, ומכאן ואילך הוא התחלת ישסו"ת.

231

שער ההקדמות, דרוש בסדר ירידת ז' מלכים ונפילתם וירידת אחוריים דאו"א ואיך נעשה הכל ביחד דכ"א ע"ב – אחר כך מלך הרביעי, שהוא התפארת. ובהגיע האור עד שליש העליון של הכלי הזה, שהוא מקום החזה, המשיך התפשטות בחינת כללות חמשה חסדים ביסוד דאבא, וכללות חמשה גבורות ביסוד דאימא. כי לכן היסוד נקרא כל, לפי שיש בו כל חסדים או חמשה גבורות.

232

כרם שלמה ש"ט פ"א אות ט' – כבר נודע פירוש מלוכה, שהוא כמלך יושב על כסאו ומולך.

233

61

דנקודים עם האורות שתחתיו, [235]**ובהגיע אור** שהתלבש בכלי התפארת דנקודים **אל שליש עליון שלו** דהיינו של התפארת דנקודים, **שהוא עד הֶחָזֶה** דתפארת דנקודים, **אָז**[236] האור שבשליש העליון דתפארת דנקודים, העלה מ"ן לאו"א עילאין, והסיבה שהעלה מ"ן לאו"א עילאין היא, מפני[237] שבחינת התפארת תמיד בקו האמצעי, בין קו החסד לקו הגבורה, והעלאת מ"ן זאת גרמה **להַמשִׁיךְ** מראש[238] דיסוד אבא עילאה **בֹּחִינַת כְּלָלוּת** שהם[239] הארת הענפים של **חֲמִשָּׁה חֲסָדִים**, והארה זאת נמשכה **בִּיסוֹד אבא** עילאה, **וכן** המשיך האור דשליש העליון של התפארת דנקודים מראש דיסוד אימא עילאה בחינת כללות, שהם הארת

בראשית ל"ו ל"ה – וימת חשם וימלך תחתיו הדד בן בדד המכה את מדין בשדה מואב ושם עירו עוית.
234

ע"ח ש"ח פ"ד מ"ת דל"ח ע"ד – והדד בן בדד הוא התפארת.
235

יפה שעה)א(– בהגיע האור אל שליש עליון שלו, שהוא עד החזה, אז המשיך כללות בחינת חמשה חסדים ביסוד דאימא כו'. דבר תימא הוא זה, אחר שבמות החסד נפלו אחוריים דגופא דאבא, ובמות הגבורה נפלו אחוריים דגופא דאימא, ואיך יעמדו או"א עלאין אחור באחור, ויסודותיהם פנים בפנים, עד שמת שליש עליון דתפארת, ואפילו תימא כמו שכתב רז"ל לעיל, שאין ביסוד בחינת אחור, מכל מקום איך נהיה הדבר הזה, כי איך אפשר לחלק היסוד משאר כל הגוף. ואשר אחזה לעניות דעתי הוא בודאי הדבר הזה רחוק מן השכל הוא, האידנא שנתקנו כל העולמות כל הפרצופים בבחינת פרצוף גמור, בעל ג' קוין חח"ן, בג"ה, דת"י, וכל עשר ספירות שבפרצוף קשורים ומקושרים אלו באלו. אבל דברי רז"ל כאן מדברים קודם השבירה מעיקרא, ואין צריך לומר קודם התיקון, ואז אף על פי שג' ספירות שהם כח"ב דנקודים, יצאו שלשתן דרך קוין. והיה מעט קשר ביניהם, שלכך לא נשברו כשאר שבעה תחתונים, היינו שיצא כתר למעלה, וחכמה למטה בצד ימין, ובינה לצד שמאל, וכל אחד היתה כלולה מעשר, מכל מקום הם בעצמם כל חדא בלחוד, לא היתה בסוד פרצוף כלל, כמו שכתב רז"ל בשער חיצוניות ופנימיות פרק ו' ז"ל - והנה בעת צאת המלכים יצאו הג"ר שהם א"א ואו"א שלמים בעשר ספירות גמורות. אך הוא משם ב"ן לבד כו', אך לא היו מתוקנים בבחינת פרצוף, יע"ש. ויותר מזה ביאר בספר מבוא שערים ש"ג ח"ב פ"א ז"ל - והנה ג' נקודות, שהם שלשה כלים הראשונים, היו כל אחד מהם כלולה מעשר, אמנם לא היו העשרה חלקים שבכל נקודה מהם מצויירים בציור פרצוף בצורת קוים, רק שבכל נקודה, יע"ש. ולפי זה לא קשה מידי, אם נתחלק היסוד, והפך פניו משאר הגוף, כי מי יודע מה היה לפנים.
236

בית לחם יהודה ש"ט פ"א דכ"ז ע"ג – אז המשיך בחינת כללות חמשה חסדים ביסוד אבא, וחמשה גבורות ביסוד אימא. דקדק לומר "כללות", הענין הוא כי בזמן שבירת החסד והגבורה, אף על פי שנפלו החו"ג ביסודות לאו"א, מכל מקום לא נפלו בכל כלי היסודות, רק נפלו בראשי היסודות דוקא, כדמיון מה שנפלו החו"ג בזמן מיתת הדעת, בין תרין כתפין דוקא, ולא בכל הגוף. וכשנכנס האור בשלישי העליון דכלי התפארת, שהוא כנגד היסודות דאו"א, לא משך עיקר החו"ג העומדים בראשי היסודות, רק משך כללות החו"ג שביסודות בלבד, כי היסודות אין להם חלק בעיקר החו"ג עצמם, רק בכללותם בלבד. וכשנכנס אחר כך אור התפארת בשני שלישי התחתונים דתפארת, אז נמשכו עיקרי החו"ג שהיו בראשי היסודות דאו"א עלאין, ונכנסו בראשי היסו"ת)עיין אש"ל(.
237

תרשים א – כ"ט.
238

תרשים א – ל.
239

כרם שלמה ש"ט פ"א אות ט' – ופירוש **כללות** הוא, שהיא **הארת** הענפים של החמשה חסדים המתפשטים בחמשה ספירות של הגוף, ולפעמים נקראים הרשימות של החמשה החסדים.

העַנפים של **חֲמִשָּׁה גְּבוּרוֹת בִּיסוֹד אִימָא** עילאה, **כַּנּוֹדָע כִּי לָכֵן הַיְסוֹד נִקְרָא**[240] **כֹּל**[241] שהוא לשון כללות, **שֶׁ**הַיסוד **כּוֹלֵל** הארת **חֲמִשָּׁה חֲסָדִים** והארת **חֲמִשָּׁה גְּבוּרוֹת,** כִּי[242] כל חמשה העַנפים שהתפשטו מהדעת לחג"ת נ"ה שבגוף, מתפשטים ונכללים בו, והארתם התפשטה ביסודות דאו"א עצמם, הארה זאת דיסודות דאו"א עילאין, הנקראת כללות דכללות מתפשטת[243] במלכויות דאו"א עילאין, הנקראים עטרות דיסודות דאו"א עילאין, כמבואר לקמן בסוף פרק זה.

הרב ז"ל עושה סיכום ביניים, והוא כי נתבאר שמלך הדעת דנקודים המשיך חסדים בדעת דאבא עילאה, וגבורות בדעת דאימא עילאה. וכשנשבר ומת כלי הדעת דנקודים, ירדו החו"ג בין הכתפים דאו"א עילאין. ואחרי הדעת דנקודים המשיך החסד דנקודים ששורשו בחסד דא"א, והמשיך את החסדים בגופא דאבא עילאה המלביש את החסד דא"א, בחג"ת נ"ה שלו, וכנשבר ומת כלי החסד דנקודים, החסדים נפלו בראש היסוד דאבא עילאה, הנמצא בשליש העליון של התפארת דאבא הכללי. ואחרי החסד מלך הגבורה דנקודים, ששורשו בגבורה דא"א, והמשיך את הגבורות בגופא דאימא עילאה המלבישה את הגבורה דא"א, בחג"ת נ"ה שלה, וכנשבר ומת כלי הגבורה דנקודים, הגבורות נפלו בראש היסוד דאימא עילאה, הנמצא בשליש העליון של התפארת דאימא הכללית. ואחרי הגבורה מלך השליש העליון דתפארת דנקודים, המשיך את כללות החסדים ביסוד דאבא עילאה, וכללות הגבורות ביסוד אימא עילאה. והארה דכללות זאת תמשך למלכויות דאו"א עילאין, הנקראים עטרות דיסודות או"א עילאין.

וּכְבָר בֵּאַרְנוּ זֶה הַצִּיּוּר כִּי[244] **דַּעַת** דנקודים **כּוֹלֵל** דהיינו שניתן בו כח לעלות מ"ן ולהמשיך מוחין דחו"ג **בְּרֵישָׁא** שהוא הדעת **דְּאוּ"א** עילאין. **וְהַחֶסֶד**[245] דנקודים ששורשו הוא החסד דא"א, **הוּא** ניתן בו

שער הכוונות, עַנין תפילת השחר, דרוש א' די"ח ע"ג — ולכן צריך ליתן צדקה עתה מעומד, והטעם הוא לפי שהצדקה היא מצות עשה, וראוי לעשות המצות מעומד. עוד טעם אחר, כי כיון שהטעם הוא כדי לתת צדקה לעני, שהיא השכינה והמלכות כנזכר, והנה המלכות נופלת לארץ בעונותנו הרבים, ולכן צריך שיתנבה מעומד, ויכוין להקימה ולהעמידה מעומד, על ידי הצדקה שהוא התפארת דכורא, כמו שאמר הכתוב - משפט וצדקה ביעקב אתה עשית. ולהיות שצדקה זו ניתנת מן התפארת למלכות על ידי היסוד, לכן צריך ליתנה ביד הגבאי צדקה, שיסוד נקרא גבאי צדקה, שהוא היסוד דאימא או יסוד דז"א, אשר הוא גובה כל הצדקה בסוד - ויַלקט יוסף את **כל** הכסף, והוא נותן לעני שהיא השכינה, הנקרא עני. ומזה הטעם עצמו צריך ליתנה בעת שאומר - כי **כל** בשמים ובארץ, שהוא רומז אל **היסוד, הנקרא כל.** ופעם אחרת שמעתי ממורי ז"ל, שצריך שיתננבה בעת שאומר - **ואתה מושל בכל, שהיסוד נקרא כל,** והוא גבאי צדקה, ונותן אותה למלכות, אשר גם היא נקרא בכל, זה **כל,** וזה בכל. כמו שאמרו רז"ל - בת היתה לו לאברהם, ובכל שמה. והוא במה שידעת כי הוי"ה דמילוי ההי"ן היא בגימטריא בכל, שהיא במלכות, והכונה היא שעל ידי צדקה זו שנותן לה היסוד, שהוא ב"ן כנזכר, יגדל פרצופה ושיעור קומתה.

דברי הימים א' כ"ט י"א — לך הוי"ה הגדלה והגבורה והתפארת והנצח וההוד כי **כל** בשמים ובארץ לך הוי"ה הממלכה והמתנשא לכל לראש.

כרם שלמה ש"ט פ"א אות ט' — ומה שכתב **כי לכן היסוד נקרא כל וכו'.** פירוש, כמו שמציינו בהרבה מקומות שבתנ"ך, כמו - לך הוי"ה הגדולה והגבורה וכו', כי **כל** בשמים ובארץ וכו'. ופירוש מלת **כל** הוא מלשון **כללות,** שכולל כל החמשה חסדים או חמשה גבורות, המתפשטים החמשה ספירות של הגוף שהם חג"ת נ"ה. וזו היא המעלה שיש בהיסוד. כי כל החמשה ספירות החג"ת נ"ה, הם כל אחד כולל חסד אחד, שהוא החסד שלו לבד. אבל היסוד הוא כולל כל החמשה חסדים.

תרשים א – ל"א.

כח לעלות מ"ן ולהמשיך חסדים ב**גּוּפָא** ר"ל בחג"ת נ"ה **דאבא** עילאה, מפני שאבא מלביש את בחינת החסד דא"א, ומקבל מבחינה זאת מוחין. **וּגְבוּרָה**[246] דנקודים ששורשו הוא בגבורה דא"א, **הוּא** ניתן בו כח לעלות מ"ן ולהמשיך גבורות ב**גּוּפָא** ר"ל בחג"ת נ"ה **דאימא** עילאה, מפני שאימא מלבישה את בחינת הגבורה דא"א, ומקבלת מבחינה זאת מוחין. **וּשְׁלִישׁ תִּפְאֶרֶת**[247] **עֶלְיוֹן** דנקודים **שהוא** בקו האמצעי, כמו הדעת, בין החסד והגבורה ימין ושמאל, ניתן בו כח לעלות מ"ן ולהמשיך את כללות החסדים ב**היסוד דאבא** עילאה, הנמצא בשליש העליון דתפארת דאבא הכללי, **ולהמשיך** את כללות הגבורות בהיסוד **דאימא** עילאה, הנמצא בשליש העליון דתפארת דאימא הכללית, וכללות[248] דכללות של החו"ג שהתפשטו ביסודות דא"א עילאין התפשטו במלכויות דא"א עילאין, כי[249] כך הוא תמיד כללות החו"ג מתפשטים ביסוד, וכללותם מתפשטים במלכות.

כרם שלמה ש"ט פ"א אות ט' – מה שכתב כי כבר ביארנו זה הציור, **כי הדעת כולל רישא דאו"א** וכו'. ר"ל כמו שכתבנו לעיל, כי הדעת של השבעה מלכים היה בו כח להעלות מ"ן, ולהמשיך החו"ג ברישייהו, שהוא הדעת שלהם דאו"א. כי זה דעת, וזה דעת. ומלת **כולל**, ר"ל ניתן בו כח מעיקרא לכלול בתוכו הכח והתיקון של רישא דאו"א, וזהו שפיר מלת כולל.
245

כרם שלמה ש"ט פ"א אות ט' – וספירת החסד שלהם היה בה כח להעלות מ"ן ולהמשיך חמשה חסדים בגופא דאבא. וזהו מה שכתב **והחסד הוא גופא דאבא**, והטעם הוא כי אבא הוא נבנה מן החסד דא"א, ולזה הוא מלביש אותו, בסוד - אבא אחיד ותליא בחסד, ולכן החסד דז"א שהוא השבעה מלכים, שהוא ענף דחסד הזה דא"א, שכל החסדים הם מקור אחד, ושהוא בן לאבא, שהוא גם כן החסד הגדול, בסוד שם ע"ב דאבא, שהוא בגמטריא חסד, והבן הוא המעורר מ"ן לאביו. ולכן ניתן בו כח בחסד זה לכלול בתוכו הכח של המשכת החסדים דאבא. וזהו פירוש מה שכתב הכא - **והחסד הוא גופא דאבא.**
246

כרם שלמה ש"ט פ"א אות ט' – וכן הוא כל מה שכתב על החסד ועל אבא, עכשיו הוא הדין, והוא הדרך על הגבורה דשבעה מלכים ועל אימא. ושאימא גם כן אחוזה בגבורה דא"א, בסוד - אימא ותליא בגבורה. ולכן הגבורה דשבעה מלכים היא כוללת הכח, והעלאת המ"ן, והמשכת החמשה גבורות לגופא דאימא. וזהו מה שכתב כאן - **וגבורה הוא גופא דאימא.**
247

כרם שלמה ש"ט פ"א אות ט' – והטעם הוא פשוט למה הדעת המשיך חו"ג ברישא דתרווייהו, **וכן התפארת הזה המשיך חו"ג ביסודות דתרווייהו**, והחסד לא המשיך אלא חסדים לבד בגופא דאבא לבד, ולא באו"א. והגבורה המשיכה גבורות בלבד, בגופא דאימא לבד, ולא בתרווייהו. **מפני שהדעת והתפארת הם בחינת קו אמצעי, והקו האמצעי בעלמא הוא כולל הימין והשמאל, לכן היה בהם כח לתקן הדעת והיסודות דשניהם, דאו"א, שהם בחינת ימין ושמאל.** כי אבא ימין, ואימא שמאל כנודע, בסוד אבא אחיד בחסד ואימא אחידה בגבורה. אף על פי שלא היו המלכים עכשיו בבחינת קוין. והדעת והתפארת אחד מהם, כל כל פנים עיקרם הוא בחינת קוין, ויש בהם כח של לעתיד שיהיו בבחינת קוין.
248

מבוא שערים ש"ב ח"ב פ"ו ד"ח ע"ד – גם נתפשטו כללות חמשה חסדים וחמשה הגבורות במלכות דאבא, ובמלכות דאימא. כי לכן גם כן נקראת המלכות כל"ה, כל ה'. אך היסוד נקרא כל בלא ה', כנזכר.
249

שער הכוונות, דרושי פסח, דרוש י' דפ"ד ע"ד – דע כי הנה עתה בגאולת מצרים נתפשטו החמשה חסדים וחמשה גבורות שנעלמו למעלה בשרשם, בדעת בזמן הגלות, ועתה נתפשטו בגופא דז"א. והנה בעת יציאת מצרים נעתקו ויצאו משם, ואחר כך בשבעה שבועות של ספירת העומר, יורדין ומתפשטין למטה בגופא דז"א. וטעם היותם שבעה שבועות הוא עם הנזכר לעיל. **כי החסדים מתפשטין מחסד ועד הוד, ואחר כך כללותם ביסוד, הנקרא כל, שהוא כללות חמשה חסדים, וכל חסד כלול מעשר, הם כ"ל בגימטריא.** ואחר

הרב ז"ל מקצר כאן הרבה בענין ירידת אור התפארת דנקודים מהשליש העליון דנקודים, לשני השלישים התחתונים דתפארת דנקודים, והוא[250] כי ירידה זאת מהשליש העליון לשני השלישים התחתונים דתפארת דנקודים, גרמה שכללות החו"ג הנמצאים ביסודות דאו"א עילאין נפלו למלכויות דאו"א עילאין הנקראים עטרות. וגם כל אחורי או"א עילאין (כולל אחורי היסודות שלהם) נפלו למקום החסד והגבורה ושליש העליון דתפארת דז"א, אבא עילאה בצד ימין, חסד. ואמא עילאה בצד שמאל, גבורה. והאורות דנקודים שנכנסו לשני השלישים התחתונים דכלי התפארת דנקודים, העלו מ"ן והמשיכו את בחינת החו"ג בדעת דישסו"ת, חסדים בדעת דישראל סבא, וגבורות בתבונה.

וְהִנֵּה[251] **כַּאֲשֶׁר הִגִּיעַ הָאוֹר** של המלך הרביעי, שהוא תפארת דנקודים עם שאר האורות שתחתיו, **לִשְׁנֵי שְׁלִישִׁים תַּחְתּוֹנִים** דְכלי **הַתִּפְאֶרֶת** דנקודים, **אָז**[252] **[253]** שני השלישים התחתונים דאור התפארת דנקודים העלו מ"ן והמשיכו חו"ג בדעת דישסו"ת, חסדים בדעת דישראל סבא, וגבורות בתבונה. (**צריך לגרוס** **וְכַשֶּׁנִּשְׁבַּר** ומת כלי התפארת דנקודים, הסתלק תחילה האור מהשליש העליון דתפארת דנקודים, **וְנִגְמְרוּ כָּל אֲחוֹרֵי אוֹ"א עִילָּאִין לִירֵד** ולהתפשט עד[254] מקום החסד והגבורה ושליש העליון דתפארת דז"א, מקום

כך **כללותם במלכות הנקראת כלה**. לשני סבות, האחד הוא לפי שהיא ה' אחרונה שבשם ההוי"ה, ולוקחת כללות החסדים הנקרא כ"ל, הרי כל'. והסיבה השניה היא כי כל הם כללות החסדים וה**ה'** היא חמשה גבורות, הרי **כל"ה.**
250

מבוא שערים ש"ב ח"ב פ"ו ד"ח ע"ד – וכאשר נכנס האור בשני שלישים התחתונים דכלי התפארת מהחזה ולמטה, אז גרם על ידי העלאתו מיין נוקבין, להמשיך חמשה חסדים וחמשה גבורות, ברישייהו דישראל סבא ותבונה, כי שם ראשם יחד. **וכאשר מת התפארת, והתחיל למות ולהסתלק האור משליש הראשון עד החזה**, ירדו כללות החמשה חסדים והגבורות דשני היסודות דשני מלכיות דאו"א עילאין, ונגמרו אחוריהם ליפול לגמרי, ונמצאו אחורי או"א עילאין יושבין פה למטה. באופן זה, כי אחורי אבא יושבים בקו ימין, במקום שהיה חסד דז"א, שהוא מלך השני. ואחורי אימא, במקום שהיה מלך השלישי, שהוא גבורה דז"א, כנודע כי או"א היו בסוד קוים כנזכר לעיל פרק ו' מחלק א'. ובכח היות אלו האחוריים שנפלו עד פה, זהו בחינת הכלי החדש שנעשו או"א שנתפשטו עד פה, ועלו שם אחר כך אור החסד והגבורה כנזכר לעיל בפרק ה', והתפשטות ההוא הוא עצמו בחינת האחוריים האלו שנפלו עד שם, ולא נפלו יותר למטה, כי שם נגמרה נפילתם בעת מיתת החסד והגבורה ושליש התפארת, ולכן נשארו שם.
251

כרם שלמה ש"ט פ"א אות ט' – ומה שכתב עוד והנה הגיע האור לשני שלישים תחתונים דתפארת אז נגמרו כל אחורי או"א לירד. **לא כן הסדר**, מפני כי אז כאשר הגיע האור לשני שלישים תחתונים דתפארת, אז העלה מ"ן והמשיך חו"ג ברישא דישסו"ת, ואחר כך מת המלך דתפארת, התחיל להסתלק האור ממנו, דהיינו מן השליש עליון דתפארת הזה לבד, אז באותה שעה נפלו כללות החו"ג מיסודותיהם דאו"א, ואז נקרא שנגמרו כל אחורי או"א לירד.
252

בית לחם יהודה ש"ט פ"א דכ"ז ע"ג – אז נגמרו כל אחורי או"א עלאין ליפול, וגם כללות החו"ג שביסודות נפלו עמהם. כמבואר בשער ההקדמות דף כ"א ע"ב, יעו"ש. ומבואר מזה שגם יסודות או"א יש להם האחוריים, ולכן על ידי שבירת שליש עליון דתפארת או"א נגמרו כל אחורי או"א ליפול. ועיין לעיל בד"ה והנה היסוד וכו', ובד"ה ואין לו אחוריים וכו'.
253

הגהות וביאורים (א) – אז המשיך החו"ג ברישייהו דישסו"ת, כי שם הוא מקום ראשם יחד, וכשמת ירדו הג' אורות בכלי החמישי, שהוא הנצח, ואז ירדו ונפלו כללות חמישה חסדים דיסוד דאבא עילאה, וכללות גבורות דיסוד דאימא עילאה, ואז נגמר כל אחור דאו"א עילאה לירד לגמרי, ואז וכו'. עיין בשער ההקדמות דף פ"א ע"ב.
254

הספירות דנקודים שהעלו לאו"א עילאין מ"ן, אבא עילאה בצד ימין, שהוא חסד, ואימא עילאה בצד שמאל, שהוא גבורה. **ו**בזמן שהגיע האור דתפארת דנקודים עם האורות שתחתיו לשני השלישים התחתונים דכלי התפארת דנקודים, העלה מ"ן, ועל ידי זה **המשיך**[255] מוחין ד**החו"ג בריישייהו** **דישראל סבא ותבונה** מעטרות[256] דיסוד דאו"א עילאין, ונמשכו[257] חסדים בדעת דישראל סבא, וגבורות בדעת דתבונה, כמו שהדעת דנקודים המשיך חו"ג בדעת דאו"א עילאין. **כי שם הוא מקום ראש"ם יזד"ז** ר"ל[258] בשליש האמצעי של התפארת דאו"א הכללים.

וכנשבר[259] **ושבת** כל כלי התפארת דנקודים, הסתלק כל אור התפארת דנקודים, הכלי הפנימי דתפארת דנקודים ירד לעולם הבריאה, הכלי האמצעי דתפארת דנקודים לעולם היצירה, והכלי החיצון דתפארת דנקודים לעולם העשיה **ירדו שלשה המלכים** הנותרים **בכלי הזהמיש"י** דנקודים, **שהוא** כלי ה**נצח** והוד, והוא כי האורות דנצח והוד דנקודים מתלבשים בכלי אחד. **ו**כאשר מת כלי התפארת דנקודים **אז**[260] **ירדו החזסדים מרישא דישראל סבא, וגבורות מרישא דתבונה, עד**[261] **למטה בגופא דילהון**[262] בין הכתפיים שלהם, כמו שהיה לעיל אצל או"א עילאין, ו**כמו**[263] שנשבר כלי הדעת דנקודים, וירדו האורות בכתפיים דאו"א עילאין, ועדיין היו או"א עילאין עומדים פנים בפנים, עם כל זאת היה חיסרון וגרעון הסתכלות

תרשים א – ל"ב.
255

בית לחם יהודה ש"ט פ"א דכ"ז ע"ג – והמשיך החו"ג בריישייהו דישראל סבא ותבונה. הכוונה על ב' שלישי התפארת שבהכנס האור בתוכם, אז המשיכו הב' שלישי את חו"ג העיקרים בראש ישראל סבא ותבונה, דוגמת הדעת שהמשיך אח החו"ג בחב"ד לאו"א עלאין.
256

תרשים א – ל"ג.
257

תרשים א – ל"ד.
258

תרשים א – ל"ה.
259

תרשים א – ל"ו.
260

בית לחם יהודה ש"ט פ"א דכ"ז ע"ג – ואז ירדו החסדים מרישא דישראל סבא. קאי על תיבת וכשמת, ולא על תיבת שהוא נצח, ור"ל וכשמת תשלום ב' שלישי התפארת, אז ירדו החסדים וכו'.
261

בית לחם יהודה ש"ט פ"א דכ"ז ע"ג – עד למטה בגופא דילהון. היינו בין תרין כתפין.
262

הגהות וביאורים)ב(– בין תרין כתפין.
263

ע"ח ש"ט פ"א מ"ת ד"מ ע"ב – והנה כשירדו חמשה חסדים וחמשה גבורות מרישא דאו"א עלאין, עד למטה בגופא)בין התרין כתפין(, בהכרח הוא שגרם חסרון האור, אף על פי שלא חזרו לגמרי אחור באחור, והנה ענין)נ"א עדיין(חסרון הזה, **הוא חסרון הסתכלות עיני או"א זה בזה.**

עיניהם זה בזה, **גם** כאן ב**יש**סו**ת** אפילו שעדיין[264] היו עומדים פנים בפנים, עם כל זאת **נגרע מהם הבחינת דהסתכלות עיניהן זה בזה, על דרך הנזכר לעיל באו"א עילאין.**

כבר[265] נתבאר לעיל כי **נצח הוד הם תרי פלגי גופא**, ר"ל הנצח הוד נחשבים **כל אחד חצי הגוף, ובין שניהם הם אחד לבד.** לכן הכלי החמישי, שהוא המלך החמישי, הנקרא[266] ממשרקה, בתורה שמלה[267] נתלבשו בו האורות דנצח והוד. עם כל זאת **האורות האלו מלכו אחד אחר השני**, ולא ביחד. **השאלה הגדולה היא** איך עמדו האורות דנצח הוד בכלי החמישי, האם[268] הם עמדו זה לצד זה, נצח בצד ימין דכלי החמישי דנקודים, והוד בצד שמאל דכלי החמישי דנקודים, או שהאורות דנצח הוד עמדו אחד מעל לשני תוך הכלי החמישי דנקודים. הרב ז"ל לא מבאר איך עמדו אורות דנצח והוד בכלי שלהם, לפי פשט הסוגיה בפרקין, ובכללות הסוגיא דעולם הנקודים משתמע שעמד אור הנצח מעל אור ההוד בכלי שלהם דנקודים, בסוד[269] השחקים, בסוד[270] השפתים העומדים אחד על השני, ובסוד[271] נענועי הלולב, וכן[272] היה נוהג הרי"ח הטוב. עם[273] כל זאת בחינת הנצח הוא בקו החח"ן, חסדים. ובחינת ההוד הוא בקו הבג"ה, גבורות.

---

[264] **שער ההקדמות, דרוש בסדר ירידת ז' מלכים ונפילתם וירידת אחוריים דאו"א ואיך נעשה הכל ביחד דכ"א ע"ב** – וגם ירדו ונפלו בחינת החסדים והגבורות דישראל סבא ותבונה, על דרך הנזכר לעיל באו"א עילאין, **אבל עדיין הם עומדים פנים בפנים.**

[265] **ע"ח ש"ח פ"ד מ"ת דל"ח ע"ג** – אמנם בצאת משם השבעה השבעה תחתונות, שהם השבעה מלכים שמלכו בארץ אדום, ורצו להיכנס בכלים שלהם, ולא יכלו הכלים לסבול, ונשברו ומתו, כמו שנתבאר בע"ה. ולכן נבאר תחלה סדר השבעה מלכים אלו, כי הנה הם מהדעת ולמטה, דעת ראשון. חסד שני. גבורה שלישי. תפארת רביעי. **נצח הוד הם תרי פלגי גופא, והם חמשי.** יסוד ששי. מלכות שביעית. **כי הנצח הוד נחשבים כל אחד חצי הגוף, ובין שניהם הם אחד לבד.**

[266] **בראשית ל"ו ל"ו** – וימת הדד וימלך תחתיו **שמלה ממשרקה.**

[267] **ע"ח ש"ח פ"ד מ"ת דל"ח ע"ד** – ושמלה ממשרקה הם נצח הוד, תרי פלגי גופא.

[268] **תרשים א – ל"ז.**

[269] **גמרא חגיגה די"ב ע"ב** – שחקים, שבו רחים עומדות וטוחנות מן לצדיקים, שנאמר - ויצו שחקים ממעל ודלתי שמים פתח וימטר עליהם מן לאכול וגו'.

[270] **פרי עץ חיים, שער מקראי קודש פ"ד דקי"ד ע"ג** – שמחת תורה הוא שמיני עצרת, אומרים מזמור הושיעה הוי"ה, לבקש רחמים על ביטול הקליפה, כטעם ואבדה חכמת חכמיו ובינת נבוניו תסתתר, ואומרים, **יכרת הוי"ה כל שפתי חלקות, בסוד הערבה דומה לשפתים,** ובו ביום תרבה שמחה של תורה, אשר הז"א שהוא התורה כי ראה שנוקבא מבקשת אותו, כטעם שאהבה נפשי, בסוד נקבה תסובב גבר, עכשיו הוא הולך ומבקש אותה, וכתיב עצרת תהיה לכם, ובשמחת דודים דלעילא אל יתערב זר.

[271] **שער הכוונות, דרושי חג הסוכות, הקדמה** – והטעם יובן במה שכתוב בדרושים של הלולב, שכוונת הנענועים היא להמשיך הארת הדעת למטה, והו"ק כולם הם בדעת. ונמצא כי אפילו בנענוע של מטה של הדעת הנה הוא למעלה מראש הלולב, שהוא למטה בגופא דז"א, כמו שנבאר במקומו. גם סדר הנענועים הם בו"ק, על דרך ששה צירופי יה"ו הנזכרים בספר יצירה, וגם נזכר בספר הזוהר בפרשת ויקרא ברעיא מהמנא בדף י"ז ע"א. והנה הם כסדר הו"ו ממש דז"א, שהם חג"ת נה"י. ולכן נענוע הראשון הוא לצד דרום, כנגד החסד. ואחר כך נענוע השני הוא לצד צפון, שהוא בגבורה. והשלישי במזרח, שהיא בתפארת. **והרביעי והחמישי**

ואזזר כך מלך לפי[274] שעה המלך החמישי דנקודים, הנקרא שמלה ממשרקה, והתלבשו בכלי שלו אורות **הנצ̇ז̇ז̇**[275] וההוד דנקודים, שהם תרי פלגי דגופא, יחד עם האורות שתתתהם. תחילה בחלק כלי הנצח דנקודים, שהוא בחלק העליון של הכלי, ואחר כך בחלק הכלי דהוד דנקודים, שהוא בחלקו התחתון. **ו**אז אור הנצח דנקודים, שבחינת שורשו הוא בקו הימין הנקרא חח"ן, לכן העלה מ"ן, ועל ידי זה **המשיך זזמשה זזסדים** מבין תרין כתפין **בגוֹפא דישראל סבא** ר"ל התפשטו החסדים בחג"ת נ"ה דיליה.

וכש̇נשבר[276] **ו**מ̇ת חלק הכלי המתייחס לאור הנצח דנקודים, אור הנצח דנקודים הסתלק, והחסדים[277] שנתפשטו בחג"ת נ"ה דישראל סבא, ירדו בראש היסוד שלו. **וירדו שאר** האורות **דמלכים** דהיינו האורות דהוד יסוד מלכות דנקודים **ב**חלק הכלי של המלך החמישי דנקודים, המתייחס לאור **ההוד** דנקודים. **ו**אז **ירדו**

מעלה ומטה, שהם שחקים, נצח והוד, זה על גב זה. והשישי הוא במערב, שהוא היסוד, שעליו אמרו שכינה במערב.

שער הכוונות, דרושי חג הסוכות דרוש ה' – והנה סדר הנענועים הם כסדר ו"ק עליונים שבדעת, והם תחילה דרום בחסד, אחר כך צפון בגבורה, אחר כך מזרח בתפארת, **אחר כך מעלה בנצח, אחר כך מטה בהוד.** וכן נזכר בספר הזוהר, **והטעם כי נצח והוד נקראים שחקים, והם רחיים העליונים, הטוחנים מן לצדיקים, שהוא יסוד,** ונודע כי הרחיים הם ב' אבנים זו על גבי זו, זו מעלה, וזו מטה.
272

תורה לשמה לרי"ח הטוב. שאלה קפ"ד דקל"ה ע"א – **שאלה.** כיצד מנענעין באנא הוי"ה הושיעה נא, מאחר דבתיבת הוי"ה אין מנענעין, ונשאר רק ג' תיבות, ויש צדדין ארבע, ומעלה ומטה. יורינו המורה לצדקה, ושכרו כפול מן השמים. **תשובה.** הנה בשלשה תיבות אלו שהם אנא הוי"ה הושיעה נא, יש ששה תנועות, ועל כן נוהגים לעשות בכל צד תנועה אחת, דהיינו בתיבת אנא שיש ב' תנועות, עושים דרום וצפון. ובהושיעא שיש ג' תנועות עושים מזרח ומעלה, ומטה. ובתיבת נא, שיש תנועה אחת, עושים מערב. **אך אני נוהג כך** לומר תיבת **אנא כולה** בצד דרום, שהוא חסד. ואומר אני בו תיבה שלמה, וגם שבזה נמצא אני מזכיר השם קודם שאעשה נענוע הצפון שהוא גבורה. ואחר כך אומר אותיות **ה'ו** דהושיעה בצד צפון, שהוא גבורה. ואותיות **ש'י** דהושיעה בצד מזרח, שהוא תפארת. ואותיות **ע'ה** דהושיעה אומר **אותם במעלה ובמטה,** דהיינו שאאריך בהם עד שאעשה גם נענוע של מטה, יען כי מעלה ומטה הם נצח והוד, **שהם תרין פלגי גופא, ונחשבים כאחד, ונכללין ביחד, ולכן תנועה זו של ע"ה משמשת לשתיהן, ותספיק בעד שניהם.** ותיבת **נא** אומר בצד מערב, שהוא יסוד. כן נכון לעשות נכון, והבוחר יבחר. והיה זה שלום וא"ל שד"י הוי"ה צבאו"ת יעזור לי. כה דברי הקטן, יחזקאל כהלי נר"ו.
273

תרשים א – ל"ח.
274

תרשים א – ל"ט.
275

כרם שלמה ש"ט פ"א אות י' – מה שכתב והמשיך חמשה חסדים בגופה דישראל סבא. ר"ל כמו שעשה החסד לגופא דאבא, כן גם כן הנצח לגופא דישראל סבא. כי הנה"י מתקנים האחוריים דיסו"ת, והחג"ת מתקנים לאחוריים דאו"א עילאין. ולכן כשמת זה המלך ירדו האחוריים דישראל סבא. ור"ל החזיר אחוריו נגד פני התבונה, כמו שכתבנו לעיל במות החסד לצורך שהחזיר אבא אחוריו נגד אימא עילאה.
276

תרשים א – מ.
277

תרשים א – מ"א.

הָאֲזוּרִים[278] **דִּיִשְׂרָאֵל**[279] **סָבָא** ר"ל חמשה החסדים בראש היסוד דיליה, **וְהַזָּזִיר**[280] ישראל סבא **אֲזוּרוּ נֶגֶד פָּנֵי תַבוּנָה,** ר"ל[281] אחורי ישראל סבא בפנים דתבונה, דוגמת מה שהיה בנפילת האחוריים דאבא עילאה, ועמידת הפרצופים דישסו"ת עכשיו הנקרא **אחור בפנים.**

אֲזוּר[282] **כך מֶלֶך**[283] אור **הַהוֹד** דנקודים, שגם הוא עדיין מבחינת המלך החמישי דנקודים, הנמצא בחלק הכלי התחתון של הכלי החמישי דנקודים, שבחינת[284] שורשו הוא בקו השמאל הנקרא בג"ה, ולכן העלה מ"ן, **וְהַבּוֹשִׁיך** מבין[285] הכתפין **הַחֲמִשָּׁה גְּבוּרוֹת בְּגוּפָא דְתָבוּנָה** ר"ל התפשטו הגבורות בחג"ת נ"ה דיליה.

278

בית לחם יהודה ש"ט פ"א דכ"ז ע"ג – וירדו האחוריים דישראל סבא. גם הכא נפלו במיתתו החמשה חסדים ביסוד ישראל סבא, כדוגמת מה שהיה בנפילת האחוריים דאבא, ורז"ל קיצר בלשונו וסמך על מה שכתב לעיל. וכמו כן כשירדו האחוריים דתבונה. נפלו החמשה גבורות ביסוד דתבונה. וכבר כתבנו לעיל בד"ה אז המשיך וכו', שלא נפלו החו"ג בכל היסוד כולו, רק בראש היסוד בלבד, שאם נפלו בכל היסוד כולו, אם כן כשמלך מלך השישי היאך המשיך כללות החו"ג ביסודות דישסו"ת, כמו שמבואר לקמן, והלא החו"ג כבר הם ביסודות דישסו"ת, ומה צורך למלך השישי להמשיכם.

279

הגהות וביאורים)ג(– היינו האורות ירדו ביסוד דישראל סבא, והכלים ירדו במקום שעתיד פני המלכות דאצילות.)ה"ר שב"ח(.

280

תרשים א – מ"ב.

281

שער ההקדמות, דרוש בסדר ירידת ז' מלכים ונפילתם וירידת אחוריים דאו"א ואיך נעשה הכל ביחד דכ"א ע"ב – אחר כך מלך מלך החמישי, שהוא נצח, והמשיך התפשטות חמש חסדים בגופא דישראל סבא. וכשמת ירדו אורות המלכים הנשארים בכלי ההוד. וכלי הנצח ירד לעולם הבריאה, ונפלו האחוריים של ישראל סבא, **וחזרו להיותם ישראל סבא ותבונה אחור בפנים, כי פני התבונה כנגד אחורי ישראל סבא.**

282

כרם שלמה ש"ט פ"א אות י' – אחר כך מלך ההוד, דהיינו שירדו האורות בו בכלי שלו, ואז העלה מ"ן, והמשיך החמשה גבורות בגופא דאימא תתאה, שהיא התבונה

283

שער ההקדמות, דרוש בסדר ירידת ז' מלכים ונפילתם וירידת אחוריים דאו"א ואיך נעשה הכל ביחד דכ"א ע"ב – אחר כך מלך ההוד, וגם הוא מבחינת מלך החמישי כנודע, כי נצח והוד תרוייהו תרי פלגי דגופא, הוו למלך אחד יחשבו, אף על פי שזה מלך אחרי זה, והנה הוא המשיך התפשטות חמש גבורות בגופא דתבונה, וכשמת ירד הכלי שלו לעולם הבריאה.

284

תרשים א – מ"ג.

285

תרשים א – מ"ד.

וכשׁנשבר ומת[286] חלק הכלי המתייחס לאור ההוד, הסתלק אור ההוד, והגבורות שנתפשטו בחג"ת נ"ה דתבונה, ירדו[287] בראש היסוד שלה, וירדו האחוריים דתבונה, כמו שמבואר לקמן. ואז[288] ירדו שׁנֵי האורות דמלכים הנותרים, שהם האורות דיסוד ומלכות, ומלכו בכלי היסוד דנקודים.

ואז הכלים דנצח והוד דנקודים, שהם בעצם כלי אחד ירדו אל עולמות בי"ע, פנימיות הכלי החמישי דנקודים לעולם הבריאה, חיצוניות הכלי דנקודים לעולם היצירה, וחיצוניות דחיצוניות הכלי החמישי דנקודים לעולם העשיה, כי[289] שׁניהֵן ר"ל אורות נצח והוד דנקודים התלבשו מלך אזד בלבד ר"ל בכלי החמישי דנקודים כנזכר לעיל, דתרווייהו אינן רק פלגי דגׁופא, ואף עַל פי שׁמלכו זה אזזר זה בתחילה מלך אור הנצח ואחריו אור ההוד, עם כל זאת שׁניהֵן למלך אזזר בלבד נקרא שהוא המלך החמישי דנקודים.

וכשנשבר ומת חלק הכלי דהוד דנקודים, הסתלק אור הנקודים ממנו, פנימיות הכלי החמישי דנקודים לעולם הבריאה, חיצוניות הכלי דנקודים לעולם היצירה, וחיצוניות דחיצוניות הכלי החמישי דנקודים לעולם העשיה. ובמות[290] ההוד אז ירדו גם אזזוריים[291] דתבונה ר"ל ירדו הגבורות בראש היסוד דיליה, אז[292] החזירה התבונה אחוריה

286

תרשים א – מ"ה.

287

תרשים א – מ"ו.

288

כרם שלמה ש"ט פ"א אות י' – והאורות הנשארים שהם יסוד ומלכות, שהם ב' אורות ירדו, ומלכו בכלי היסוד.

289

כרם שלמה ש"ט פ"א אות י' – ומפרש לי הרב ז"ל כאן ובמקום אחר, כי שניהם נקראים מלך אחד בכל מקום וכאן. וכאן הייתי טועה ומונה אותם לשני מלכים, מפני שמלכו זה אחר זה. לזה הוצרך לומר לי כאן גם כן אף על פי שמלכו זה אחר זה, שהוא בזמנים חלוקים, אף על פי כן שניהם נחשבים למלך אחד כמו בעלמא. וזה מה שכתב כאן ואף על פי שמלכו זה אחר זה, עם כל זאת שניהם מלך אחד בלבד, דתרווייהו אינן רק פלגי דגופא. ועוד כדי שלא תקשה מדבריו על דבריו כאן. כי התפארת קראו כאן מלך הרביעי, אחר כך הנצח הוא מלך חמישי, וההוד הוא מלך השישי. ואיך כתב אחר כך וז"ל - אחר כך מלך השישי שהוא היסוד. נמצא להיסוד קרא אותו מלך השישי, אם כן ההוד לאיזה מלך יחשב. לזה כתב כאן שנצח הוד שניהם הם אחד, ולכן ההוד גם כן נקרא מלך חמישי.

290

כרם שלמה ש"ט פ"א אות י' – ומה שכתב אז ירדו גם האחוריים דתבונה. ר"ל במות ההוד, אז ירדו גם האחוריים דתבונה, וממילא חזרה התבונה גם כן אחוריה לגבי אחור ישראל סבא, ונעשו שניהם אחור באחור.

291

הגהות וביאורים)ד(– האורות ביסוד שלה, והכלים באחורי המלכות)ה"ר שב"ח(.

292

תרשים א – מ"ז.

לאחורי ישראל סבא, **וחזרו** ועמדו **ישראל סבא ותבונה אזור באזור,** והיסודות[293] דישסו"ת
עדיין עומדים בשלב זה פנים בפנים, כנזכר לעיל ביסודות דאו"א עילאין.

כמו התפארת הנמצא בקו האמצעי דז"א, הנקרא דתי"מ, כך גם היסוד וגם המלכות בקו האמצעי דז"א. ולכן כמו שאור
השליש הראשון של התפארת דנקודים העלה מ"ן לאו"א עילאין ביחד, וכשנשבר ומת השליש העליון דכלי התפארת
דנקודים, ירדו החו"ג בראש היסודות שלהם, ואחר כך האור דשני השלישים התחתונים דתפארת דנקודים המשיכו את
כללות החו"ג מראש היסודות דאו"א עילאין, לחג"ת נ"ה של היסודות שלהם. כך גם האורות דנצח הוד העלו מ"ן לאו"א
תתאין, שהם ישסו"ת, וכשנשבר הכלי שלהם, ירדו החו"ג לראש היסודות דישסו"ת. **וכעת** אור היסוד מעלה מ"ן
לישסו"ת, וממשיך[294] את כללות החו"ג מראש היסודות דישסו"ת, לחג"ת נ"ה שביסודות דישסו"ת.

אזור כך מלך לפי שעה **המלך השישי** הנקרא[295] בתורה שאול[296] מרחבת הנהר, **שהוא היסוד**
דנקודים, ונכנס בכלי דיסוד דנקודים אור היסוד ואור המלכות דנקודים, ואור[297] היסוד העלה מ"ן לישסו"ת,
והמשיך מראש היסוד דתבונה את **כללות**[298] הענפים, ר"ל הארת **חמשה גבורות ב**חג"ת נ"ה
דיסוד **התבונה,** וגם המשיך **כללות** הענפים, ר"ל הארת **חמשה חסדים ב**חג"ת נ"ה דיסוד
ישראל סבא.

וכשנשבר[299] **ומת**[300] הכלי דיסוד דנקודים, הסתלק האור דיסוד דנקודים, ופנימיות[301] הכלי דיסוד דנקודים ירד
לעולם הבריאה, והכלי האמצעי דיסוד דנקודים לעולם היצירה, והאחוריים של היסוד דנקודים לעולם העשיה, אף על פי

293

כרם שלמה ש"ט פ"א אות י' — ומכאן גם כן צריך לומר כמו שאמר לעיל על מיתת החסד והגבורה, שכבר
נפלו אחורי או"א **קודם שהיה פגם ביסוד, מפני שאין ביסוד בחינת אחוריים, שכולו הוא פנים.** ולזה כתב
כאן שקודם שמלך המלך השישי, וקודם שנשבר, כבר ירדו אחוריים דישסו"ת, וחזרו שניהם אחור באחור,
ופשוט.

294

תרשים א – מ"ח.

295

בראשית ל"ו ל"ז — וימת שמלה וימלך תחתיו **שאול מרחבות הנהר.**

296

ע"ח ש"ח פ"ד מ"ת דל"ח ע"ד — והנה שאול מרחובות הנהר הוא יסוד, בסוד מה שהודעתיך כי יסוד בינה
הוא רחב, להיותה נקבה ונקרא רחובות הנהר. וראשי תיבות שאול מרחובות הנהר **משה,** כי משה הוא יסוד
דאבא כנזכר לעיל. ושאול המלך היה מבחינה זו.

297

תרשים א – מ"ט.

298

כרם שלמה ש"ט פ"א אות י"א — כבר ביארנו מה פירוש כללות החו"ג שהמשיך אותם היסוד, שהם הארת
הענפים של החו"ג שכבר נתפשטו בתוך החמשה ספירות שלהם חג"ת נ"ה, ולפעמים נקראים בחינת הרשימות
שלהם שלוקח אותם היסוד. ובמות הנצח והוד ירדו ליסודותיהם, כי אותם החו"ג של גופייהו העיקרים, והואיל
וירדו שלא במקומם, והיו ביסוד נקרא נפילה ולא התפשטות.

299

תרשים א – נ.

300

שמבואר בפרקין כי אין ליסוד בחינת אחוריים, עם כל זאת נתבאר כי יש ליסוד אחוריים, אלא שבערך שאר הגוף נקראים פנים. אז[302] **ירדו** ונפלו **גם הבחזיות** דהארת הכללות דחו"ג **האלו,** לראשי המלכיות דישסו"ת, והאור של המלך השביעי, שהוא[303] אור המלכות, ירד לכלי המלכות דנקודים ◆

כבר נתבאר כי בדעת דז"א נשארים **השורשים** של חו"ג, והענפים[304] דחו"ג מתפשטים הגופא, בחג"ת נ"ה. הכללות[305] שלהם הנקראת גם רשימו, וגם הארה, וגם מלכיות דהחו"ג יורדים ליסוד דיליה, ר"ל רק עשירית מהחו"ג שהתפשטו

בית לחם יהודה ש"ט פ"א דכ"ז ע"ג – וכשמת ירדו גם בחינות אלו. פירוש נפלו גם בחינות אלו שהם כללות החמשה חסדים שביסוד ישראל סבא, וחמשה גבורות שביסוד התבונה, כמבואר בשער ההקדמות דף כ"א ריש ע"א, והיינו שנפלו עם נפילת האחוריים של היסודות דישסו"ת. ונראה שעיקר החו"ג שהיו בראשי היסודות דישסו"ת הם נפלו בראשי המלכיות דישסו"ת, והוא כסדר האמור באו"א עלאין, שבנפילת היסוד שלהם נפלו עיקרי החו"ג בראשי הישסו"ת כמו שכתוב לקמן בד"ה אז המשיך וכו'.
301

שער ההקדמות, דרוש בסדר ירידת ז' מלכים ונפילתם וירידת אחוריים דאו"א ואיך נעשה הכל ביחד דכ"א ע"ג – אחר כך מלך השישי הנקרא יסוד, והמשיך כללות חמשה חסדים, וכללות חמשה גבורות, ביסוד דישראל סבא, וביסוד דתבונה. **וכשמת ירד הכלי שלו לעולם הבריאה.** וירד המלך השביעי בכלי המלכות.
302

כרם שלמה ש"ט פ"א אות י"א – אז ירדו גם בחינות אלו מן היסודות שלהם, ונקרא **שנפלו** אחוריהם של היסודות.
303

מבוא שערים ש"ב ח"ב פ"ב ד"ט ע"א – ואחר כך מלך היסוד, והמשיך כללות חמשה חסדים ביסוד ישראל סבא, וכללות חמשה גבורות ביסוד תבונה, וכשמת ירד הכלי שלו לבריאה, ואורו נסתלק באצילות. **ואור מלכות ירד בכלי שלה.**
304

ע"ח ח"ב שכ"ה דרוש ג ד"ח ע"ד - והוא כי הנה נתבאר לעיל כי חמשה חסדים אשר בדעת, כבר נתפשטו למעלה בחמשה ספירות של הצלם עצמו, קודם שנכנס להיות מוחין פנימים אל הז"א, **והם בחג"ת נ"ה שלו,** של הצלם. והנה נתבאר גם כן בדרוש הקודם. כי החסדים בהיותן סתומים ביסוד תבונה אינם מתפשטין עד שיתגלו ויצאו מפי העטרה ההוא, אם כן נמצא כי בשש שנים הראשונים, בהיותן נכנסין הפרקין של נה"י דתבונה בז"א, גם החסדים הנ"ל המתפשטין בהם היו נכנסין בז"א, כל אחד במקומו, בכל פרק ופרק, וזה היה עד השלמתו לשש שנים. אמנם בג' שנים אחרונים שהם ז', ח', ט', ויום א', יורדין ג' חסדים התחתונים פחות שליש, שאלו תמיד הם מגולין כנ"ל בדרוש, ואז ירדו אלו כל אחד במקומו האמיתי, אך עם כל זה אינו ראוי להוליד, אם לא דרך מקרה, אך עיקר ההולדה הוא אחר כניסת החסדים עצמן, שהם לנצח הוד וב' שלישים תחתונים של תפארת דז"א עצמו. נמצא כי ג' חסדים פחות שליש המגולין כנ"ל, כל אחד עתה במקומו, ואף תכף אחר ט' שנים ויום אחד כולן יורדין ביסוד דז"א, כי ב' חסדים ושליש העליונים הם סתומים ביסוד תבונה כנ"ל. והנה נתבאר לעיל כי המים המגדלין האילן הם החסדים, הנקרא מים, וצריכין לחזור ולעלות ולהגדיל כולו, זולת מה שהם ממתקין הגבורות בעת עליתן כנ"ל בדרוש, ואין פה מקום ביאורן, רק פה נאמר ונבאר איך מגדילין את ז"א עצמו, דוגמת המים הנכנסין בשורש האילן, ומשם יונק האילן ז"א הנקרא אילנא דחיי, ועולין ממטה למעלה להגדילו, והבן זה. לכן דע גם כן כי תמיד נשארין אלו השלוש חסדים פחות שליש המגולין ביסוד ז"א, ועולה אורם החוזר ממטה למעלה, להאיר ולהגדילו. גם דע כי כל זה הוא עתה בעת הגדלות דז"א, אמנם בעת הזווג אז **כל החמשה חסדים יורדין ביסוד דז"א** לצורך הזווג, **והבן זה.**
305

ע"ח ש"ו פ"ג מ"ת דכ"ו ע"א – וכבר נודע כי היסוד אינו מכלל הו"ק, כי אינם רק חמשה חסדים)נ"א קצוות(, מחסד עד הוד, אך היסוד אינו לוקח חסד פרטי לעצמו, רק **שנכללין כל החמשה קצוות בו**)נ"א הו"ק בו(. נמצא)שכל(כי בחינת כללות של הרוח זה, הוא שנתגלה במלכות כאשר בא יסוד. אבל בצאת ההוד

בגופא דז"א נמשכים למלכות. לכן[306] היסוד נקרא **כל**, הכולל בתוכו את כללות החסדים, שכל אחד מהם כלול משיעור קומה. והיסוד[307] נותן לנוקבא את כללות דכללות של החו"ג, שהם הארה דכללות דחו"ג, ר"ל עשירית של העשירית מהחו"ג המתפשט בגוף דז"א.

או הנצח וכיוצא משאר ספירות, אז היה מתגלה בחינת הקצוות ממש של הרוח במלכות. והנה כל זה הוא מה שנוגע אל בחינת המלכות, אמנם מה שנוגע אל הו"ק דז"א הוא באופן זה, כי בצאת היסוד אז מתגלה בחינת כללות חמשה קצוות דז"א בבחינת נפש לבד, אך בבא ההוד אז מתגלה קצה אחד דנפש דז"א, וכן עד שנשלמו כל הו"ק. עוד יש הפרש אחד בין היסוד לחמשה קצוות אחרים, והוא כאשר בא ההוד נתן **כח כללותו** מחדש ביסוד, בחינת נפש לבד, וכן כולם, עד שיצא החסד וגם הוא **נתן בצאתו כח כללותו ביסוד**. משאין כן בשאר חמשה קצוות, כי בבא כל אחד לא היה מוסיף שום תוספת בחבירו כלל ועיקר, כי כולם שוים.

ע"ח שח"י פ"ד דפ"ז ע"ג — עוד טעם אחר, והוא בענין חמשה חסדים עצמן, המתפשטים בז"א מצד יסוד אימא. והוא כי הלא נתבאר אצלינו כי שלושה בחינות יש אל החסדים דז"א, אחד הוא למעלה במקום הדעת דז"א, כי שם הוא שורש החסדים. ואחר כך מן הארתן מתפשטין חמשה חסדים מן החסד שבו עד הוד שבו. ואחר כך מהארתן של החסדים המתפשטין, מתקבץ הארתן ביסוד דז"א, חמשה חסדים אחרים, **אשר לסבה זו נקרא זו היסוד כל** כנודע.
306

שער הכוונות, דרושי העמידה, דרוש ב', קונה הכל — גם תכוין במלת הכל, כי כל בגימטריא חמשים, שהוא כללות החמשה חסדים הנמשכים ביסוד דז"א, וכל אחד כלול מעשר כנודע. וגם מתפשטים ויורדים בתוכו החמשה גבורות לצורך רחל נוקבא דז"א, וזה נרמז במלת הכל, **ה'** לנוקבא, **כל** ליסוד עצמו דז"א. וכל מציאות התפשטות זה החסדים וגבורות אלו הם **ביסוד** עצמו.... אמנם אין הדבר כן, אלא שבפעם אחד יורדין עד חג"ת דז"א, וזה נרמז במלת קונה הכל, כי הכל נגמר ברגע אחד, ובנסיעה אחת, ואין צורך אל נסיעה אחרת כמו באימא, והטעם לזה הוא כי עתה אנו מעוררים את האור העליון דמזלא עלאה קדישא דאריך, שהוא תיקון י"ג של ונקה, שהוא אותיות קונה ממש, ועל ידי אור גדול הנמשך עתה מזה המזל במוחין דאבא, יש להם כח גדול לרדת במרוצה בנסיעה אחת, ולא יצטרך לב' מסעות..... וגם נרמז שנית במלת קונה הכל, כי הוא קונה בסוד ונקה, בסוד מזלא עלאה דדיקנא דאריך, אשר הוא מוציא את הכל שהוא היסוד כנזכר. גם תכוין במלת הכל כי **כל** בגימטריא חמשים, שהוא כללות החמשה חסדים הנמשכים ביסוד דז"א, וכל אחד כלול מעשר כנודע. וגם מתפשטים ויורדים בתוכו החמשה גבורות לצורך רחל נוקבא דז"א, וזה נרמז במלת הכל, **ה'** לנוקבא, **כל** ליסוד עצמו דז"א. וכל מציאות התפשטות זה החסדים וגבורות אלו הם ביסוד עצמו.
307

פרי עץ חיים, שער הלולב, פרק ג' — אמנם מה שמשקה תמיד לגוף ומגדילו, הוא בחינת החסדים, שמהם טפת הזרע, ושרשם ומשכנה הם בדעת, ובדעת כתיב, ובדעת חדרים ימלאון, שהם מתפשטין להשקות הגוף להגדילו, וזה אינו ראוי אלא לדעת, ששורש כל הגוף, נרמז ונשרש בדעת. ולזה, כל מי שאין בו דעת אסור לרחם עליו, גם בלא דעת נפש לא טוב, שהנפש צריכה להחיות. ואם כן כל שורש השביעי, חיותם גנוז בדעת, ומשם יתפשט החיות, ומגדיל כל השבע. ולעולם העיקר והשורש נשאר, ואינו מתפשט, אלא במעשה התחתונים, והתעוררותם במעשה למטה, מתעוררים מדרגות עליונים, להוציא רבוי אור הדעת, ומרבוי אור שבגוף בו, משפיע ומוסיף התפשטות גדול לכל לכל שבע ספירות. וזה סוד הדעת כלול מחו"ג, וכל הזווגים אינו נעשים אלא על ידי אלו מ"ד ומ"ב, והם חמשה הוי"ת פשוטים. **זכור** לזכר **זכור** לזכר לחג"ת נ"ה. **אמנם יסוד ומלכות, פירוש העטרה, אין להם חסד כמו החמשה, כי החסדים אינן אלא ה'**, וכן הגבורות. ומלכות שנתפשטים בחג"ת נ"ה שלה, כמו החסדים בזכר. **אמנם יסוד מלכות, יורד להם כללות הארות החמשה ליסוד, וכן לעטרה יורד גם כן כללות**, להיות להם הכנה לקבל החסדים עצמן. וכן יסוד מלכות דנוקבא, גם כן יש להם הגבורות, כדי שיקבלו הגבורות עצמן. והנה זה בא להם מדעת, כללות אור המתפשט תוך היסוד, ועשה בו הכנה כדי לקבל אחר כך טפת זרע וכללות, שאם לא בא להם אותן כללות מהדעת, לא היו יכולין אחר כך לקבל החסדים עצמם, בסוד טפת זרע כנ"ל. וגם כן למלכות ממש בבינה מהגבורות, שהגבורות מגדילים אותה כמו החסדים לזכר. והנה עת דודים, לגלות לך סוד אחד, והוא שצריך לשאול, למה לא יש רק חמשה חסדים לחג"ת נ"ה, וליסוד מלכות לא יש רק כללות כנ"ל, יעשה המאציל שיהיה חסד אחד, וכן הגבורות. וסוד ענין שכל איברי הגוף ידים ורגלים, הם עושין בהתמדה, **אמנם היסוד אין בו מעשה גשמי**

המלך האחרון שמלך הוא אור המלכות, והמשיך[308] כללות דכללות החו"ג במלכויות דישסו"ת. **אזור**[309] **כך מלך** לפי שעה **מלך השביעי** הנקרא[310] בתורה בעל[311] חנן בן עכבור, **שהיא** אור ספירת **המלכות** דנקודים, **והתלבש**[312] אור ספירת המלכות **בכלי שלה, היא** ר"ל אור המלכות **לבדה** הכלי המלכות דנקודים, כי כל שאר האורות נסתלקו כאשר נשברו ומתו הכלים שלהם, ואור המלכות דנקודים הנמצא בקו האמצעי דז"א, הנקרא דתי"מ, העלה אור המלכות דנקודים מ"ן לישסו"ת, **ואז**[313] **הממשיכה** המלכות דנקודים **כללות** דכללות **החמשה** חסדים **במלכות דישראל סבא,** ר"ל המלכות דישראל סבא

אלא רוחני, ובעת קצוב מזמן לזמן אינו אלא אבר מת, רק בעת הזווג. לזה אמרו בפירוש אתיליד יוסף, פירוש כשרוצה להזדווג, **ומתפשט בו כל האורות,** אז אתיליד בכל עת הזווג, ולזה נקרא יוסף נער, ודוגמתו במט"ט, שנאמר עליו נער היתי וכו', שכל מציאותו הוא בסוד רוחניות, **וכלי שלו אינו משמש אלא לקבל אור בלבד לעת הזווג, בסוד פנימית.** ולזה יש לו כח לעלות למעלה בדעת עצמו, שכמו שהדעת אינו אלא קיבול לאלו האורות, ואין פעולתו ניכר, אלא בזווג, כך היסוד. ולא ככל האיברים כשמגיע היסוד אין התעוררות, וכשמגיע היסוד בידו, שם יש אבר צנוע ונסתר בכל הגוף, אלא זה, לפי שכל פעולתו הם בהסתר, ונקרא רקיע, שבו כוכבים ומזלות, שכל נשמות העולם בו מתגלים, והוא עולה ומוריד להם משרשם שבדעת, ומשפיע בהם למטה על ידי הנוקבא.
308

תרשים א – נ"א.
309

שער ההקדמות, דרוש בסדר ירידת ז' מלכים ונפילתם וירידת אחוריים דאו"א ואיך נעשה הכל ביחד דכ"א ע"ג – אחר כך מלך מלך השביעי, והיא המלכות, **ונכנסה היא לבדה בכלי שלה,** וגרם להמשיך עוד כללות חמש חסדים במלכות דישראל סבא, וכללות חמש גבורות במלכות דתבונה. כנודע כי גם בבחינת המלכות יש כללות החסדים או הגבורות, על דרך שיש ביסוד. וכשמת ירד הכלי שלה לעולם הבריאה, גם נפלו בחינת כללות חמש חסדים דמלכות דישראל סבא, וכללות חמש גבורות דמלכות דתבונה.
310

בראשית ל"ו ל"ח – וימת שאול וימלך תחתיו בעל חנן בן עכבור.
311

הגהות הרמ"ז והרנ"ש אות ק"ט – נראה לעניות דעתי נתן. שיש לומר שיותר היה ראוי לכתוב אצל היסוד, שהוא שאול בשם אביו. שהמשיך החו"ג בשתי היסודות דישסו"ת, ולעולם יסוד הוא זכר. והיה ראוי ליקרא בשם יותר **מבעל חנן בן עכבור, שהוא מלכות,** שלא הממשיכה החו"ג רק בשני מלכויות דישסו"ת, והיא בחינת נוקבא, והדבר קל למבין.
312

תרשים א – נ"ב.
313

כרם שלמה ש"ט פ"א אות י"א – נחזור לעיל, ובעת מלכותה העלתה מ"ן, **והמשיכה כללות חמשה חסדים במלכות דישראל סבא, וכללות חמשה גבורות במלכות דתבונה.** ולא **כללות חו"ג** כמו שמשמע הכא, כי הכללות דחו"ג כבר נמשכו בהיסודות דישסו"ת קודם לכן במלוכת היסוד. אלא פירוש **הכללות** דהכא הוא כללות דכללות, דהיינו כמו שהיסוד מקבל מן החמש ספירות חג"ת נ"ה **כללות** החמשה חסדים, או החמשה קצוות שמתפשטים בהם. כך הוא הדין, המלכות מקבלת מאתו הכללות של החו"ג שביסוד, הכללות שלהם. ולכן נקרא שמקבלת **כללות דכללות.** וגם היא נקראת **כלה,** ולכן כאן גם כן מה שנמשכו במלכויות דישראל סבא ותבונה, הוא בחינת **כללות דכללות דהחו"ג.** ולא חש הרב ז"ל להאריך כאן בזה, וקרא אותם בחינת כללות לבד, אבל הדבר הוא מפורש במקום אחר באורך.

מקבלת הארה דכללות, שהיא הארה דהארה של החמשה חסדים. וגם המשיכה המלכות דנקודים **כללות** דכללות **החמשה גבורות במלכות תבונה,** ר"ל[314] המלכות דתבונה מקבלת הארה דכללות, שהיא הארה דהארה של החמשה גבורות. **כי גם המלכות יש לה כללות,** והיא מקבלת את כללות הכללות של הענפים המתפשטים מהדעת, **על דרך הנזכר לעיל ביסוד** המקבל כללות. **כי**[315] (**צריך**[316] **לגרוס לכן) גם היא** המלכות **נקראת**[317] **כלה** על שם כללות החסדים המתפשטים בה הנקראים **כל**, ועם האות **ה'** האחרונה דשם הוי"ה הרומזת למלכות, לכן נקראת כל"ה, **כמו שהיסוד נקרא כל** על שם כללות החסדים המתפשטים בו.

השאלה היא, מדוע נשבר ומת כלי המלכות דנקודים, הרי נכנס בו רק האור השייך לו. **אלא צריך לדעת כי שורש**[318] המלכות דנקודים הוא המלכות דעקודים, ונתבאר כבר כי[319] מלכות דעקודים נקראת עניה ודלה, דלית לה מגרמה כלום, ונקראת אספקלריא דלא נהרא. ולכן אם השורש הכלי דמלכות דנקודים, שהוא המלכות דעקודים חלש, לכן[320]

314

ע"ח ח"ב כללים שעשה הרח"ו, כלל כ' דקי"ח ע"ג – דע שהחסדים שבדעת התחתון המתפשטים בו"ק ז"א, יש בהם שני בחינות, והם אור פנימי ואור מקיף. ופנימיים הם שבעה. שהם **החמשה חסדים,** ועוד הארתן נכלל **ביסוד,** ויש שם כללות כל החסדים אחרים. **וכן על דרך זה חוזרין להכלל בכללות יותר גם כן במלכות,** שהיא עטרת היסוד. ואף על פי שאין אנו מזכירין תמיד אלא חמשה, **זהו עיקרם.** אך השנים כוללים יסוד ומלכות, שנעשין מהארת החמשה חסדים אינם נזכרים, אבל **בודאי ישנם בהם. והרי הם שבעה פנימית,** ואלו הם מתפשטים בחג"ת נהי"ם. וכנגדן יש שבעה חסדים אלו בדעת עצמו במקומו, והם שרשים לשבעה ענפים אלו המתפשטים, והם נשמה להם.

315

כרם שלמה ש"ט פ"א אות י"א – ומה שכתב כאן כי לכן נקראת כלה על דרך היסוד. ר"ל בפסוק קול חתן וקול כלה, **כלה** מלשון כללות, ומה שנתוסף בה אות **ה',** כי כלה היא אותיות **כ"ל ה',** כל מלשון כללות, וה**ה'** היא בחינת אות **ה'** אחרונה של הוי"ה.

316

הגירסה באוצרות חיים – **לכן.**

317

תרשים א – נ"ג.

318

ע"ח ש"ו פ"ה מ"ת דכ"ז ע"ד – ודע כי **במלכות של עולם העקודים נשארו בה עשרה שרשים של עשר הנקודים,** כמו שנבאר בע"ה. ועל דרך זה בכל אצילות, כי המלכות של השרשים אשר בפה א"ק, היא כלולה מעשר, והם עשר שרשים אל עשרה דעקודים. ובמלכות דעקודים יש עשר שרשים אל עשר ספירות דנקודים.)וכן במלכות דנקודים יש עשר שרשים, והם שרשים דעשר ספירות דברודים(. ועל דרך זה בשאר העולמות.

319

ע"ח ש"ו פ"ו מ"ת דכ"ח ע"ב – וזה סיבה אחרת למה נקרא מלכות עניה, דלית לה מגרמה כלום, וגם נקרא אספקלריא דלא נהרא. והטעם הוא כי הכלי שלה בהעלותה והסתלק האור ממנה, לא נהרא כלום. כי לא נשאר בה שום אור, אפילו בבחינת רשימו, ואפילו חיות הכלי ההוא אינו מבחינת אור שלה, רק מבחינת הרשימו שנשאר בכלי יסוד כנזכר לעיל. ומשם מחיה ומאיר בכלי המלכות, וזה אומרו דלית לה מגרמה כלום.

320

ע"ח ש"ח פ"ה מ"ת דט"ל ע"א – וכשבא אור המלכות, **לא בא אלא הוא לבדו,** ועם כל זה לא היה יכול לסבול, ונשבר גם הוא וירד. וטעם הדבר כמו שהודעתיך למעלה כי העקודים כאשר חזרו האורות שנית להיכנס בכלים שלהם, לא נכנסו ממש בכליהם, רק בכתר נכנס אור החכמה, וכו', ובכלי היסוד נכנס אור המלכות, **ונשאר כלי המלכות ריקם,** אשר לסבה זאת נקרא המלכות אספקלריא דלא נהרא, דלית לה מגרמה

הענף דכלי המלכות דעקודים שהוא כלי המלכות דנקודים, הנעשה מהסתכלות העין באורות העקודים, היה חלש, ולכן נשבר ומת, אפילו עם כניסת רק אור המלכות לבד השייך לכלי שלו.

וכשנשברה[321] **ומתה**[322] **היא** ר"ל כלי המלכות דנקודים, הסתלק[323] אור המלכות דנקודים, **אז ירדו** ונפלו בסוד טיפת הקרי **כללות** דכללות **זחמשה זחסדים** וכללות דכללות **זחמשה גבורות במלכות דישראל** סבא וממלכות דתבונה, **והכלי** הפנימי **דמלכות** דנקודים **ירד לעולם הבריאה,** הכלי האמצעי דמלכות דנקודים ירד לעולם היצירה, והכלי החיצון דמלכות דנקודים ירד לעולם העשיה.

[324]**גם עתה נגמרו כל אזוריים של ארבע פרצופים דאו"א** עילאין וישראל **סבא ותבונה ליפול לגמרי**[325] באצילות[326] במקום ז"א, או"א עילאין נפלו[327] במקום חסד גבורה ושליש

כלום, ונקרא עניה ודלה,)וכל זה(כי זה האור שנכנס אחר כך בכלי של המלכות אינה אור שלה, רק אור חדש מזווג או"א כמבואר אצלינו. וזה ענין מה שכתוב לעיל אספקלריא דלא נהרא, דלית לה מגרמה כלום. רק האור שלה הוא ממקום אחר, **וזכור ענין זה.** והנה כיון שכל אלו הכלים של הנקודים נעשים בהסתכלות העין בעקודים כנזכר לעיל, לכן כיון ששם)נ"א שכאן(היה חסר בחינת אור המלכות מן הכלי שלה, גם זה הכלי של המלכות דנקודים היה חסר, ולא יכלה לקבל אור שלה, ונשברה.
321

תרשים א – נ"ד.
322

בית לחם יהודה ש"ט פ"א דכ"ז ע"ג – וכשמתה היא אז ירדו כללות חמשה חסדים וחמשה מלכות גבורות ממלכות לישראל סבא וממלכות דתבונה. והוא הדין שנפלו גם חו"ג העיקרים שהיו בראשי המלכיות דיסו"ת, כי לא נמצא למטה עוד כלי מישסו"ת.
323

מבוא שערים ש"ב ח"ב פ"ו ד"ט ע"א – אחר כך מלך המלכות בכלי שלה, והמשיכה כללות חמשה חסדים במלכות ישראל סבא, וכללות חמשה גבורות במלכות התבונה, ובמותה ירד הכלי לבריאה, והאור נסתלק באצילות, ונפלו כללות חמשה החסדים וחמשה גבורות משני מלכיות ישראל סבא ותבונה.
324

איפה שלימה, שער הנקודים פ"ז ד"י ע"ד)ז(– גם עתה נגמרו וכו'. עיין בהרב שפת אמת בפרק א' משער השבירה אות א', ולפי שבדפוס חסרו והשמיטו מלשונו בכל מקום, ובדבריו שכתב ז"ל יתורצו כמה קושיות לכן העתקנו דבריו מכתיבת ידי קדשו בעצמם, וז"ל - לי למזכרת אכתוב היאך היה סדר ירידת חו"ג במיתת כל אחד ואחד משבעה מלכים אלו, והיכן מקום חנייתם. והוא דכשמת הדעת נפלו חו"ג אלו בין כתפין דילהון, חמשה חסדים באבא, וחמשה גבורות באימא. וכשמלך מלך השני שהוא חסד נתפשטו חמשה חסדים אלו בחמשה קצוות שלו, וכשמת נפלו חמשה חסדים אלו, ונתקבצו בסיום הגוף, דהיינו בראש היסוד. ואז מלך הגבורה, וכן הוא המשיך חמשה גבורות שהיו בין כתפין דילה, ונתפשטו בחמשה קצוות שלה, וכשמת נפלו חמשה גבורות אלו בסיום הגוף שלה, על דרך הנזכר באבא. ואז מלך התפארת, וכשנכנס האור שלו בשליש ראשון כלי שלו, אז המשיך חמשה חסדים כללות חמשה חסדים ביסוד אבא, שהוא שליש ראשון דתפארת שלו, בהיותו הוא וישראל סבא פרצוף אחד. והמלכות שלו היא גם כן כלולה ביסוד. ועוד המשיך כללות חמשה גבורות ומלכות שלו כלולה ביסוד של אימא, וכשהגיע האור של מלך התפארת לשני שלישי התחתונים של כלי שלו, אז המשיך חו"ג אלו גם כן עד למטה בראשי ישסו"ת, במקום הדעת שלהם, וכשמת נפלו חו"ג אלו בין כתפין דילהון, על דרך הנזכר באו"א. וכשמלך הנצח נתפשטו חמשה חסדים אלו בחמשה קצוות דישראל סבא, וכשמת נפלו למטה בסיום הגוף, דהיינו בראש היסוד שלו. וכשמלך ההוד נתפשטו חמשה גבורות בחמשה קצוות דתבונה, וכשמת נפלו התפשטות הזה בראש יסודה על דרך הנזכר בישראל סבא, וכשמלך היסוד נתפשטו חמשה חסדים ביסוד דישראל סבא, וחמשה גבורות ביסוד דתבונה, וכשמת נפלו בתחתית היסוד שלהם. וכשמלך מלך המלכות

העליון דתפארת דז"א, ויש"סו"ת נפלו במקום נוקבא דז"א, שמקומה מהחזה דז"א ולמטה, משני שלישים התחתונים דתפארת ונהי"ם דז"א.

הרב ז"ל שואל[328] שאלה עצומה, והיא, בפרצופי יש"סו"ת הרב ז"ל מונה גם את המלכיות שלהם, שקבלו כללות דכללות החו"ג מהמלך השביעי, שהוא המלכות דנקודים. ובפרצופי או"א עילאין לא מוזכר בחינת המלכיות שלהם, ולא מבואר מי הוא זה שהמשיך את בחינת הכללות דכללות למלכויות דאו"א עילאין. **כבר נתבאר** כי גם לאו"א עילאין יש מלכויות, שהם[329] בחינת עטרות דיסודות שלהם. ויש"סו"ת הם בעצמם בחינת[330] מלכויות דאו"א הכללים.

נתפשטו במלכות שלהם, שהם עטרות היסוד שלהם, וכשמת נפלו לכללות חמשה חסדים וחמשה גבורות כולם, עם כללות האחורים דיש"סו"ת לגמרי, עד כאן לשונו.
325

הגהות וביאורים)ה(– עיין תורת חכם דף ב"ן ריש ע"א.
326

כרם שלמה ש"ט פ"א אות י"א – ומה שכתב עוד גם עתה נגמרו כל אחוריים של ארבע פרצופים דאו"א ודיש"סו"ת ליפול לגמרי, ר"ל כמו שכתב לעיל שנפלו באצילות עצמו, והוא כי האחוריים דאו"א נפלו למקום החג"ת, והאחוריים דיש"סו"ת נפלו במקום הנהי"ם דז"א, כמו שמפורש במקום אחר.
327

מבוא שערים ש"ב ח"ב פ"ו ד"ט ע"א – נמצא עתה, כי גמר נפילת אחורי או"א, היה במות המלך הרביעי, שהוא התפארת עד החזה לבד, ואז נגמרו אחוריים דאו"א ליפול, במקום דעת חסד וגבורה ושליש תפארת בז"א, ושם נשארו. אמנם אחוריים דישראל סבא ותבונה, לא נגמרו לנפול, עד מות המלך השביעי, היא מלכות נוקבא דז"א, **ולכן גם האחוריים האלו נפלו במקום המלכות נוקבא דז"א. ונודע כי מקום נוקבא דז"א היה מן החזה דז"א ולמטה, כי היא מלבישתו משם ולמטה**, דוגמת ז"א שאינו מלביש את או"א, אלא מהחזה שלהם ולמטה, בבחינה היות כל פרצופים פרצוף אחד. שנמצא בהתחלקם, שיהיו ישראל סבא ותבונה מהחזה שלהם ולמטה. והנה בנפול אלו האחוריים דישראל סבא ותבונה מן החזה דז"א ולמטה, שהוא מקום הנוקבא דז"א, היו באופן זה כי האחוריים דישראל סבא היו בצד הפנים של הנוקבא. והאחוריים דתבונה. היו בצד האחוריים של הנוקבא.
328

כרם שלמה ש"ט פ"א אות י"א – ומה שהקשה, ואם תאמר למה בא או"א לא נכנס בחשבון כללות החו"ג במלכות שלהם וכו'. ר"ל והלא בין באו"א עילאין ובין ביש"סו"ת שניהם כבר נמשכו כללות דכללות דהחו"ג במלכויות שלהם, אם כן למה בא או"א עילאין לא עלו בחשבון המלכיות שלהם, ולא הוצרכו להההמשכה שלהם שום מלך מאלו השבעה מלכים, כמו שעלו בחשבון ההמשכה של חו"ג של המלכויות דיש"סו"ת, והוצרך להמשכה שלהם בחינת המלכות, שהיא המלך השביעי דשבעה מלכים, ולעולם כי אפילו באו"א כבר נמשכו הכללות דכללות דהחו"ג במלכויות שלהם. אבל עיקר קושייתו למה לא עלו בחשבון, ולזה כתב **למה לא נכנס בחשבון כללות דחו"ג במלכויות דאו"א**, לא נכנס דוקא. ועל זה תירץ, כי זה ניכר מלכותו, וזה אין ניכר מלכותו, ולזה נכנס בחשבונו בכלל חשבון של היסוד דאו"א עילאין, ואף על פי שכאן לא זכר הרב ז"ל הכנסת הכללות דחו"ג במלכות דאו"א.
329

ע"ח ש"א ענף ה' מ"ב די"ד ע"ג – רצוני בענף זה להקדים קצת הקדמות אל כל הבא למלאות את ידו ולהתעסק בחכמה זאת. והוא, כי כבר ביארנו לעיל כי פרצוף אדם כלול מרמ"ח אברים בעשר ספירות פרטיות שבו. באופן זה כי כתר הוא גולגלתא, וחב"ד הם ג' מוחין, וחג"ת הם שני דרועין וגופא, ונה"י שני שוקין ואמה, ומלכות היא נקבה שלו. אמנם אם תרצה לחלק ולפרט אלו העשר ספירות הכלליות בפרטים רבים, הנה אינם נחלקות רק לחמשה בחינות לבד, אשר כל בחינה מהם הוא פרצוף אחד שלם, כמראה אדם. וזה סדרן, הנה הכתר הוא פרצוף אחד שלם מעשר ספירות, ונקרא א"א. וחכמה הוא ג"כ פרצוף אחד מעשר ספירות, ונקרא אבא. ובינה היא גם כן פרצוף אחד מעשר ספירות, ונקרא אימא. והו"ק מחסד עד היסוד הוא פרצוף אחד מעשר ספירות, ונקרא ז"א. וספירה עשירית שהיא מלכות, היא פרצוף אחד מעשר ספירות, ונקרא נוקבא

ואם תאמר למה באו"א עילאין **לא נכנס בחשבון כללות** דכללות **הזו"ג במלכות דאו"א עילאין, על דרך שנכנסו בחשבון המלכות דישראל סבא**, והמלכות **דתבונה.**

ידוע כי כאשר הנה"י של הפרצוף העליון מתלבש בפרצוף התחתון, הנצח מתלבש בקו החח"ן, ההוד בקו הבג"ה, והיסוד[331] מתלבש בקו הדת"י. הנה היסוד דנוקבא של הפרצוף העליון הוא קצר ומתלבש רק בדעת של הפרצוף התחתון, ועטרת היסוד מתלבשת בשליש העליון דתפארת של הפרצוף התחתון. ויסוד הדוכרא של הפרצוף העליון מתלבש עד שליש העליון דתפארת של הפרצוף התחתון, ועטרת היסוד שלו מתלבשת עד סיום היסוד של הפרצוף התחתון. נמצא[332] כי היסוד הוא בדעת, ועטרת היסוד היא בשליש העליון דתפארת של הפרצוף התחתון. לכן גם כאן בחינת עטרת היסוד היתה בשליש העליון של פרצופי או"א עילאין עד החזה שלהם.

דז"א. עוד צריך לדעת כי בחינת המלכות שבכל פרצוף ופרצוף מאלו החמשה פרצופים, הוא באופן זה, כי מלכות אשר בפרצוף זכר, כגון אבא וז"א, **הנה המלכות שבו הוא בחינת עטרה שעל הצדיק, הנקרא יסוד**, בסוד ברכות לראש צדיק, הנזכר בספר הזוהר פרשת ויצא דף קס"ב, וז"ל - רבי ייסא זוטא הוה שכיח קמיה דרבי שמעון, אמר ליה מהו דכתיב ברכות לראש צדיק, לצדיק מבעי ליה וכו'. ואם הוא מלכות בפרצוף נוקבא כגון אימא ונוקבא דז"א, **הנה המלכות שבה הוא גם כן בחינת עטרת היסוד שבה, כי היסוד שבה הוא הרחם, והעטרה שבה הוא בחינת בשר התפוח שעליה**, הנקרא בדברי חז"ל שפולי מעיים, בעניני סימני איילונות כנודע.
330

ע"ח שי"ד פ"ט מ"ב דע"ד ע"א – ודע כי הבינה היא בחינת תשעה ספירות הראשונים, **והתבונה היא בחינת המלכות של הבינה הנ"ל**, ודע כי כמו שרחל נוקבא דז"א עם שהיא בחינת מלכות שלו, עם כל זה מלבשתו מהחזה ולמטה, **כן תבונה זו שהיא המלכות דבינה, מלבשת את הבינה מהחזה ולמטה בלבד**, ודע כי הבינה יש בה פנימיות וחיצוניות, וכן במלכות שלה הנקרא תבונה, יש בה פנימית וחיצונית. **לקוטי תורה, פרשת שמות דנ"ד ע"א** – יאמר מלך מצרים. דע כי מילדות העבריות הם בינה ותבונה, ולפי שלפעמים נכללים זו בזו, לכן המילדת כתיב חסר, לכן שהם בחינת אם ובת, **כי תבונה סוד מלכות דבינה**, לכן יוכבד ומרים אמא וברתא. וכן יוכבד גימטריא מ"ב והוא אם ע"ה, שהוא סוד אמא עילאה, ומרים סוד תבונה, ובה דינין מתערין. וזה שכתוב בזוהר ומינה דינין מתערין, היינו מבחינת תבונה, ולא כן בינה. לכן היא הוי"ה בניקוד אלהי"ם, כי היא גופא רחמים, אך תבונה דינים, לכן מרים גימטריא פ"ר דינים.
331

ע"ח שכ"ט פ"ח מ"ב דכ"ד ע"ד – והנה נתבאר לעיל כי היסוד דאימא נתלבש בדעת דז"א, ועטרה בתפארת עד החזה לבדה. וטעם הדבר כי היסוד של זכר ארוך ומתפשט, ושל נקבה קצר. וסוד הענין כי יסוד הזכר להיות רובו מצד החסדים לכן יש בו רבוי אור, ונמשך ממנו תוספת אור אל היסוד שבו, והוא בולט. אמנם הנוקבא באה מצד הגבורות, שהם סוד דינין, אין בה רבוי אור כדי להוציא בה בחינת יסוד בולט ממש. אמנם הוא אור בלתי מורגש ונקרא אוירא דכיא, כמבואר במקום אחר. כי היסוד דכורא נקרא באדרא רבא אשא דכיא וכו', ושל נקבה אוירא דכיא, ועי' בביאורי דף קל"א. לכן לא נתפשט רק עד החזה דז"א, כי עד שם שיעורו. ואמנם מה שנתפשט אחר כך הוא בחינת אוירא לבד, ולא בחינה ממשי.
332

ע"ח ש"ח פ"ג מ"ב דל"ז ע"ד – והנה יש בזה מקום שאלה, **והוא כי לעולם היסוד הוא בחינת הדעת**, כי הרי מצינו שהיסוד דאימא הוא דעת דז"א, וכן יסוד של זה א"ק הוא דעת הנקודים.

ויש לומר כי נודע כי בשליש עליון דתפארת דאו"א הכללים **שם הוא בזוינת** **העטרה** של היסודות דאו"א עילאין, **שהוא**[333] **בזוינת המלכות** שלהם, **והרי** המלכות שלהם **היה נכללת ביסוד**, ונקראת עטרת היסוד של כל אחד מאו"א עילאין.

צריך לדעת כי בכל מקום ובכל סוגיא שהרב ז"ל מזכיר את התבונה ואימא עילאה, או התבונה והבינה. **הוא**[334] הדין גם בישראל סבא ואבא עילאה, או ישראל סבא והחכמה. ולכן תמיד צריך להקיש את פרצופי התבונה ואימא עילאה לפרצופי ישראל סבא ואבא עילאה. וכבר[335] נתבאר כי התבונה היא בעצם המלכות דאימא, וכן ישראל סבא הוא בעצם המלכות דאבא.

אבל כאן בפרצופי ישסו"ת המלכויות שלהם נגלות יותר מהמלכויות דאו"א עילאין. **היא יותר נגלית** **המלכות דתבונה ממלכות דבינה** הנקראת אימא עילאה, וכן המלכות דישראל סבא יותר נגלית מהמלכות דאבא עילאה. **כי**[336] **מלכות דתבונה היא ממש מלכות, בערך כללות** **בינה ותבונה יחד, בפרצוף אחד**, וכן מלכות דישראל סבא היא ממש מלכות בערך כללות חכמה וישראל סבא יחד. **אבל המלכות דבינה עילאה** והמלכות דחכמה עילאה **היא בזוינת גופא** **של כללות** דאו"א, **והוא** במקום **החזה של תפארת של כל כללות הפרצוף** יזוד **דבינה ותבונה** וחכמה וישראל סבא **כנודע,** והמלכויות דאו"א עילאין, אשר כאן הרב ז"ל קורא להם חכמה ובינה עילאין, **אינה מלכות ממש**, אלא עטרת היסוד דאבא עילאה, ועטרת היסוד דאימא עילאה.

333

מבוא שערים ש"ב ח"ב פ"ו ד"ח ע"ד – גם נתפשטו כללות חמשה חסדים וחמשה הגבורות **במלכות דאבא** **ובמלכות דאימא**, כי לכן גם כן נקראת המלכות כל"ה, כל ה'. אך היסוד נקרא כ"ל בלא ה', כנזכר.

334

שער ההקדמות, דרוש בסדר ירידת ז' מלכים ונפילתם וירידת אחורייים דאו"א ואיך נעשה הכל ביחד **דכ"א ע"ג** – ואם תאמר למה לא נכנס בחשבון גם כן ענין כללות חמש חסדים שבמלכות אבא, וכללות חמש גבורות שבמלכות אימא, על דרך שנתבאר במלכות דישראל סבא ותבונה. והתשובה היא במה שנודע כי בשליש העליון שבתפארת, הנקרא מלך הרביעי, שם הוא מתלבש בחינת עטרת יסוד דאו"א, ושם נכללת עם היסוד, ולכן אינה עולה בחשבון. אבל מלכות זו של התבונה נגלת יותר, לפי שהיא ממש בחינת מלכות. אבל מלכות אימא היא בחינת גופא, הנקרא חזה דתפארת, ואינה מלכות ממש. **וכן על דרך זה בעניין הפרש מלכות** **דאבא למלכות ישראל סבא ותבונה.**

335

קהלת יעקב ערך תב, ב – המלכות מצד הבינה, נקרא גם כן תבונה.

336

ע"ח שי"ד פ"ט מ"ב דע"ד ע"א – ודע כי הבינה היא בחינת תשעה ספירות הראשונים, **והתבונה היא** **בחינת המלכות של הבינה הנ"ל**, ודע כי כמו שרחל נוקבא דז"א עם שהיא בחינת מלכות שלו, עם כל זה מלבשתו מהחזה ולמטה, **כן תבונה זו שהיא המלכות דבינה, מלבשת את הבינה מהחזה ולמטה בלבד**, ודע כי הבינה יש בה פנימיות וחיצוניות, וכן במלכות שלה הנקרא תבונה, יש בה פנימית וחיצונית. **לקוטי תורה, פרשת שמות דנ"ד ע"א** – יאמר מלך מצרים. דע כי מילדות העבריות הם בינה ותבונה, ולפי שלפעמים נכללים זו בזו, לכן המילדת כתיב חסר, גם שהם בחינת אם ובת, **כי תבונה סוד מלכות דבינה**, לכן יוכבד ומרים אמא וברתא. וכן יוכבד גימטריא מ"ב והוא אם ע"ה, שהוא סוד אמא עילאה, ומרים סוד תבונה, ובה דינין מתערין. וזה שכתוב בזוהר ומינה דינין מתערים, היינו מבחינת תבונה, ולא כן בינה. לכן היא הוי"ה בניקוד אלהי"ם, כי היא גופא רחמים, אך תבונה דינים, לכן מרים גימטריא פ"ר דינים.

סכום המשכת החו"ג לאו"א עילאין ונפלתם, על פי השפת אמת בפרקין.

כשמלך **הדעת** המשיך חו"ג לדעות דאו"א עילאין.

וכשמת **הדעת** נפלו חו"ג אל בין כתפין דאו"א עילאין.

אחריו מלך **החסד** המשיך החסדים, ונתפשטו בגופא דאבא עילאה, בחג"ת נ"ה דיליה,

וכשמת **החסד** ירדו החסדים בראש היסוד דאבא עילאה.

ואחריו מלך **הגבורה** המשיך חמשה גבורות, ונתפשטו בגופא דאימא עילאה, בחג"ת נ"ה שלה.

וכשמת **הגבורה** נפלו הגבורות אלו בראש היסוד דאימא עילאה, על דרך הנזכר באבא.

ואז מלך **השליש העליון דתפארת**, המשיך כללות החסדים ביסוד אבא עילאה, וכללות הגבורות ביסוד דאימא עילאה.

וכשמת **השליש העליון דתפארת**, ירדו כללות דכללות החסדים והגבורות במלכויות דאו"א עילאין, שהם עטרות היסוד שלהם.

וכמלך **התפארת בשתי שלישים התחתונים** של כלי שלו, אז המשיך חו"ג אלו גם כן עד למטה בראשי ישסו"ת, במקום הדעת שלהם,

וכשמת **התפארת** נפלו חו"ג האלו בין כתפין דישסו"ת, על דרך הנזכר באו"א עילאין.

ואחריו מלך **הנצח** נתפשטו החסדים אלו בחמשה קצוות דישראל סבא, בחג"ת נ"ה שבגופא.

וכשמת **הנצח** נפלו החסדים למטה, דהיינו בראש היסוד דישראל סבא.

ומלך **ההוד** נתפשטו הגבורות בחמשה קצוות דתבונה, בחג"ת נ"ה שבגופא,

וכשמת **ההוד** נפלו הגבורות האלו בראש יסודה, על דרך הנזכר בישראל סבא.

וכשמלך **היסוד** נתפשטו כללות החסדים ביסוד ישראל סבא, וכללות הגבורות ביסוד התבונה.

וכשמת **היסוד** נפלו בתחתית היסודות של ישסו"ת.

וכשמלך המלך השביעי, שהוא מלך **המלכות** נתפשטו במלכות שלהם, שהם כללות דכללות החו"ג במלכויות דישסו"ת.

וכשמת **המלכות** נפלו כל החסדים והגבורות אלו, בסוד טיפה קרי.

עֵץ חַיִּים

לְרַבֵּינוּ חַיִּים וִיטַאל

שֶׁקִּיבֵּל מִמָּרָן הָאֲרִ"י זלה"ה

שַׁעַר ט'

שַׁעַר שְׁבִירַת הַכֵּלִים

פֶּרֶק א'

חֵלֶק הַתַּרְשִׁימִים טַבְלָאוֹת וְצִיּוּרִים

שִׁמְחַת חַיִּים

הקדמה קצרה

דע כי כל התרשימים הציורים והטבלאות, הם אך ורק לשכך את האוזן, ולשבר את העין. וכל הציורים הם לא שלמים.

כתב הרי"ח הטוב ברב פעלים ח"ב בסוד ישרים ה' - אך דע לך כי סדר התלבשות המחצבים שכתב מהרח"ו בשערי קדושה עד עולם הזה שאנחנו עומדים בו. וכן סדר התלבשות הפרצופים אשר בכל מחצב ומחצב, וסדר התלבשות העולמות זה בזה, והיושר והעיגולים, לא אית אינש דכיל למנלע רזא דנא, איך היא עשוי, איך הוא עומד, ולא אפשר לשכל אנושי לצייר כל הנזכר על אמתיתם, ועל בוריין מפני כי שכל האנושי בהיותו עצור ומונח בגוף גשמיי, אי אפשר לי להשיג דבר רוחני, והוא זה דומה לאדם סומא מן הבטן שלא ראה מאורות מימיו, דודאי אי אפשר לו לצייר מראות השמש והירח הנראין לעיני הבריות, וכל שכן מה שיש למעלה למעלה.

וכן כתב ברב פעלים ח"א בסוד ישרים א' - סוף דבר הכל נשמע, ה' אחד ושמו אחד, ואין לו גוף ולא דמות הגוף, ואין לו שום ציור, ותמונה ודמיון כלל ועיקר, וגם כל העולמות וספירות הקדושים למעלה אין להם ציור ודמיון של גופים האלה כלל, ואין מי שיוכל לידע איך הוא עמידתם וסדרם, ואיך עומדים עולמות היושר ועולמות העיגולים, ואיך מתחברים זה עם זה, ואיך נמשך השפע מזה לזה, ואיך הוא תוארם ומראיהם, ואיך הוא מהות השפע המחיה אותם, ומקיים אותם, וכמה הוא שיעור אורכם וגובהן ורחבם, ואיך הם נכללים זה בזה, ומלבישים זה לזה, כי בכל זאת אין שום שכל אנושי יוכל לדעת, ולהבין, ולהשיג, כלל ועיקר.

הרב ז"ל כתב בשער אח"פ תחילת פ"א וז"ל - כבר ידעת כי אין בנו כח לעסוק קודם אצילות עשר ספירות, ולא לדמות שום דמיון וצורה כלל ח"ו, אך לשכך האזן, אנו צריכים לדבר דרך משל ודמיון, לכן אף אם נדבר במציאות ציור שם למעלה, אין הדבר רק לשכך האזן. אמנם דע כי עשר ספירות דאצילות הם שתי עניינים. האחד הוא התפשטות הרוחניות, והשני הוא כלים ואברים אשר העצמות מתפשט בהם. והנה צריך שיהיה לכל זה שורש למעלה לשתי בחינות אלו, ולכן צריכין אנו לדבר בסדר המדרגות מראש עד סוף, והנה נתחיל ונאמר כי הלא הא"ס ב"ה אין בו שום ציור כלל ח"ו כמבואר.

הרב ז"ל כתב בשער טנת"א פ"א - והנה אף על פי שאנו מכנים וקוראים כאן כנויים אלו כגון אדם ראש אזנים וכיוצא אינו רק לשכך האזן לשיובנו הדברים לכן אנו מכנים כנויים אלו במקום גבוה, עד כאן לשונו.

וכן הרמ"ק בפרדס רימונים ש"ו פ"א - וציירו להם המקובלים צורות ביריעות גדולות וקראום אילן. הרב ז"ל כתב בסוף ש"ה פ"ד וז"ל - ואמנם דבר גלוי הוא כי אין למעלה גוף ולא כח גוף חלילה. וכל הדמיונות והציורים אלו לא מפני שהם כך חס ושלום. אמנם לשכך את האוזן לכשיוכל האדם להבין הדברים העליונים הרוחניים בלתי נתפסים ונרשמים בשכל האנושי, לכן ניתן רשות לדבר בבחינת ציורים ודמיונים, כאשר הוא פשוט בכל ספרי הזוהר. וגם בפסוקי התורה עצמה כולם כאחד עונים ואומרים בדבר הזה כמו שאמר הכתוב עיני ה' המה משוטטים בכל הארץ. עיני ה' אל צדיקים. וישמע ה'. וירח ה'. וידבר ה'. וכאלה רבות וגדולה מכולם מה שאמר הכתוב ויברא אלהים את האדם בצלמו בצלם אלהים ברא אותו זכר ונקבה וגו'. ואם התורה עצמה דברה כך גם אנחנו נוכל לדבר כלשון הזה, עם היות שפשוט הוא שאין שם למעלה אלא אורות דקים, בתכלית הרוחניות, בלתי נתפשים שם כלל, וכמו שאמר הכתוב כי לא ראיתם כל תמונה, וכאלה רבות.

ואמנם יש עוד דרך אחרת כדי להמשיך ולצייר בה הדברים העליונים, והם בחינת כתיבת צורת אותיות, כי כל אות ואות מורה על אור פרטי עליון, וגם תמונת זו דבר פשוט הוא כי אין למעלה לא אות, ולא נקודה, וגם זה דרך משל וציור לשכך את האוזן כנזכר. ולכן נבאר עתה הקדמה הנזכר על דרך ציור האותיות גם כן, ובבחינת ציורים אלו, הן ציור האדם, והן ציור אותיות, שתיהן מוכרחים להבין ענין האורות העליונים, כאשר תראה ספרי הזוהר בנויים על שתי בחינות הציורים האלה, עד כאן לא.

ולכן גם אנחנו הרשינו לעצמינו לצייר ציורים, תרשימים וטבלאות, אך ורק כדי לשכך את האוזן, ולשבר את העין, כדי להבין את הסוגייה.

אח"י

סדר שמות שמות ההיכלות והשערים בעץ חיים

שם היכל	שער	שם השער	א	ב	ג	ד	ה	ו	ז	ח	ט	י	יא	יב	יג	יד	טו
אדם קדמון	א	עיגולים ויושר	א	ב	ג	ד	ה										
	ב	השתלשלות י"ס דרך עגו'	א	ב	ג												
	ג	סדר אצילות למהרח"ו	א	ב	ג												
	ד	אח"פ	א	ב	ג	ד	ה										
	ה	טנת"א	א	ב	ג	ד	ה	ו	ז								
	ו	עקודים	א	ב	ג	ד	ה	ו	ז	ח							
	ז	מטי ולא מטי	א	ב	ג	ד	ה										
נקודים	ח	דרושי נקודות	א	ב	ג	ד	ה	ו									
	ט	שבירת הכלים	א	ב	ג	ד	ה	ו	ז	ח							
	י	תיקון	א	ב	ג	ד	ה										
	יא	מלכים	א	ב	ג	ד	ה	ו	ז	ח	ט	י					
הכתרים	יב	עתיק	א	ב	ג	ד	ה										
	יג	א"א	א	ב	ג	ד	ה	ו	ז	ח	ט	י	יא	יב	יג	יד	
או"א	יד	או"א	א	ב	ג	ד	ה	ו	ז	ח	ט	י					
	טו	זווגים	א	ב	ג			ו									
	טז	הולדת או"א וזו"ן	א	ב	ג	ד	ה		ז								
ז"א	יז	ז"א	א	ב	ג	ד											
	יח	רפ"ח נצוצין	א	ב	ג	ד	ה	ו									
	יט	אנ"ך	א	ב	ג	ד	ה	ו	ז	ח	ט	י					
	כ	המוחין	א	ב	ג	ד	ה	ו	ז	ח	ט	י	יא	יב			
	כא	לידת המוחין	א	ב	ג												
	כב	מוחין דקטנות	א	ב	ג												
	כג	מוחין דצלם	א	ב	ג	ד	ה	ו	ז	ח							
	כד	פרקי הצלם	א	ב	ג	ד	ה	ו	ז								
	כה	דרושי הצלם	א	ב	ג	ד	ה	ו	ז	ח							
	כו	צלם	א	ב	ג	ד											
	כז	פרטי עי"מ	א	ב	ג	ד											
	כח	עיבורים	א	ב	ג	ד	ה										
	כט	נסירה	א	ב	ג	ד	ה	ו	ז	ח	ט						
	ל	פרצופים	א	ב	ג	ד	ה	ו	ז								
	לא	פרצופי זו"ן	א	ב	ג	ד	ה										
	לב	הארת המוחין	א	ב	ג	ד	ה	ו	ז	ח	ט						
	לג	אונאה	א	ב	ג	ד	ה										
נוק' דז"א	לד	תיקון הנוקבא	א	ב	ג	ד	ה	ו	ז								
	לה	הירח	א	ב	ג	ד	ה										
	לו	מעוט הירח	א	ב	ג	ד											
	לז	יעקב ולאה	א	ב	ג	ד	ה										
	לח	לאה ורחל	א	ב	ג	ד	ה	ו	ז	ח	ט						
	לט	מ"ן ומ"ד	א	ב	ג	ד	ה	ו	ז	ח	ט	י	יא	יב	יג	יד	טו
	מ	פנימיות וחצוניות	א	ב	ג	ד	ה	ו	ז	ח	ט	י	יא	יב	יג	יד	טו
	מא	חשמל	א	ב	ג												
אבי"ע	מב-א	דרושי אבי"ע	א	ב	ג	ד	ה	ו	ז	ח	ט	י	יא	יב			
	מב-ב	כללות אבי"ע	א	ב	ג	ד											
	מג	ציור עולמות אבי"ע	א	ב	ג	ד											
	מד	שמות	א	ב	ג	ד	ה	ו	ז								
	מה	מקיפין	א	ב	ג	ד											
	מו	כסא הכבוד	א	ב	ג	ד	ה	ו									
	מז	סדר אבי"ע	א	ב	ג	ד	ה	ו									
	מח	קליפות	א	ב	ג	ד											
	מט	קליפת נוגה	א	ב	ג	ד	ה	ו	ז	ח	ט						
	נ	קיצור אבי"ע	א	ב	ג	ד	ה	ו	ז	ח	ט	י					

טבלת ערכים

עשיה	יצירה	בריאה	אצילות	אדם קדמון	עולמות
נוקבא	ז"א	אמא	אבא	ע"י וא"א	פרצופים
מלכות	חג"ת בה"י	בינה	חכמה	כתר	ספירות
ה	ו	ה	י	קוץ של י'	הוי"ה
נפש	רוח	נשמה	חיה	יחידה	אורות
ב"ן - יוד הה וו הה	מ"ה - יוד הא ואו הא	ס"ג - יוד הי ואו הי	ע"ב - יוד הי ויו הי	שורש הוי"ה	מלוי
אותיות	תגין	נקודות	טעמים	שורשים	תנת"א
אין ניקוד	סגול, שוה, חולם חיריק, קבוץ, שורוק	צרי	פתח	קמץ	נקודות
עטרת היסוד	גוף ובריח	מוח שמאל	מוח ימין	גולגולתא	אדם
כבד	לב	מוח	ל - מקיף, חיה	מ - מקיף, יחידה	מל"ץ
היכל	לבוש	גוף	נשמה	שורש	שנגל"ה
יעו"ר	זו"ן	ישסו"ת	או"א עלאין	ע"ן ואו"ן	ר"ב פרצופים
כלים	לבושים	צלמים	מוחין	אורות	כל צמא
עור	בשר	גידין	עצמות	מוח	אברים
דיבור	ריח	שמיעה	ראיה	מוח	חושים
חושך	מלאכים	נשמות	ספירות	א"ס	מחצבים
צ' כבד	צ' לב	צ' מוח	ל' מקיף א'	מ' מקיף ב'	צלם
דומם	צומח	חי	מדבר	אלוקות	דחצ"ם
עפר	רוח	אש	מים	יולי	יסודות
וילון	מכון, מעון, זבול שחקים, רקיע	ערבות	ערבות	ערבות	רקיעים
לבנה	ככבים	מזלות	גלגל היומי	גלגל השכל	גלגלים
לבנת הספיר	אהבה, זכות, רצון, נוגה, עצם השמים, לבנת הספיר	קודש קודשים	קודש קודשים	קודש קודשים	היכלות
כו - וד ה ו ה	יט - וד א או א	לז - וד י או י	מו - וד י וי י		מלוי הוי"ה
קנ"א - אלף הה יוד הה	קמ"ג - אלף הא יוד הא	קס"א - אלף הי יוד הי	קס"א - אלף הי יוד הי		אהי"ה

תרשים א - א

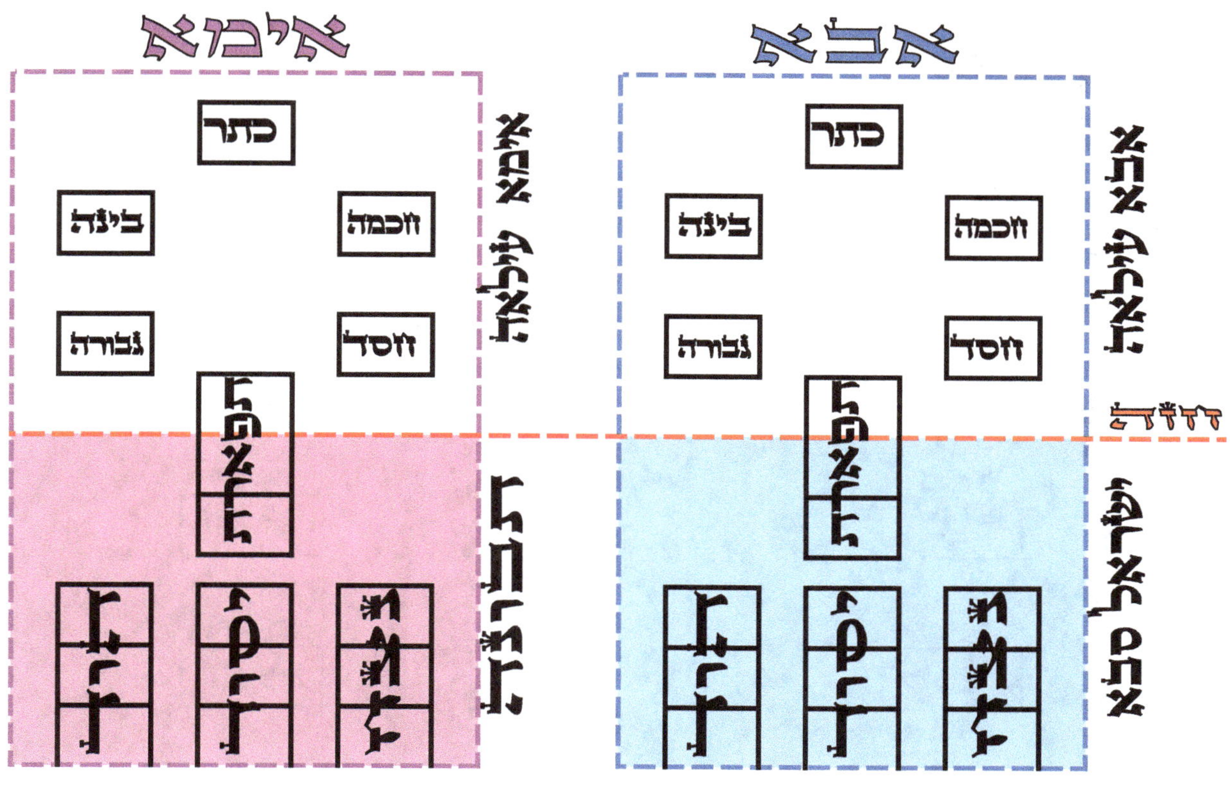

תרשים א - ב

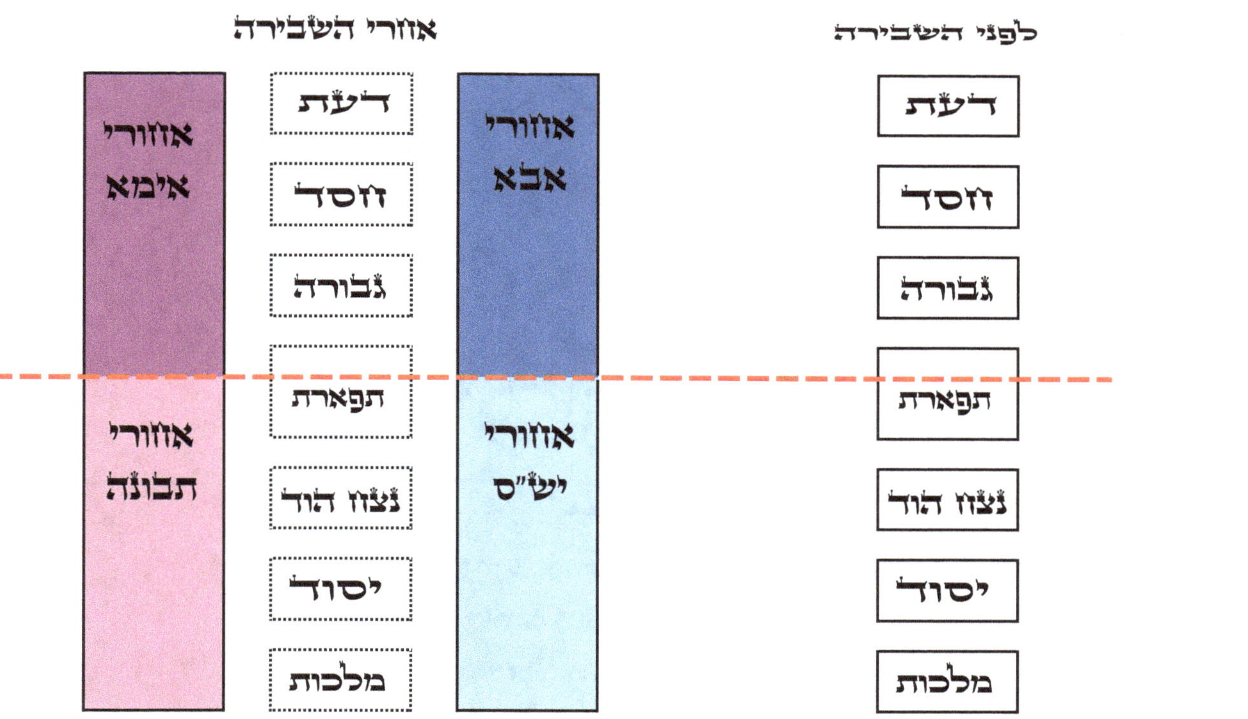

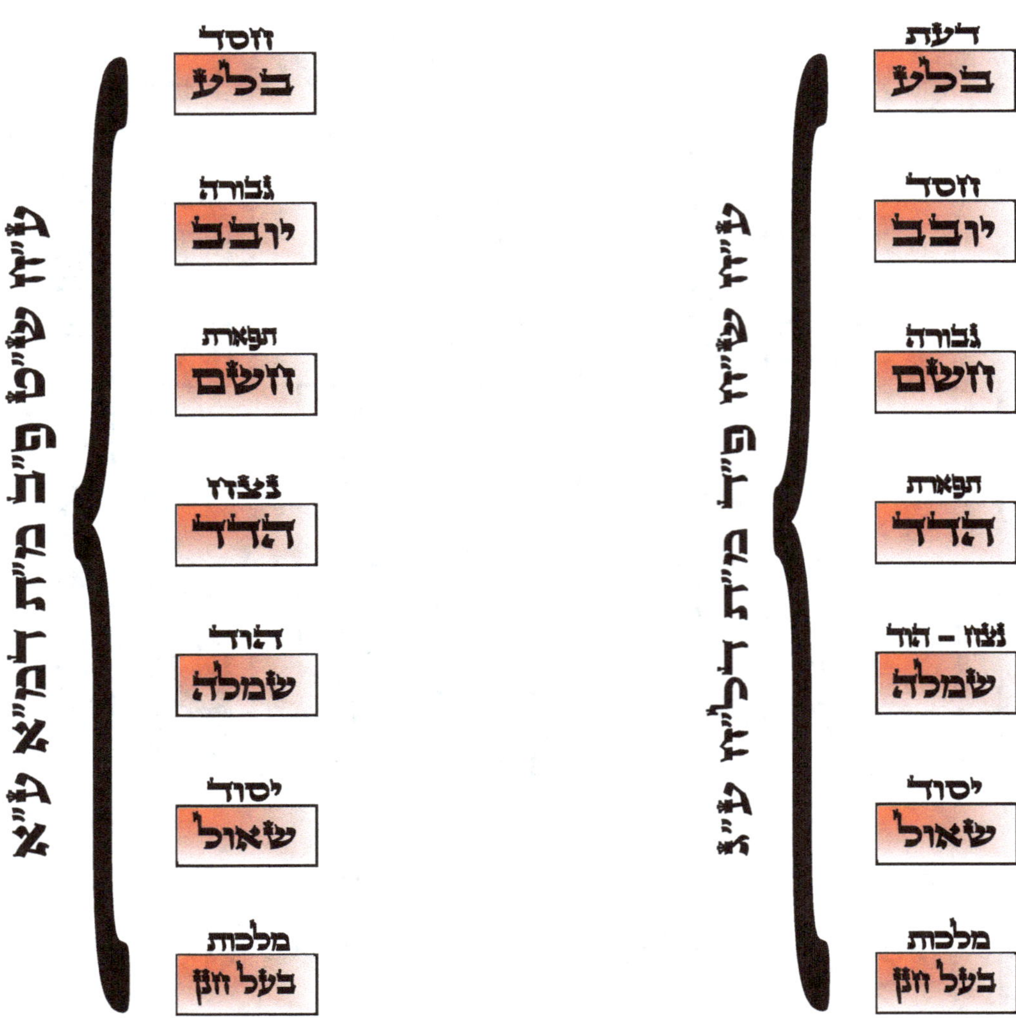

תרשים א - ד

סדר בירור ותיקון הבירורים בהיכלות בי"ע הקדמת הקרבנות

מאמר הקרבנות לתקן פנימיות וחיצוניות דפנימיות דעשיה בעובי ולהעלותם עם פנימים וחיצוניות דחיצוניות דעשיה.

וכוין כי ההיכלות העולים בקרבנות הם הכלים החיצונים דח"מ דכ"א מז"ת.

יום א' דמלך א' בלע דכולם.　　　יום ב' דמלך ב' יובב דכולם.

יום ג' דמלך ג' חושם דכולם.　　　יום ד' דמלך ד' הדר ן' בדד דכולם.

יום ה' דמלך ה' דשמלה דכולם.　　　יום ו' דמלך ו' שאול דכולם.

יום ז' דמלך ז' בעל חנן דכולם.

תרשים א - ה

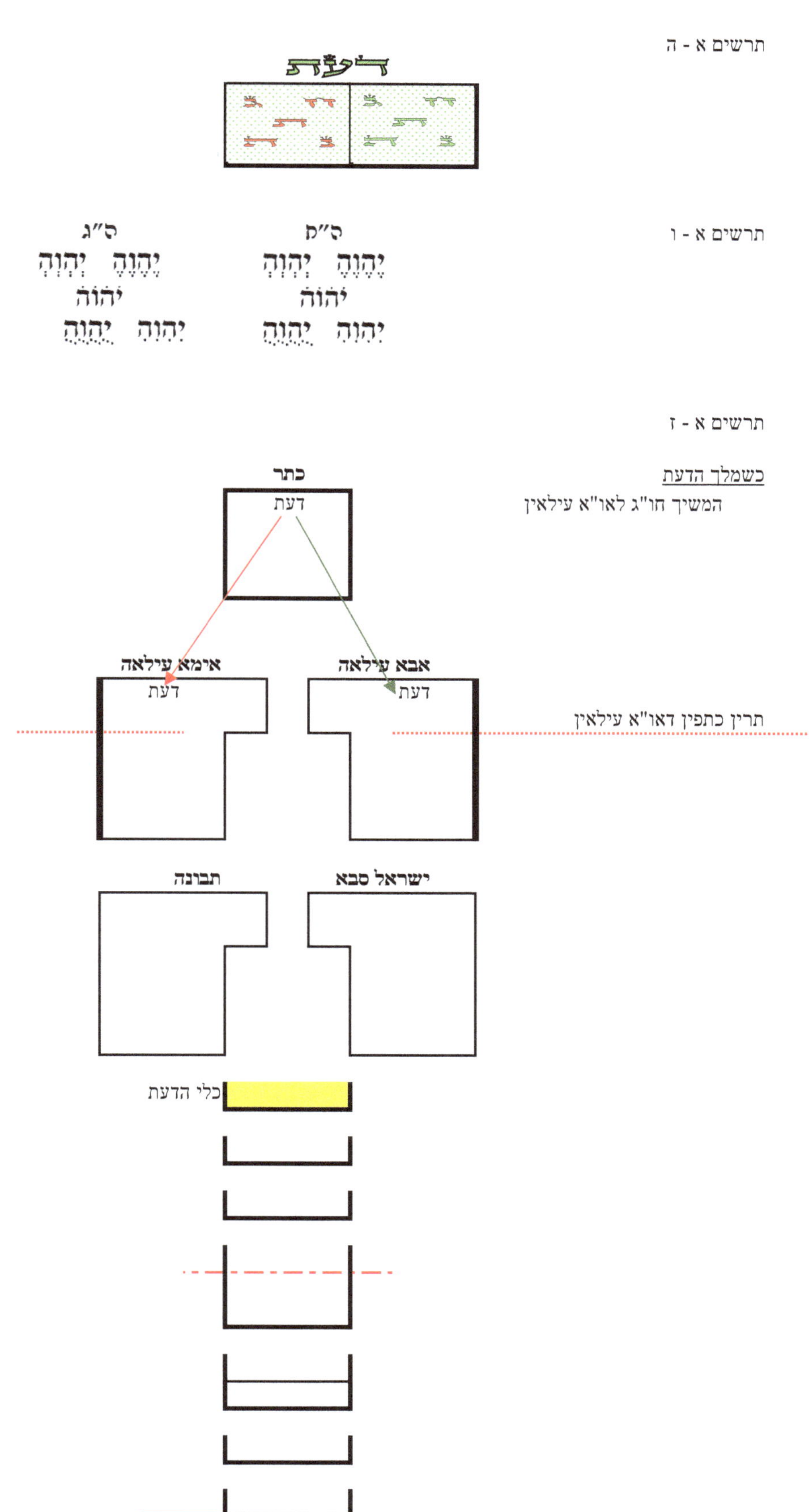

ס"ג   ס"מ

תרשים א - ו

יְהֹוָה   יְהֹוָה   יְהֹוָה   יְהֹוָה

יהוה   יהוה

יהוה   יְהֹוָה   יְהֹוָה   יְהֹוָה

תרשים א - ז

<u>כשׁמלך הדעת</u>

המשיך חו"ג לאו"א עילאין

תרין כתפין דאו"א עילאין

תרשים א - ח

<u>כשנשבר כלי הדעת</u>
ירדו החו"ג בין תרין כתפין

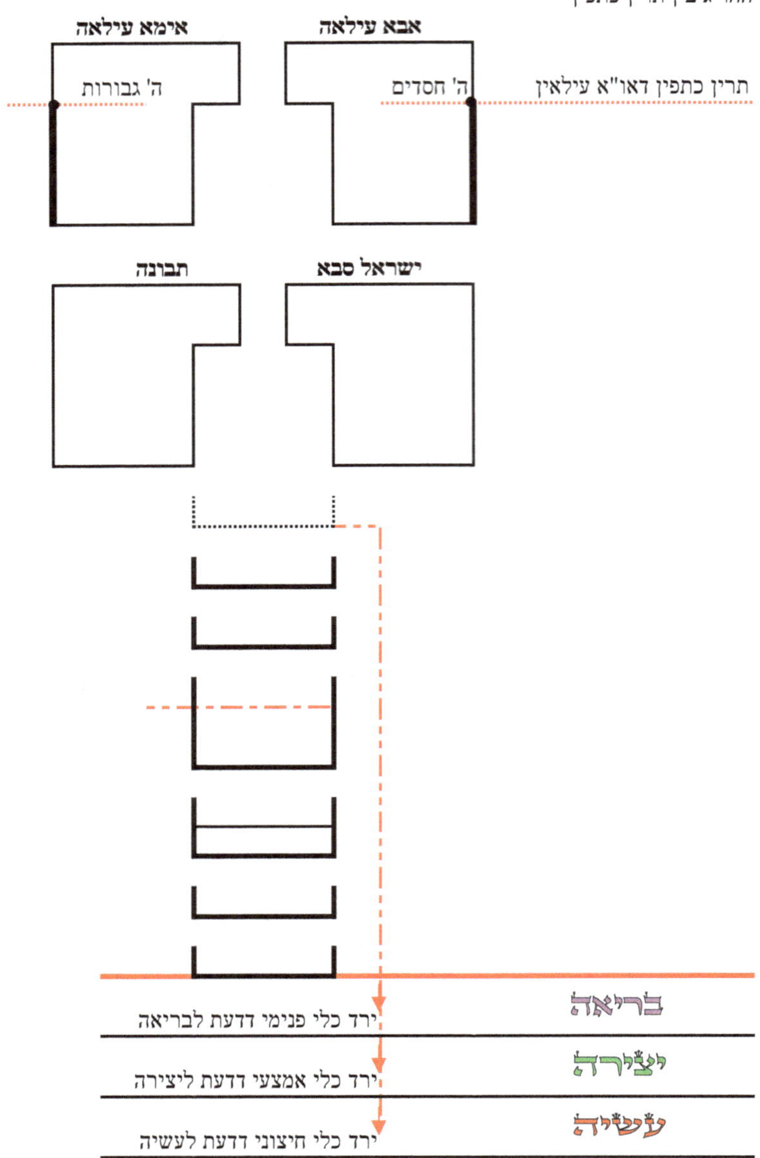

תרשים א - ט

שאו רל'

וּרְאִיתֶם אֹתוֹ ויעביר הציצית שבידו ע"ג עיניו ב"פ ויכסקם) יסוין כחולי ים שם תכלת לבנב הרקיע. וגם יסוין למילוי דקנ"א גי' פיין, וגם פיין בגי' חתם פעמים יהו"ה

עין שמאל				עין ימין		
יְהֶוָה	יְהֹוָה			יְהֶוָה	יְהֹוָה	
	יְהֹוָה				יְהֹוָה	
יְהֶוָה	יְהֶוָה			יְהֶוָה	יְהֶוָה	

גי' עי"ן

אלף הה יוד הה

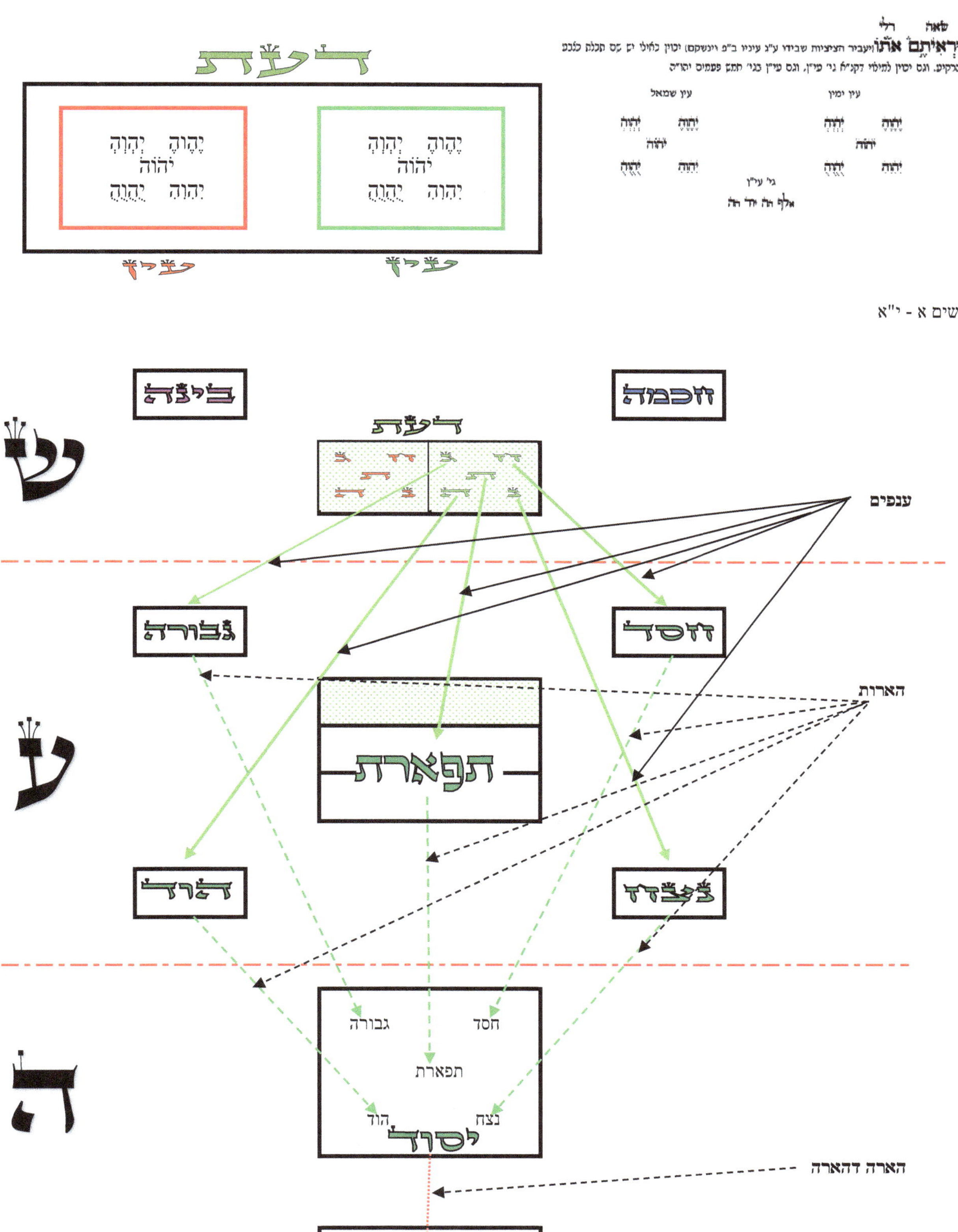

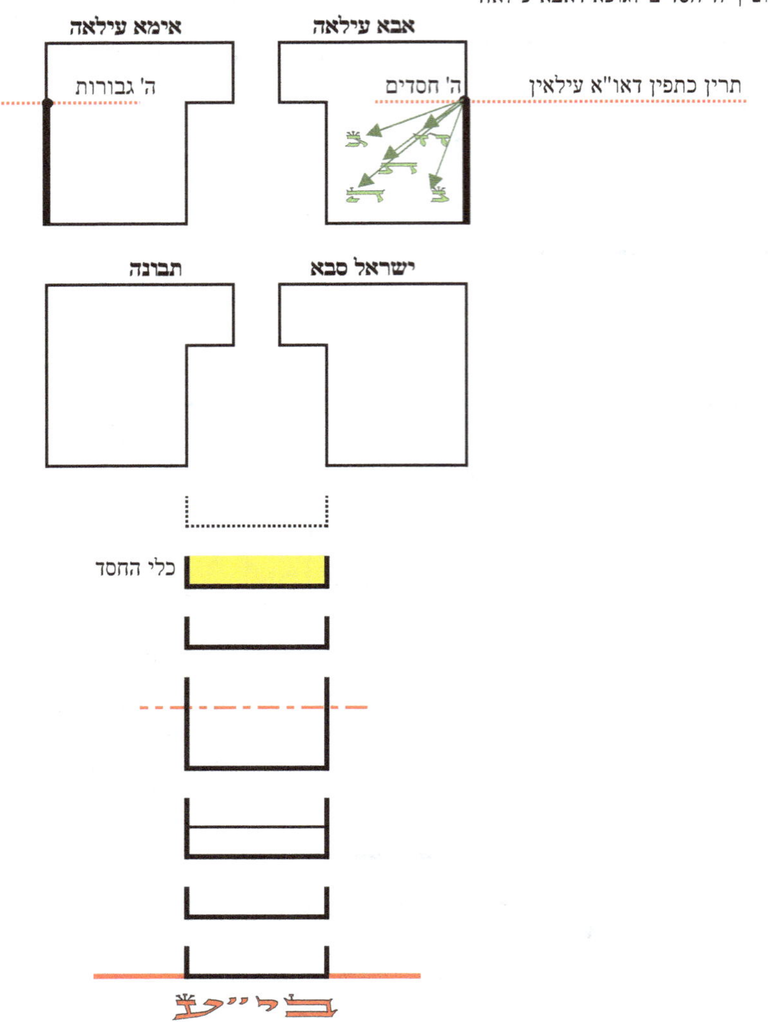

תרשים א - י"ב

כשמלך החסד
המשיך ה' חסדים לגופא דאבא עילאה

אימא עילאה
אבא עילאה

ה' גבורות
ה' חסדים
תרין כתפין דאו"א עילאין

תבונה
ישראל סבא

כלי החסד

בי"ע

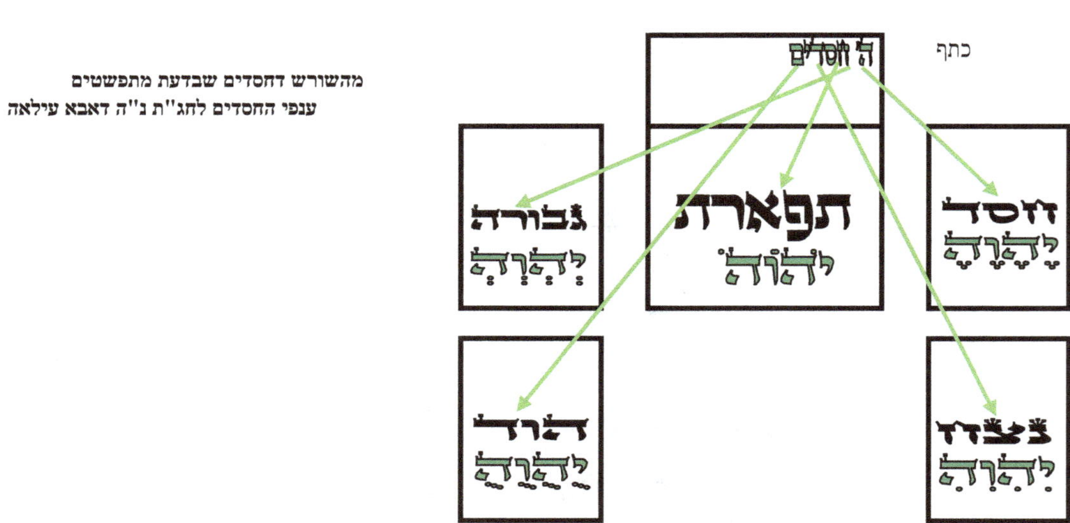

תרשים א - י"ג

כתף

מהשורש דחסדים שבדעת מתפשטים
ענפי החסדים לחג"ת נ"ה דאבא עילאה

ה' חסדים

גבורה ליהוה
תפארת ליהוה
חסד ליהוה

הוד ליהוה
נצח ליהוה

<u>כשנשבר כלי החסד</u>
ירדו החסדים בראש יסוד דאבא עילאה

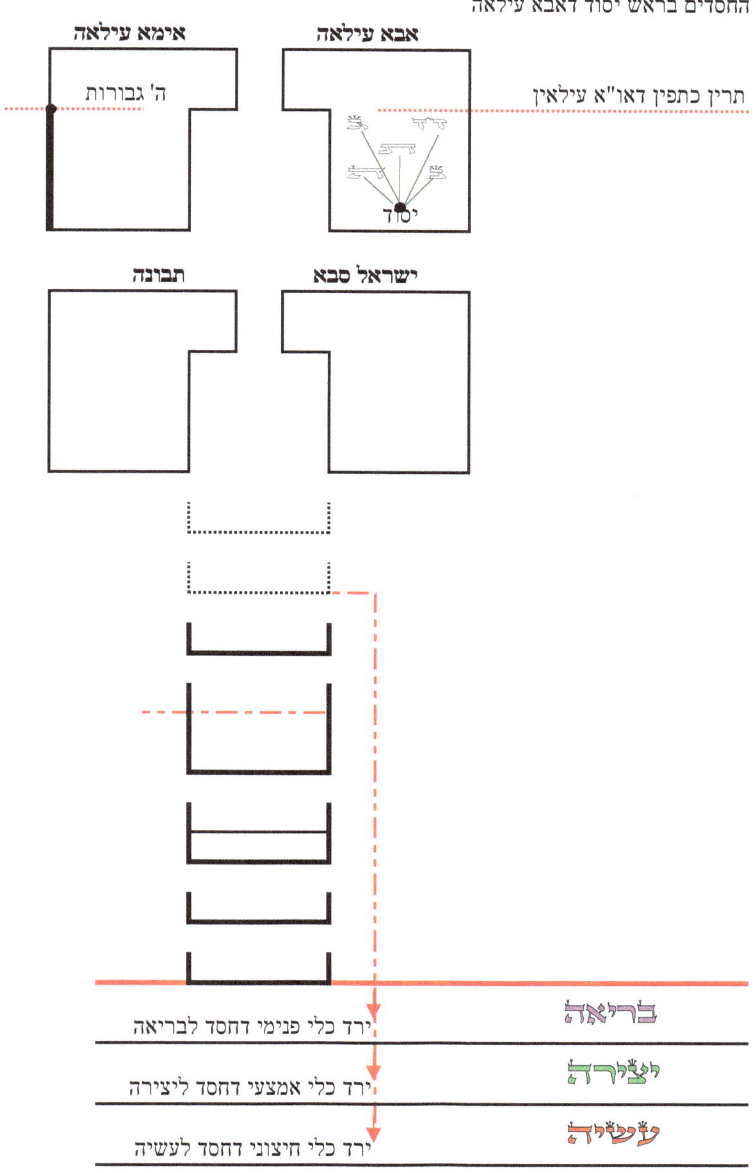

**החסדים דאבא עילאה ירדו בראש
היסוד דיליה**

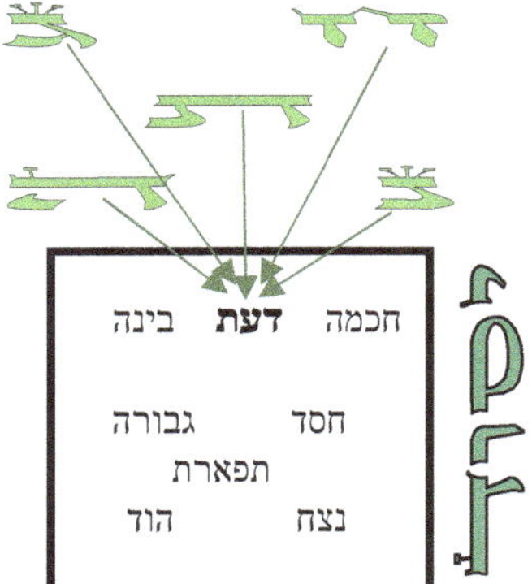

תרשים א - ט"ז

פרצוף א"א ופרצופי האצילות
המתלבשים עליו

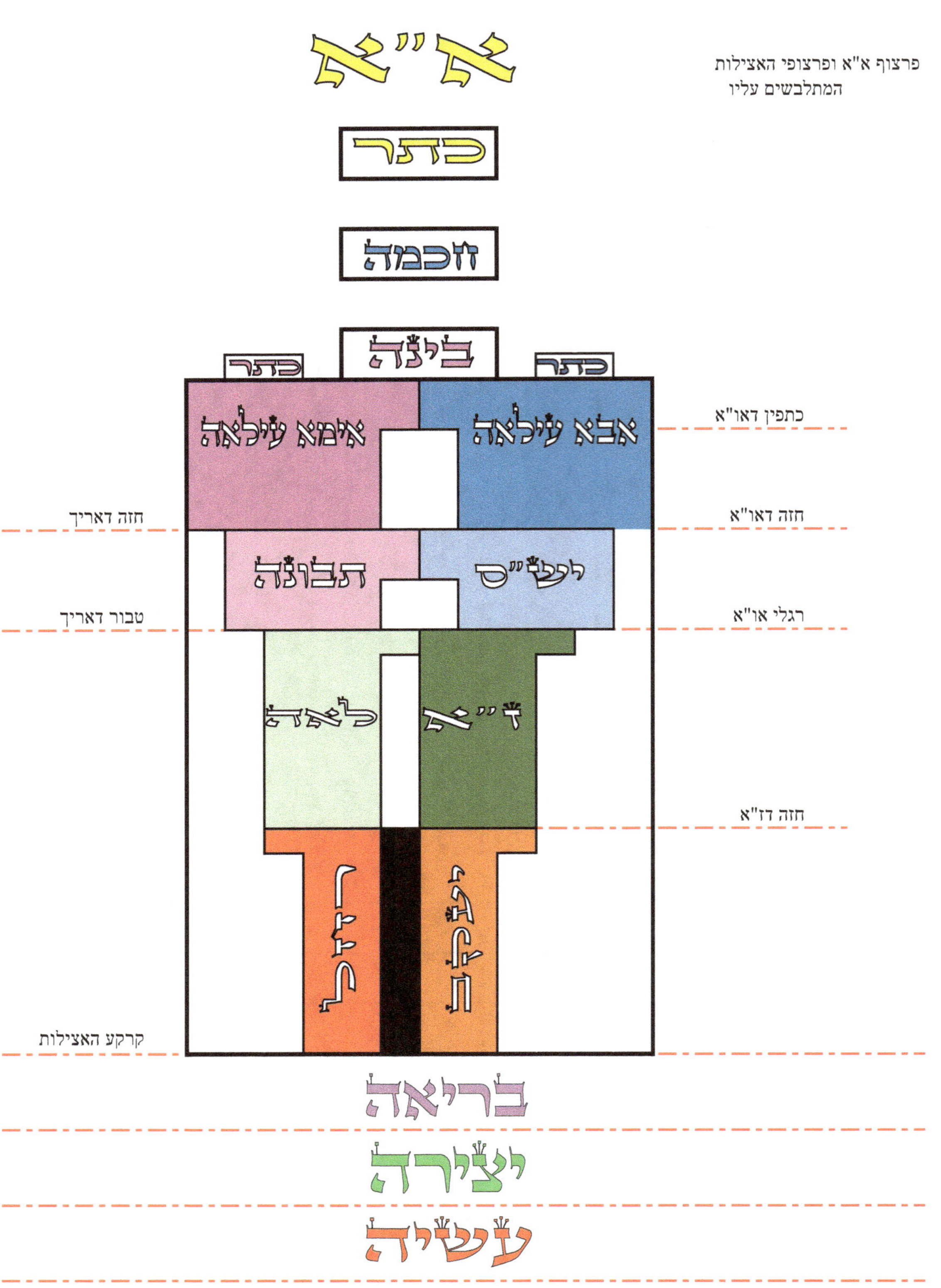

תרשים א - י"ז

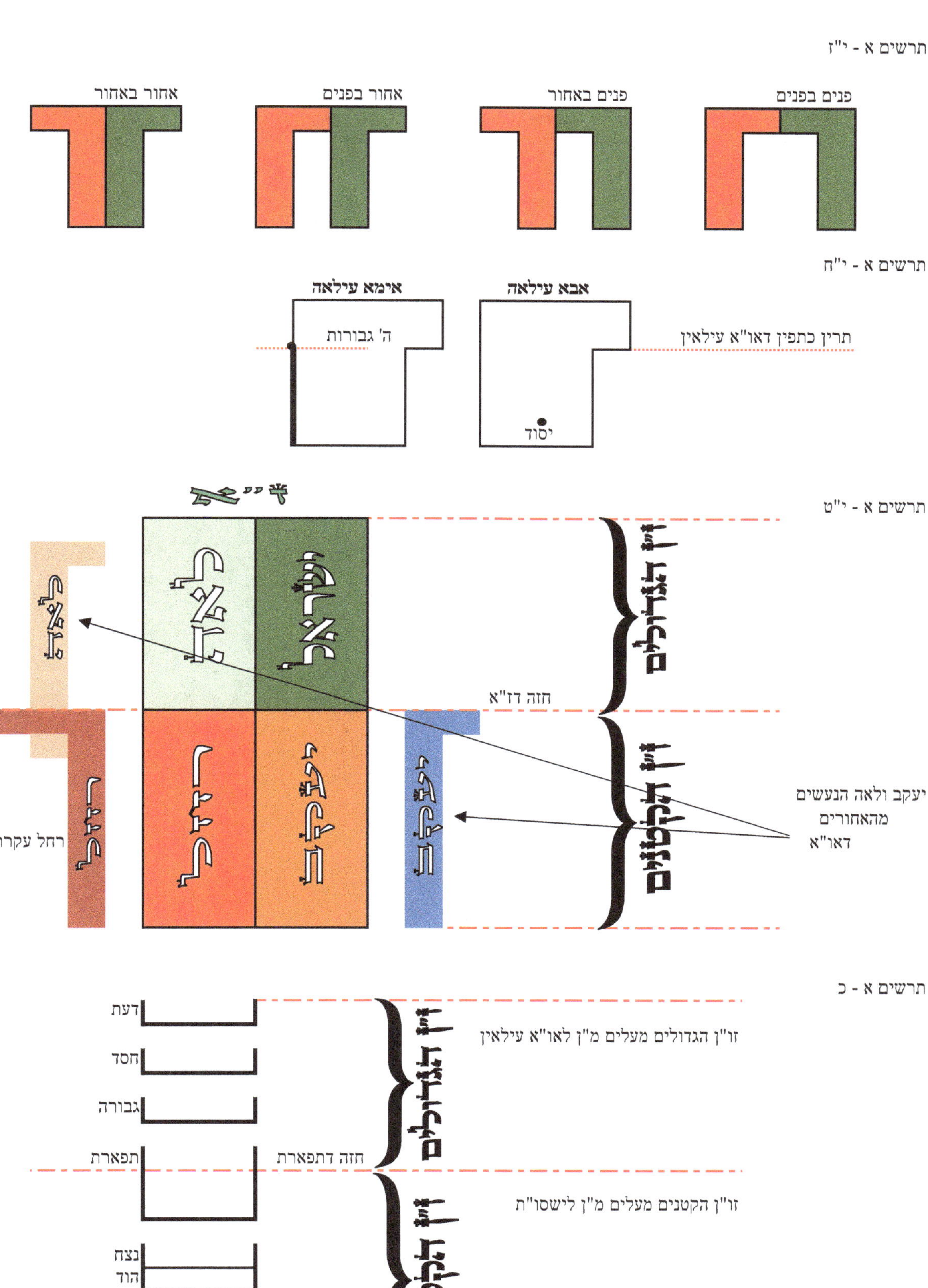

תרשים א - י"ח

תרשים א - י"ט

תרשים א - כ

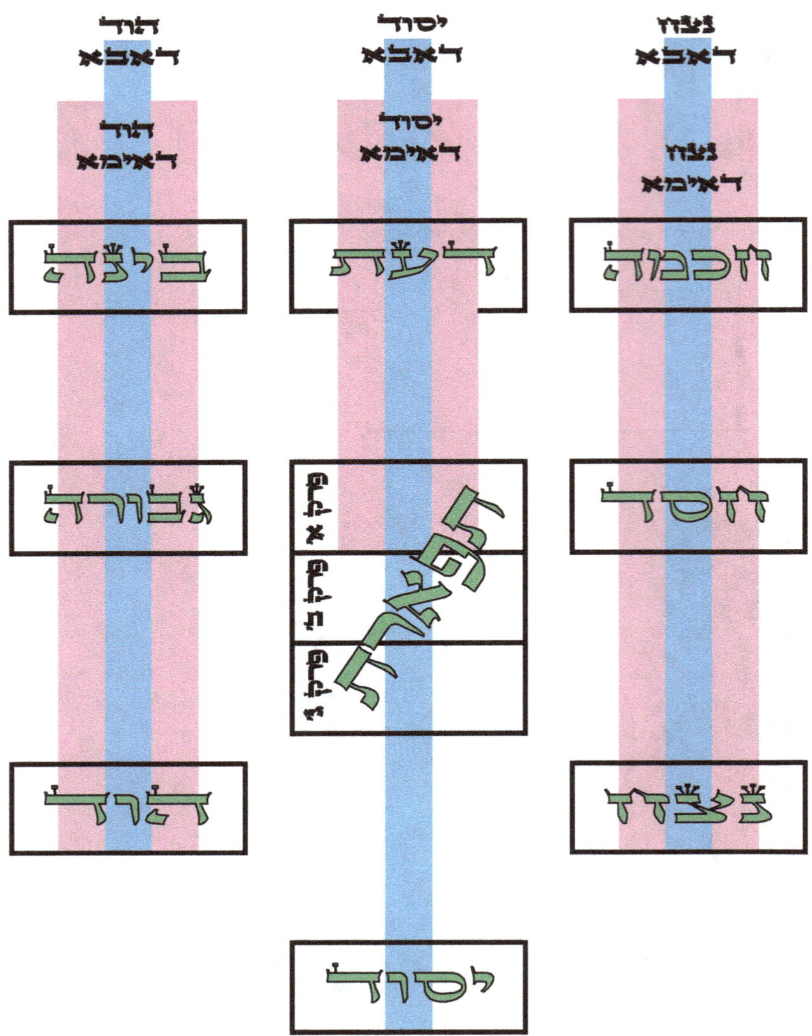
נצח דאבא
יסוד דאבא
הוד דאבא
נצח דאימא
יסוד דאימא
הוד דאימא
חכמה
דעת
בינה
חסד
תפארת
פלא א פלא ה פלא ו
גבורה
נצח
יסוד
הוד
יסוד

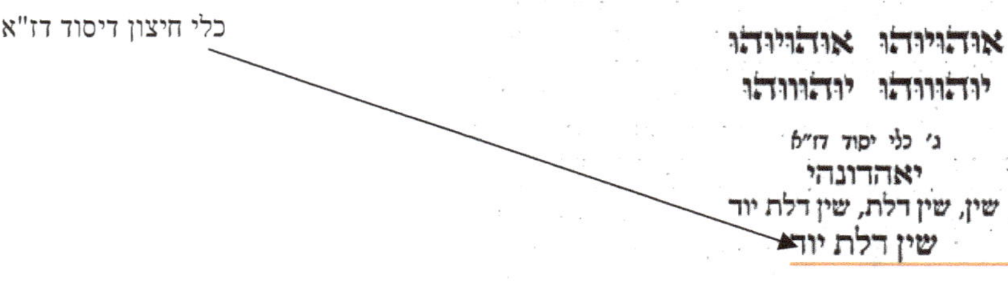
בָּרוּךְ אַתָּה יהו-וה אדנ-י יאהדונהי
להמשיך הארת מלת"י דיסוד לאחור ופנים דפנים דתבונה, המלובשים בפרק
ראשון דיסוד דז"א שעלה לתפארת דז"א, ומהמוחין והנרנח"י שביסוד הנז'
להרין פרקין תתאין דיסוד דז"א
אודהויודהו אודהויודהו
יודהוודהו יודהוודהו
ג' כלי יסוד דז"א
יאהדונהי
שין, שין דלת, שין דלת יוד
שין דלת יוד
כלי חיצון דיסוד דז"א

תרשים א - כ"ג

<u>כשמלך הגבורה</u>
המשיך ה' גבורות לגופא דאימא עילאה

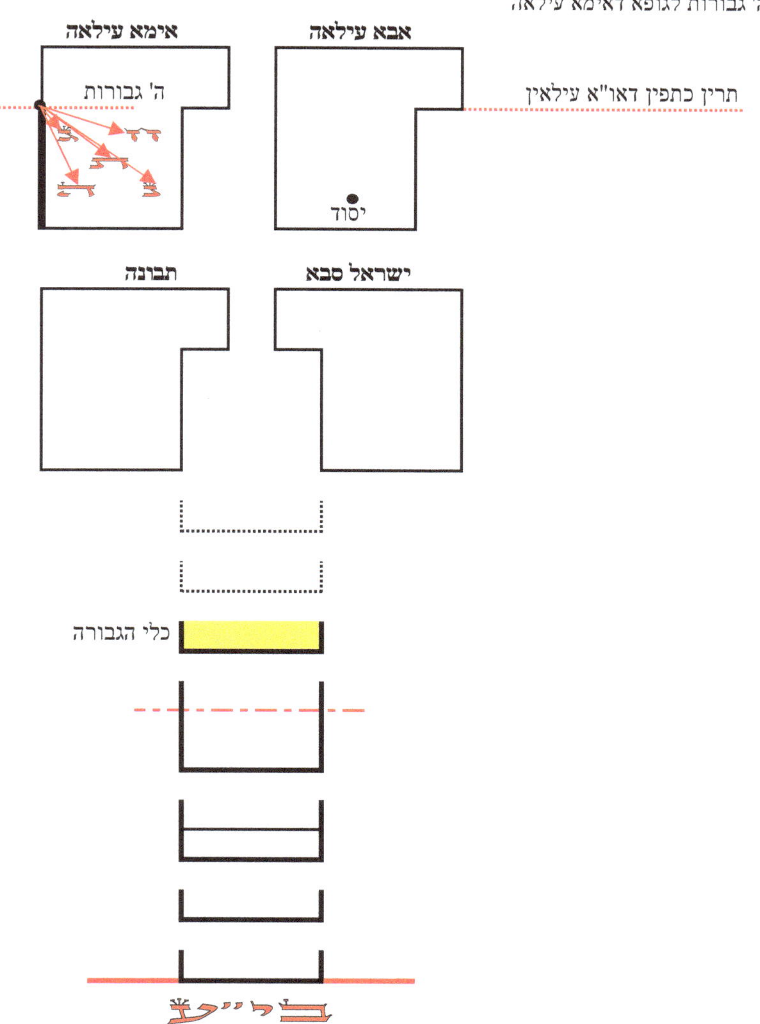

תרשים א - כ"ד

מהשורש דגבורות שבבדעת מתפשטים
ענפי הגבורות לחג"ת ג"ה דאימא עילאה

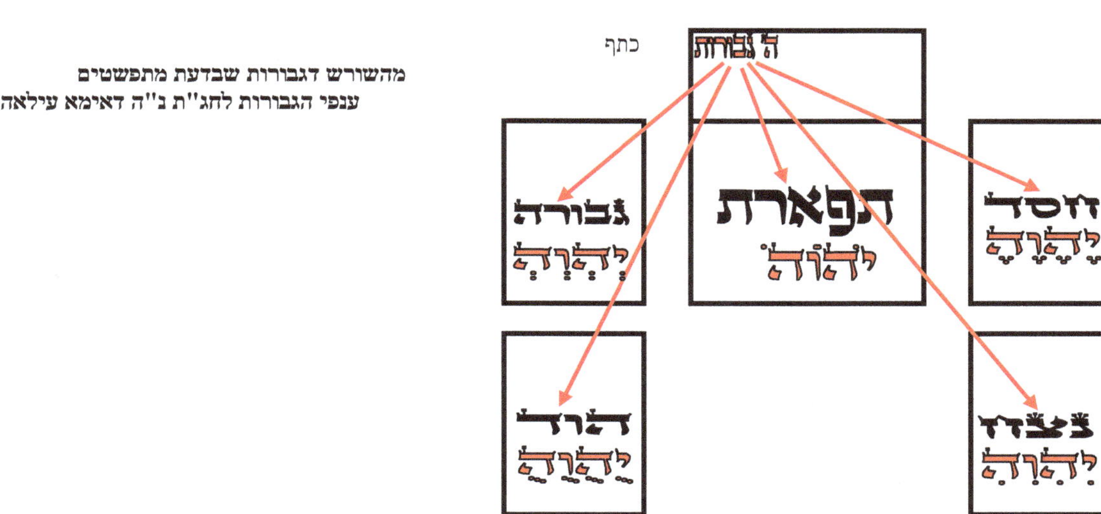

תרשימים שׁעׁר ט' פרק א'

<u>כשנשבר כלי הגבורה</u>
ירדו הגבורות בראש יסוד דאימא עילאה

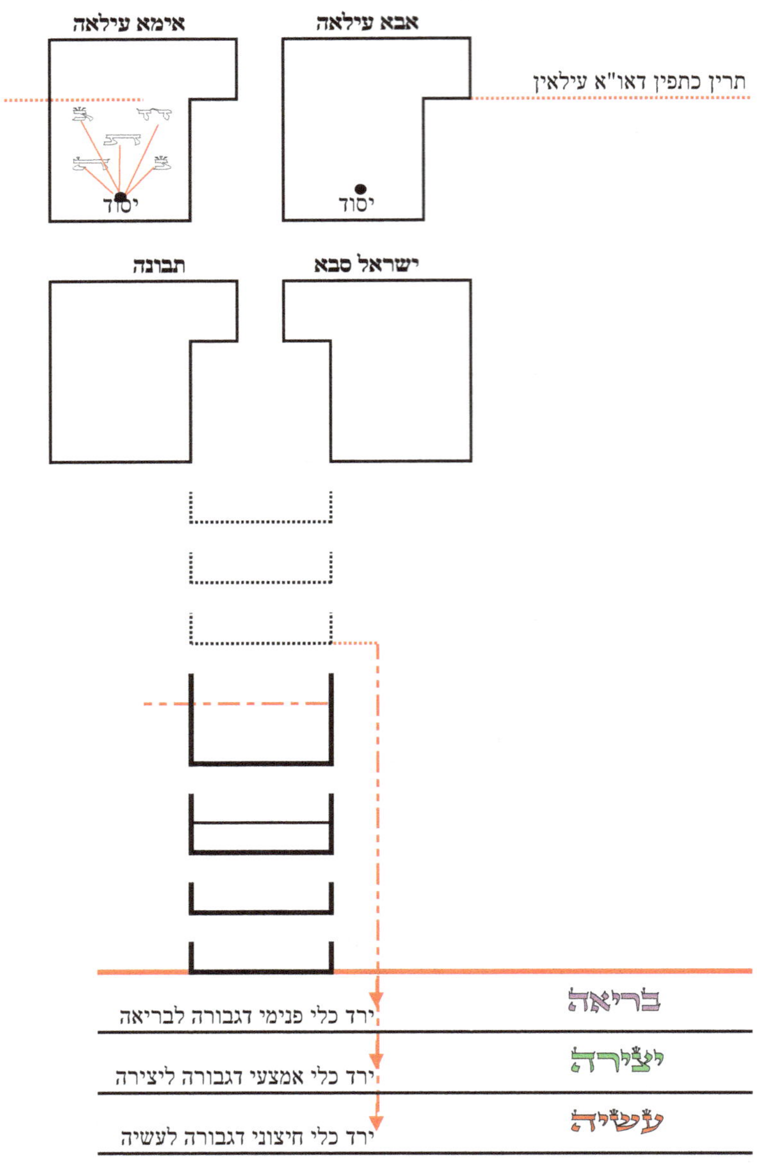

**גבורות דאימא עילאה ירדו בראש
היסוד דיליה**

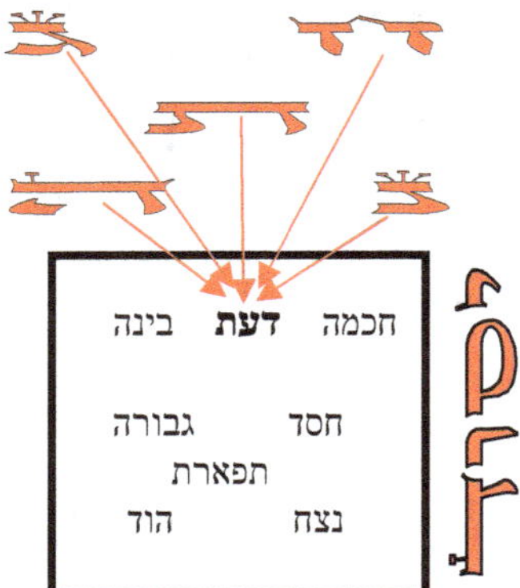

תרשים א - כ"ז

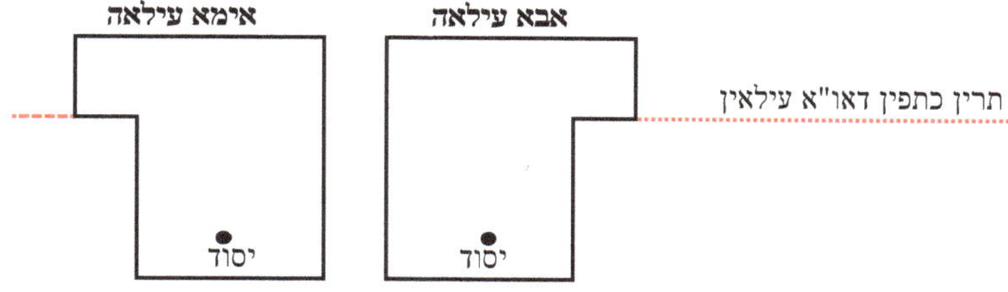

תרשים א - כ"ח

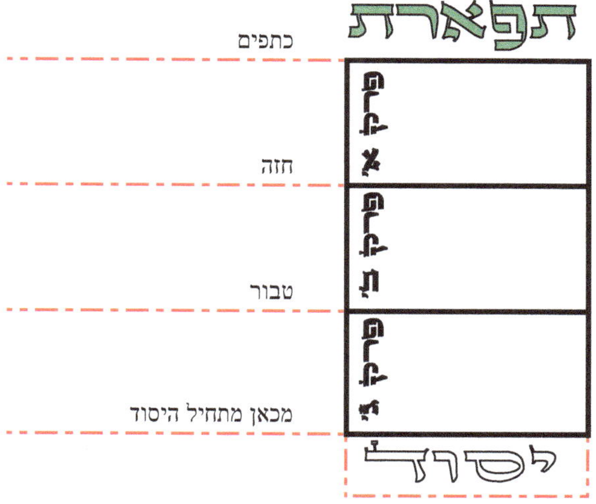

תרשים א - כ"ט

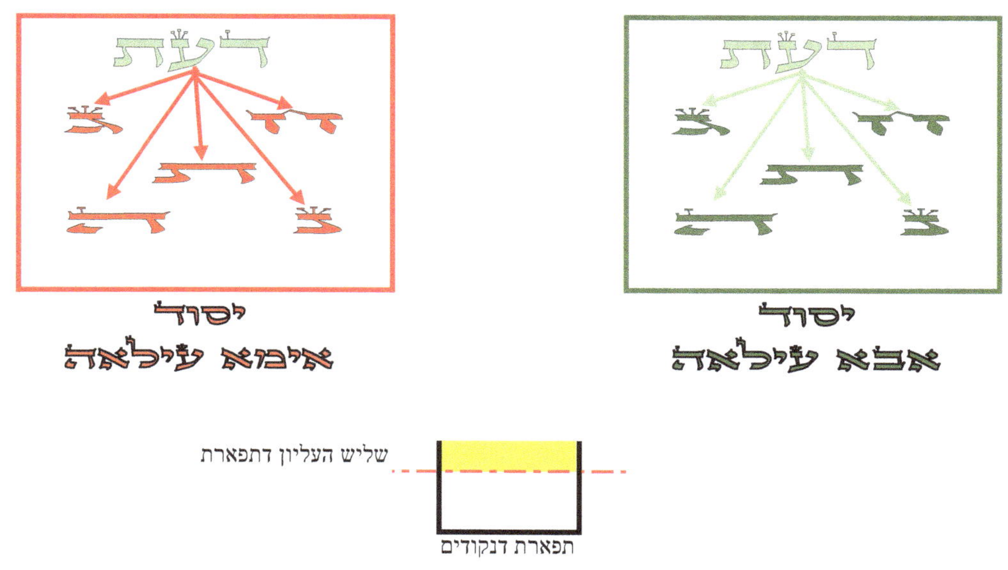

תרשים א - ל

כשמלך השליש העליון דתפארת
המשיך הארת חו"ג מראש היסודות דאו"א
עילאין ליסודות עצמם

תרין כתפין דאו"א עילאין

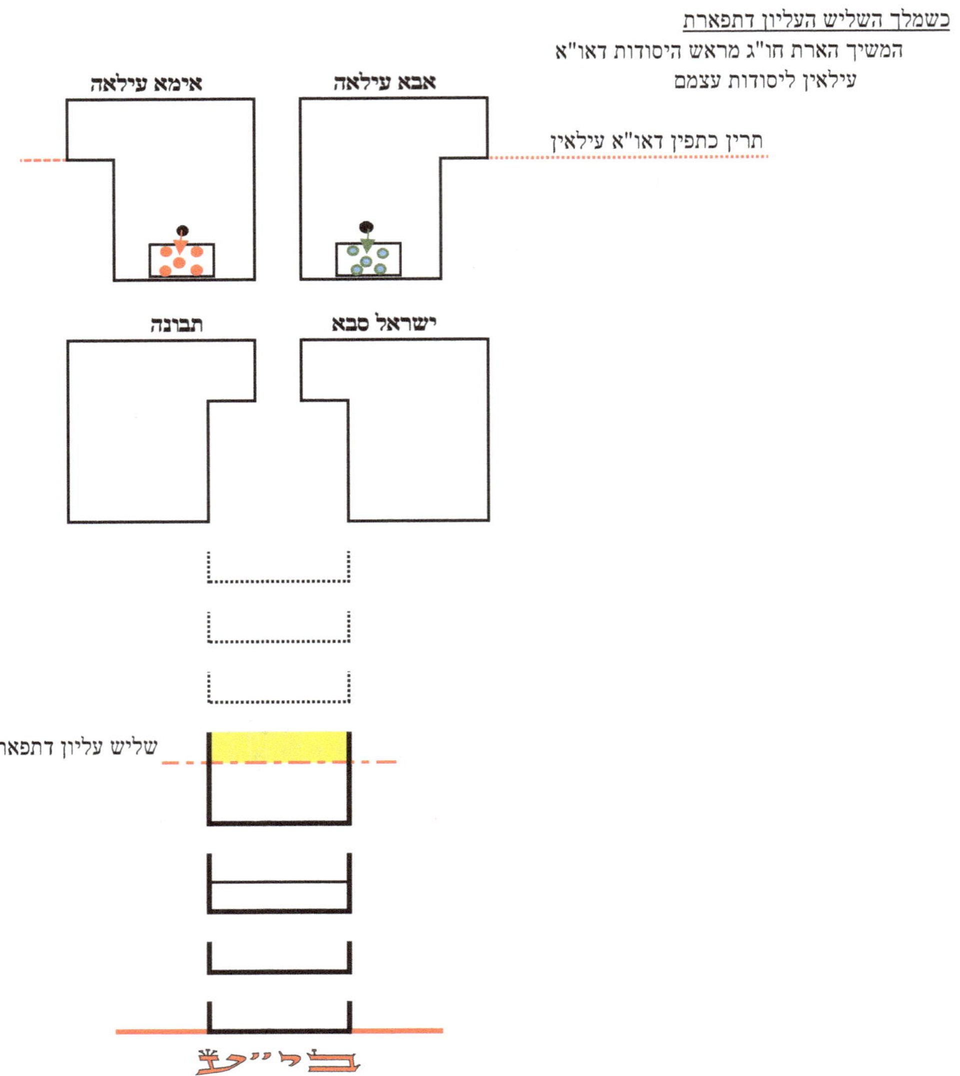

תרשים א - ל"א

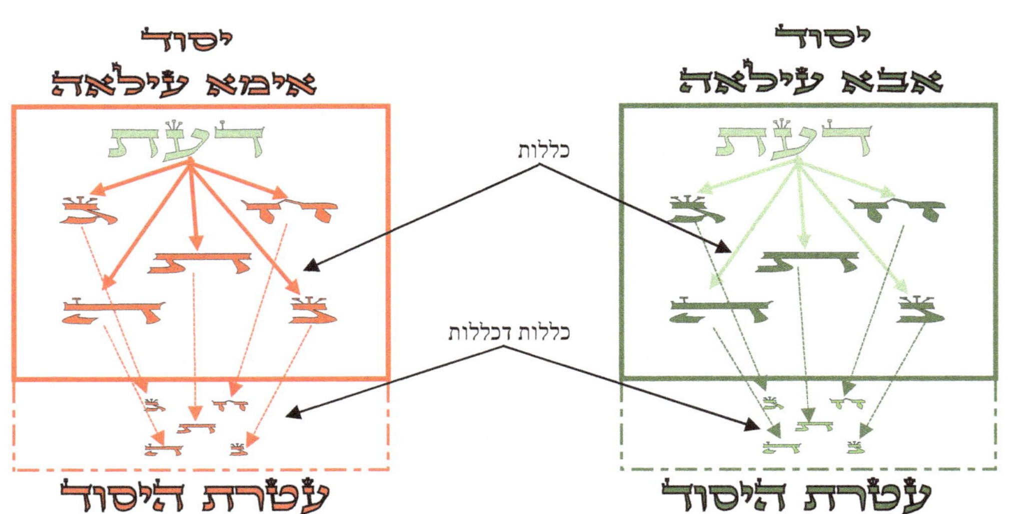

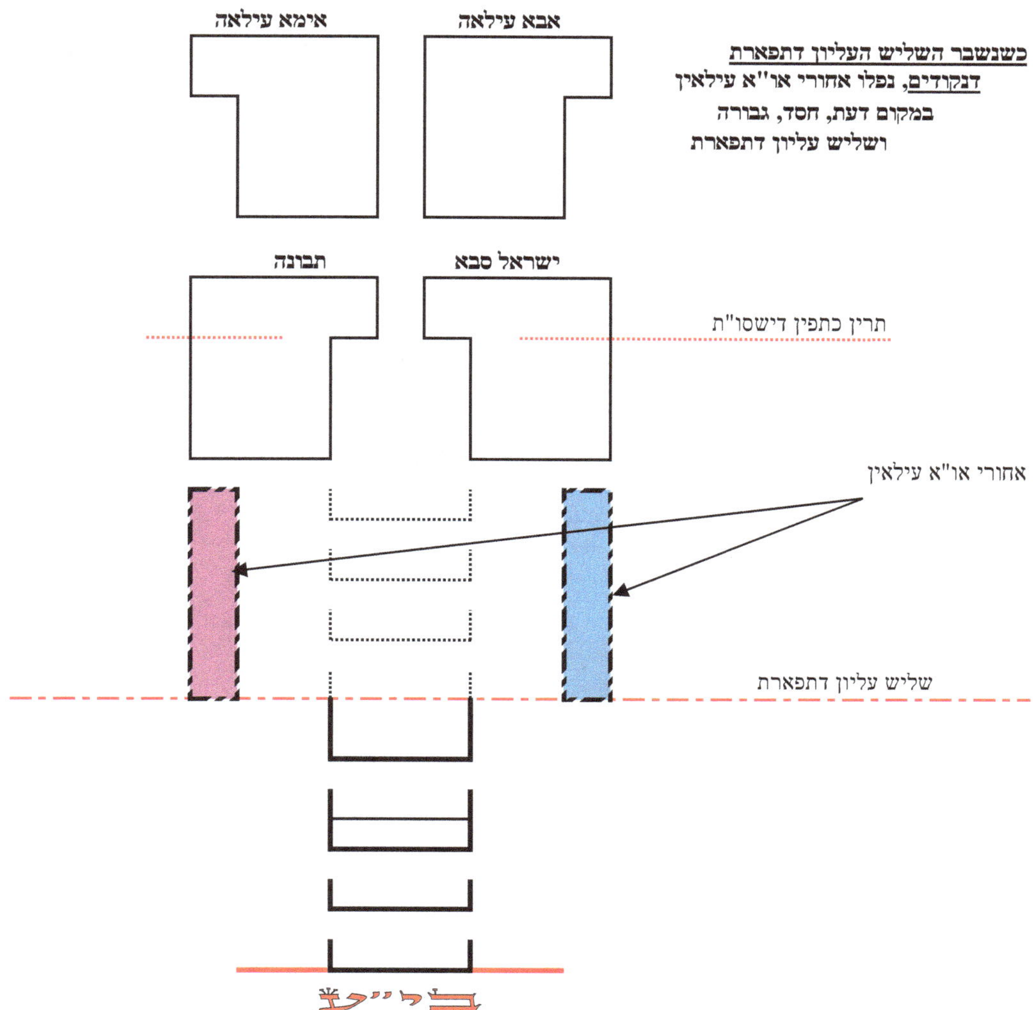
אימא עילאה
אבא עילאה
כשנשבר השליש העליון דתפארת
דנקודים, נפלו אחורי או"א עילאין
במקום דעת, חסד, גבורה
ושליש עליון דתפארת
תבונה
ישראל סבא
תרין כתפין דישסו"ת
אחורי או"א עילאין
שליש עליון דתפארת
בדי"ע

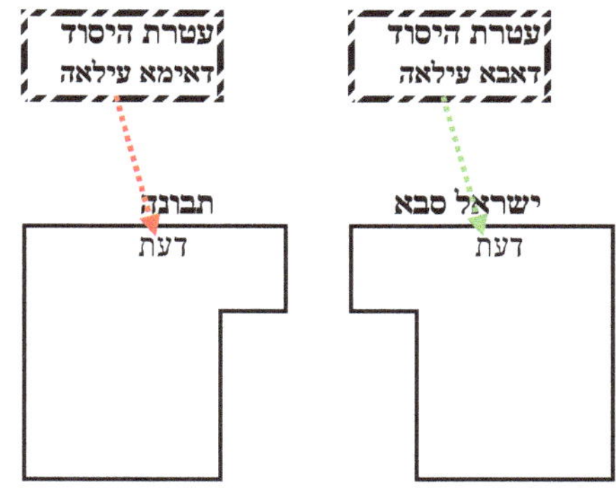
עטרת היסוד
דאימא עילאה
עטרת היסוד
דאבא עילאה
תבונה
דעת
ישראל סבא
דעת

תרשים א - ל"ד

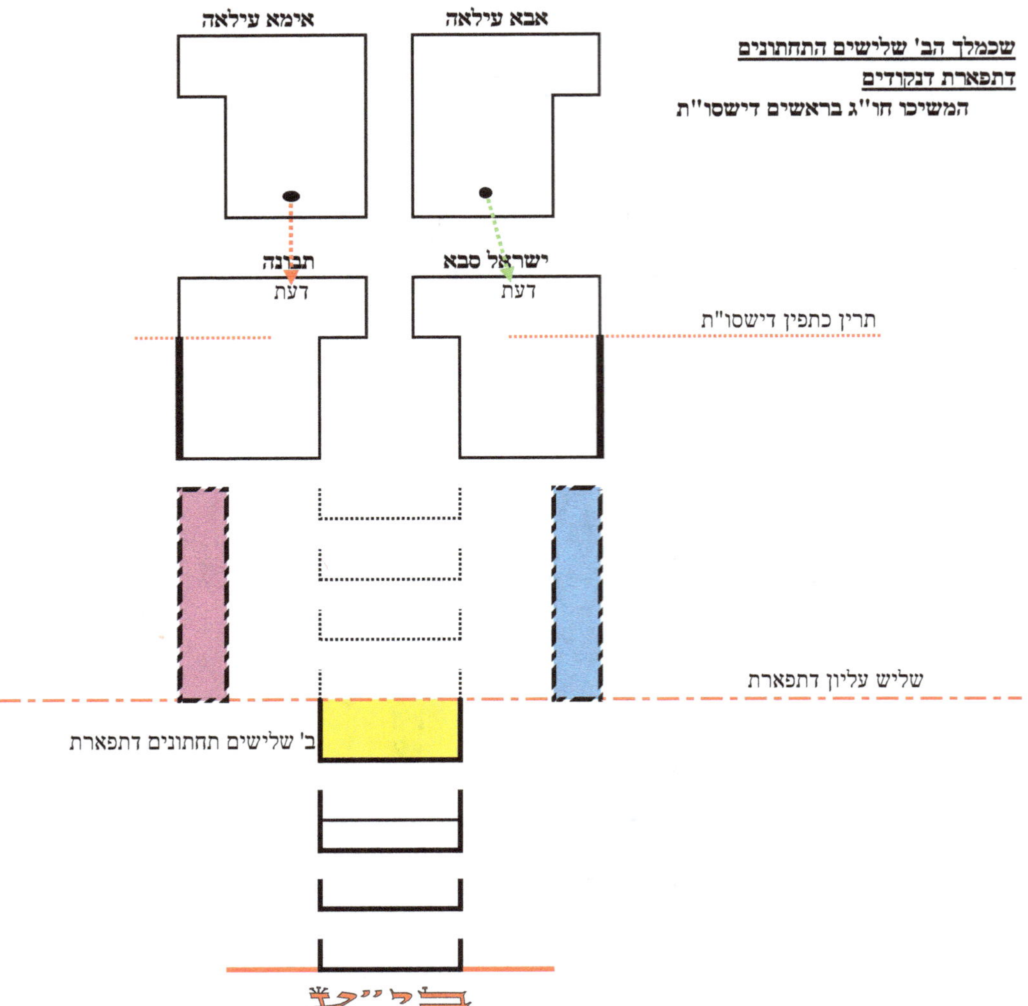

תרשים א - ל"ה

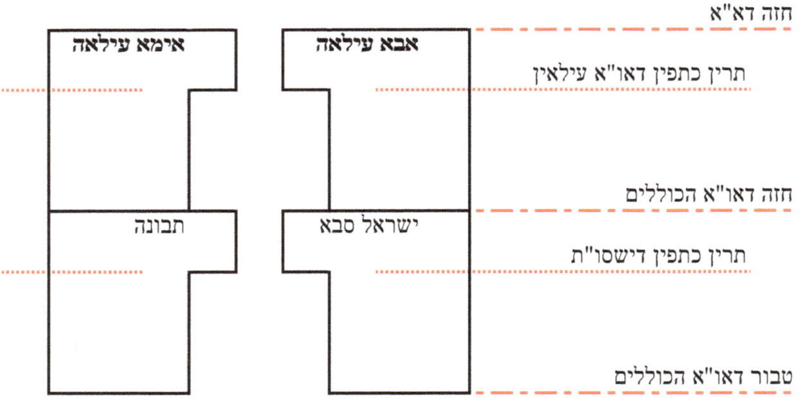

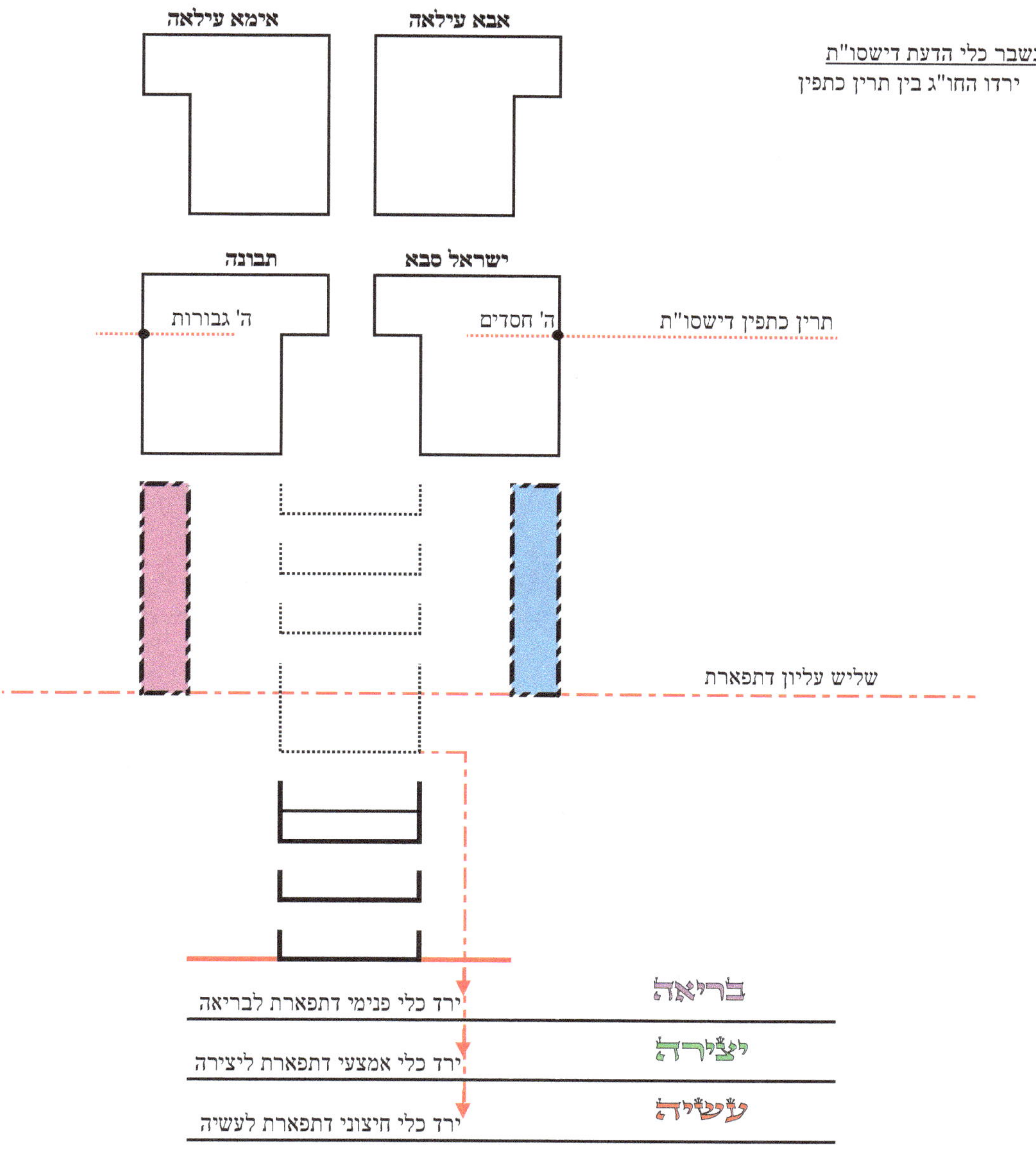
תרשים א - ל"ו
אימא עילאה
אבא עילאה
כשנשבר כלי הדעת דישסו"ת
ירדו החו"ג בין תרין כתפין
תבונה
ישראל סבא
ה' גבורות
ה' חסדים
תרין כתפין דישסו"ת
שליש עליון דתפארת
ירד כלי פנימי דתפארת לבריאה
בריאה
ירד כלי אמצעי דתפארת ליצירה
יצירה
ירד כלי חיצוני דתפארת לעשיה
עשיה
תרשים א - ל"ז
נצח הוד עומדים זה בצד זה
נצח הוד עומדים זה מעל זה
חסד
גבורה
תפארת
נצח הוד
יסוד
מלכות
חסד
גבורה
תפארת
נצח הוד
יסוד
מלכות

תרשים א - ל"ח

תרשים א - ל"ט

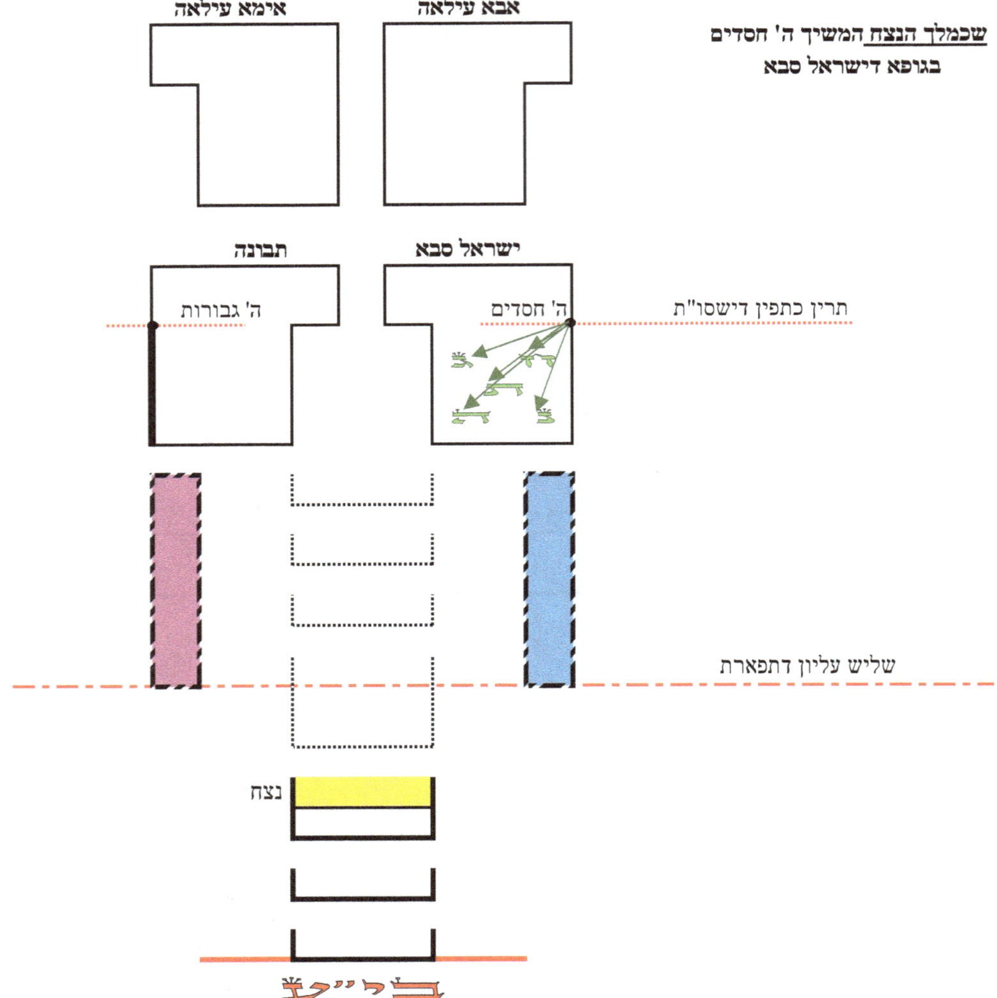

תרשימים שער ט' פרק א'

תרשים א - מ

כשנשבר הנצח
ירדו החסדים מגופא דישראל סבא
לראש דיסוד דישראל סבא
אבא עילאה
אימא עילאה
ישראל סבא
תבונה
ה' גבורות
תרין כתפין דישסו"ת
יסוד
שליש עליון דתפארת
בריאה
ירד כלי פנימי דנצח לבריאה
יצירה
ירד כלי אמצעי דנצח ליצירה
עשיה
ירד כלי חיצוני דנצח לעשיה

תרשים א - מ"א

חכמה
דעת
בינה
חסד
גבורה
תפארת
נצח
הוד
יסוד

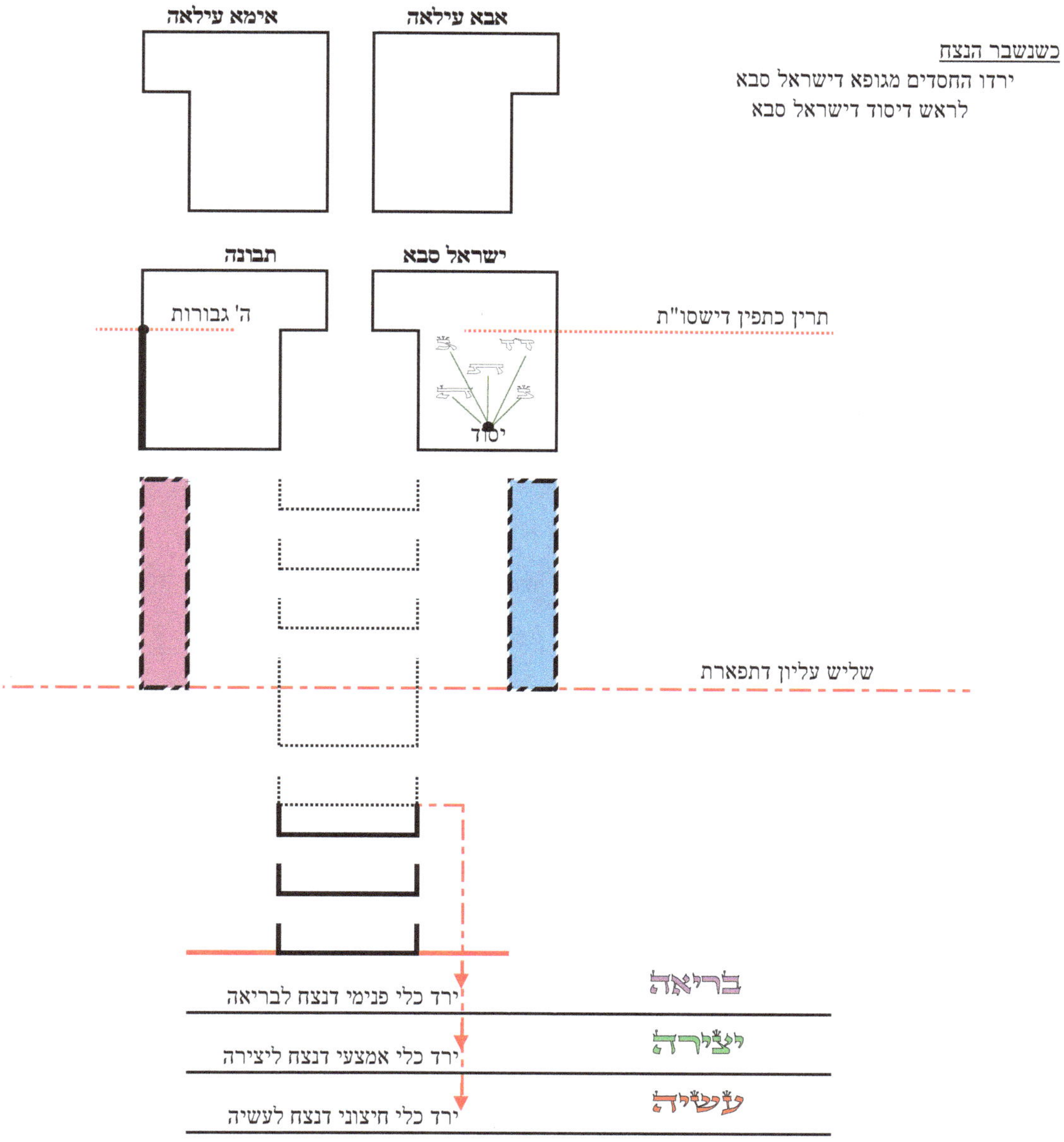

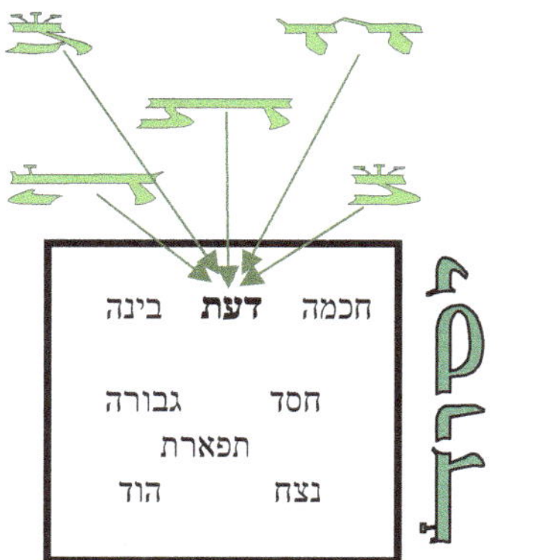

החסדים דישראל סבא ירדו בראש
היסוד דיליה

תרשים א - מ"ב

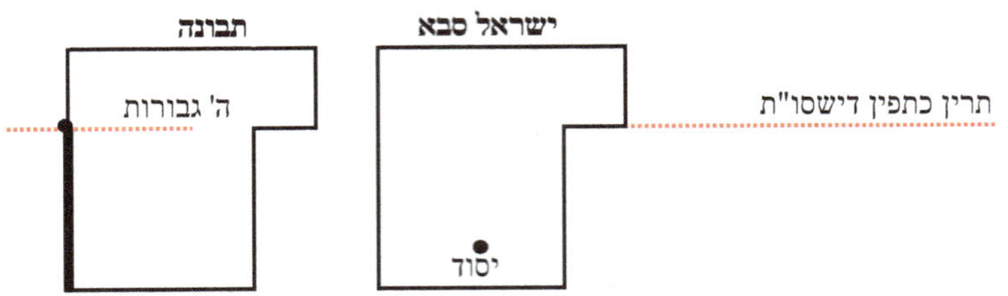

תרשים א - מ"ג

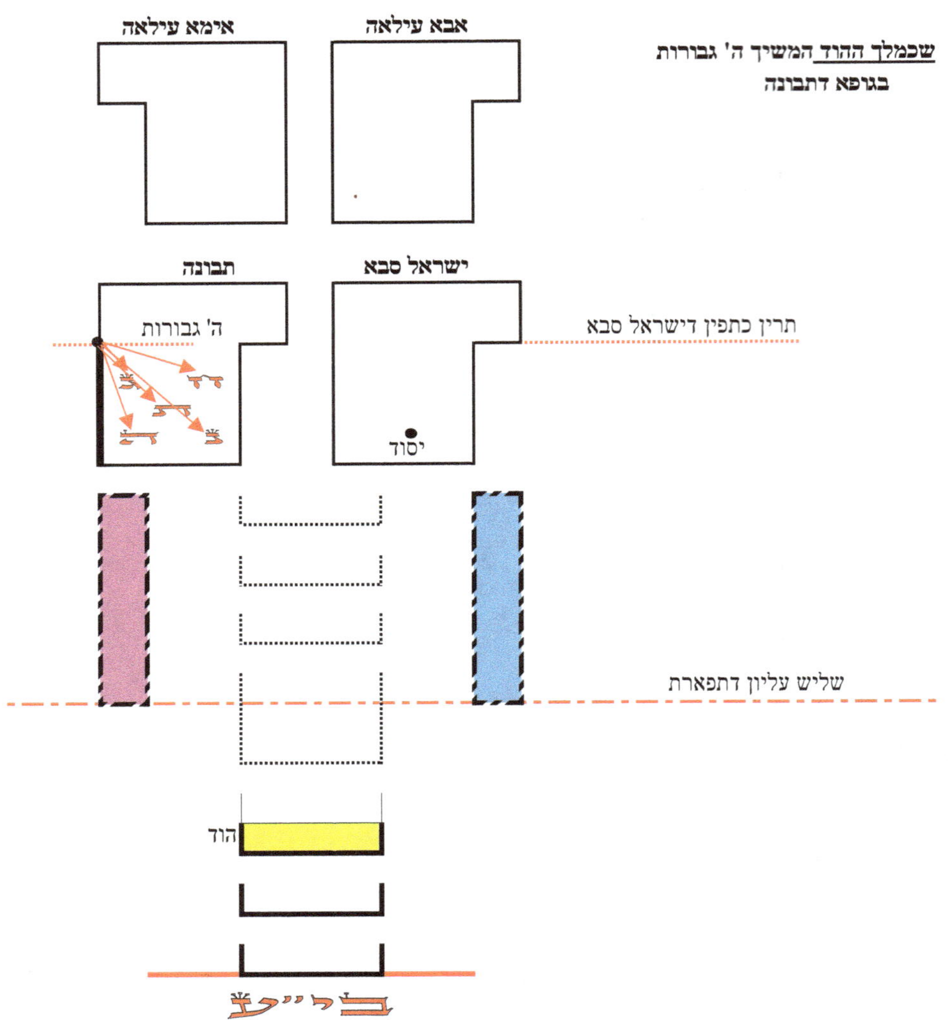

תרשים א - מ"ד

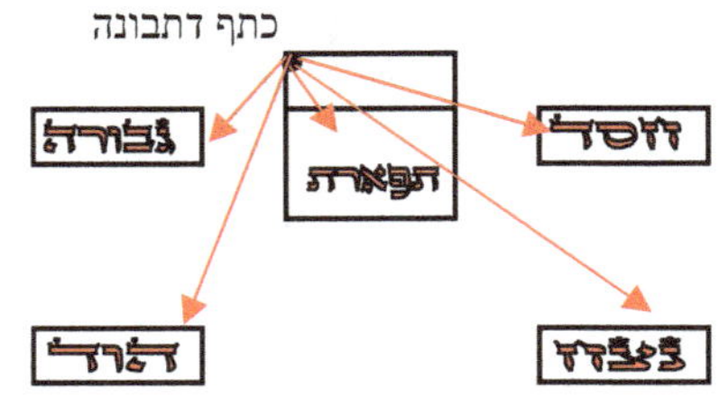

תרשימים שער ט' פרק א'

תרשים א - מ"ה

<u>כשנשבר ההוד</u>
ירדו הגבורות מגופא דתבונה
לראש דיסוד דתבונה

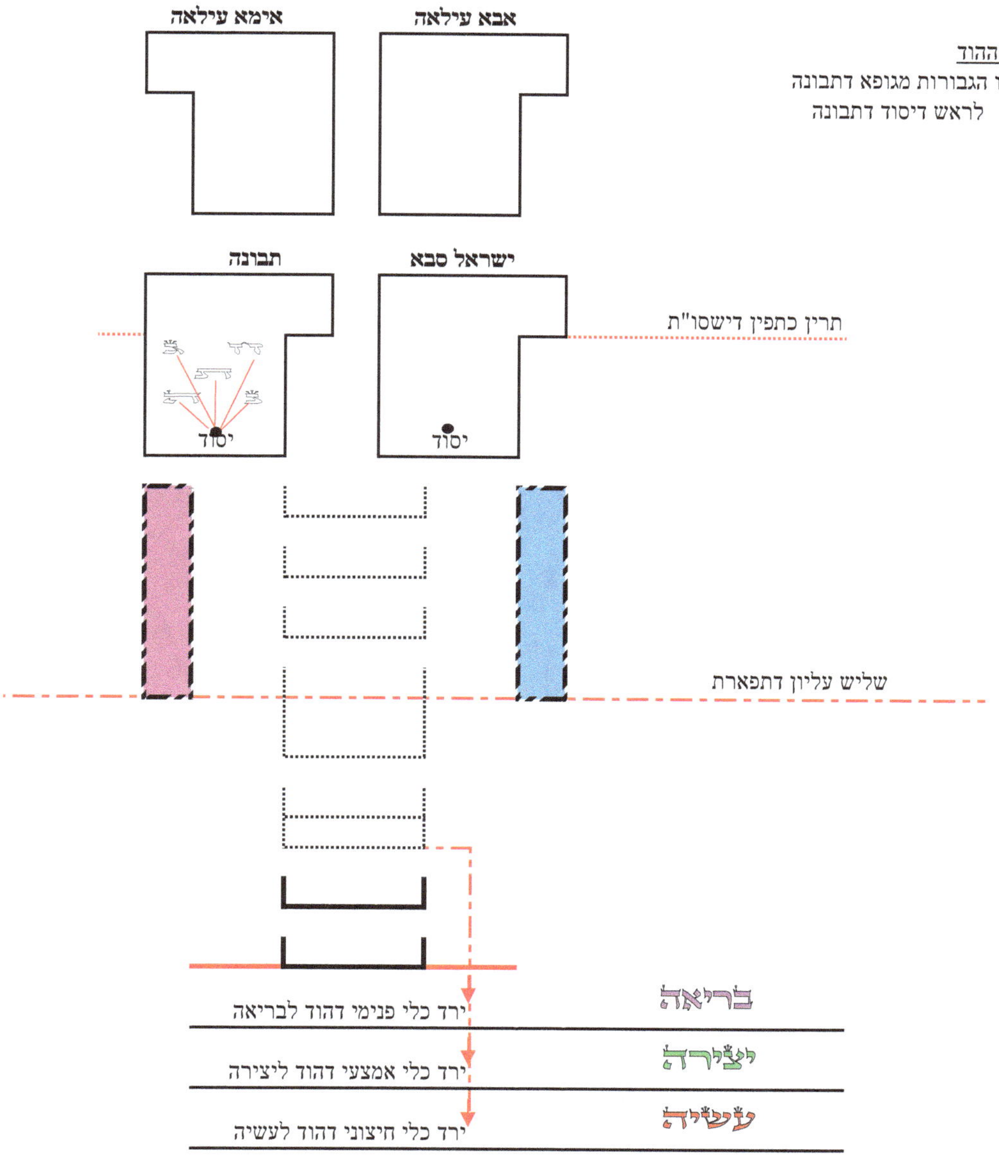

אימא עילאה
אבא עילאה
תבונה
ישראל סבא
יסוד
יסוד
תרין כתפין דישסו"ת
שליש עליון דתפארת
בריאה
ירד כלי פנימי דהוד לבריאה
יצירה
ירד כלי אמצעי דהוד ליצירה
עשיה
ירד כלי חיצוני דהוד לעשיה

תרשים א - מ"ו

חכמה
דעת
בינה
חסד
גבורה
תפארת
נצח
הוד

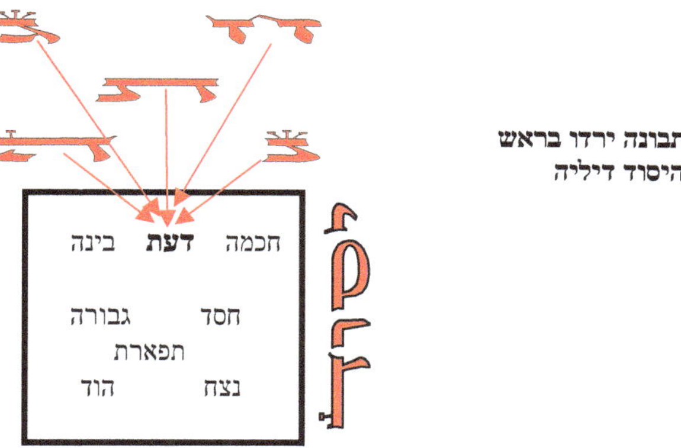

הגבורות דתבונה ירדו בראש היסוד דיליה

תרשים א - מ"ז

תבונה   ישראל סבא

יסוד   יסוד

תרשים א - מ"ח

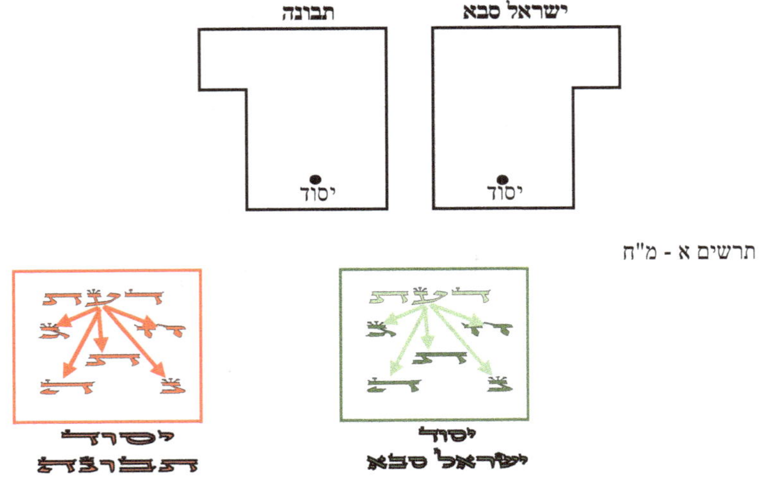

תרשים א - מ"ט

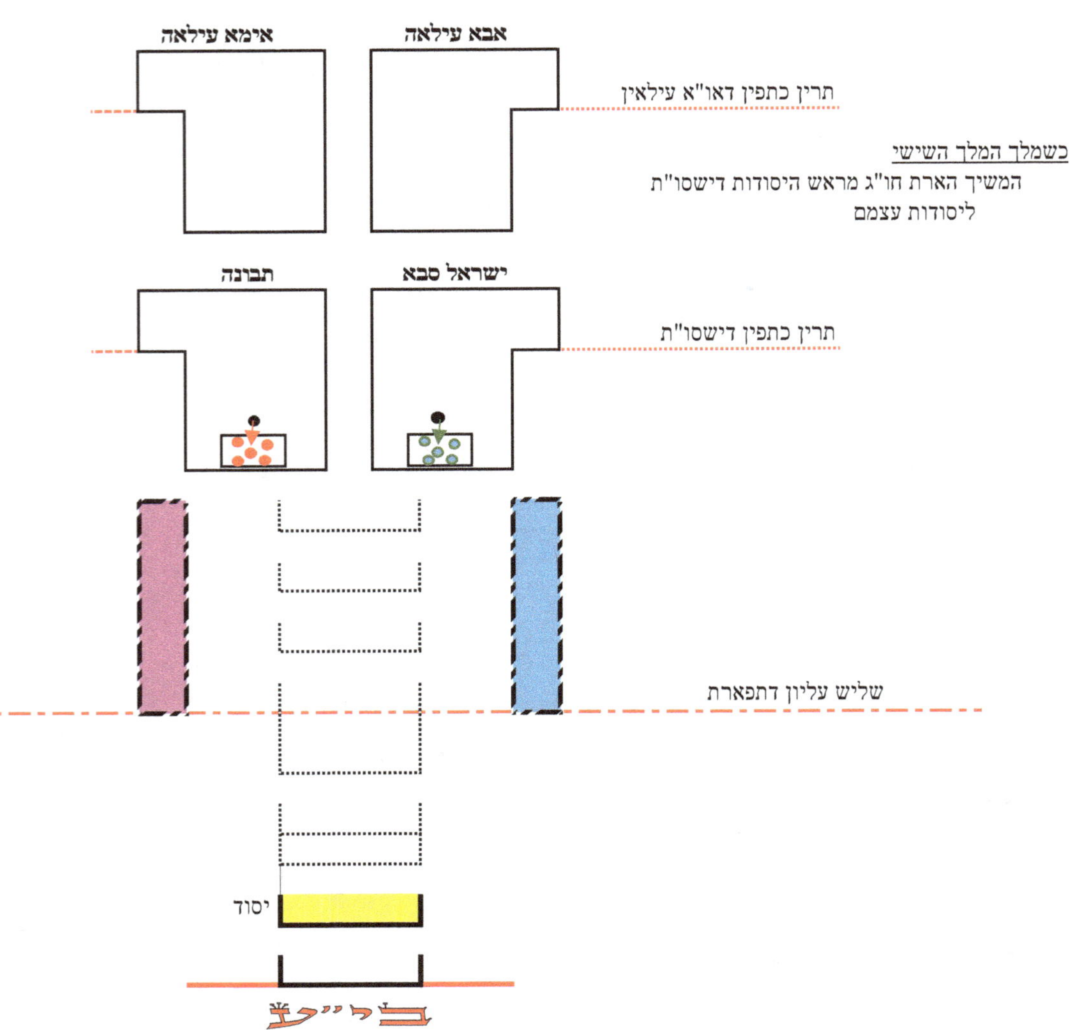

אימא עילאה   אבא עילאה

תרין כתפין דאו"א עילאין

<u>כשמלך המלך השישי</u>
המשיך הארת חו"ג מראש היסודות דישסו"ת
ליסודות עצמם

תבונה   ישראל סבא

תרין כתפין דישסו"ת

שליש עליון דתפארת

יסוד

תרשימים שער ט' פרק א'

תרשים א - נ

כשנשבר היסוד
אמא עילאה
אבא עילאה
תרין כתפין דאו"א עילאין
תבונה
ישראל סבא
תרין כתפין דישסו"ת
שליש עליון דתפארת
בריאה
ירד כלי פנימי דיסוד לבריאה
יצירה
ירד כלי אמצעי דיסוד ליצירה
עשיה
ירד כלי חיצוני דיסוד לעשיה

תרשים א - נ"א

יסוד התבונה
יסוד יש"ס
דעת
דעת
כללות
כללות דכללות
מלכות
מלכות

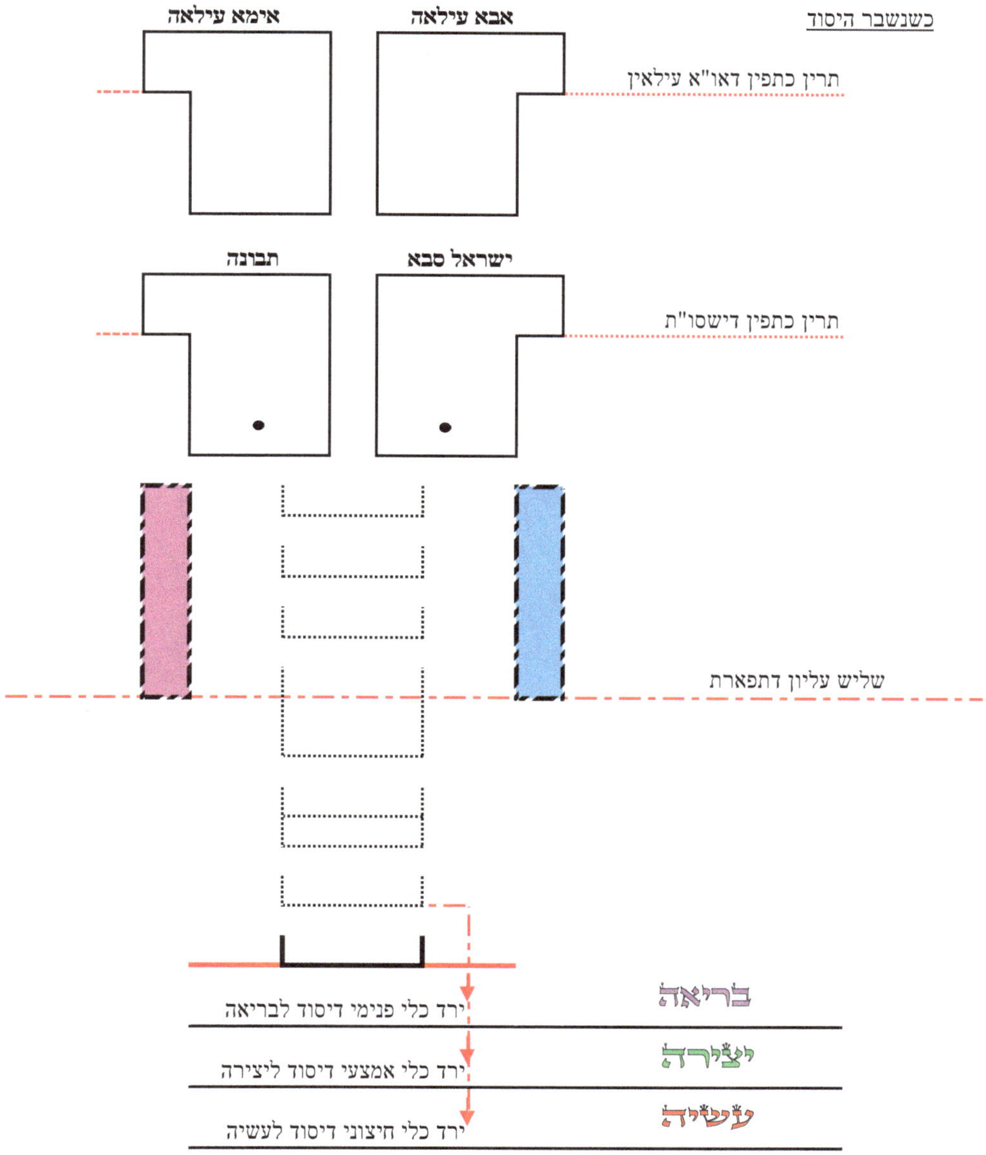

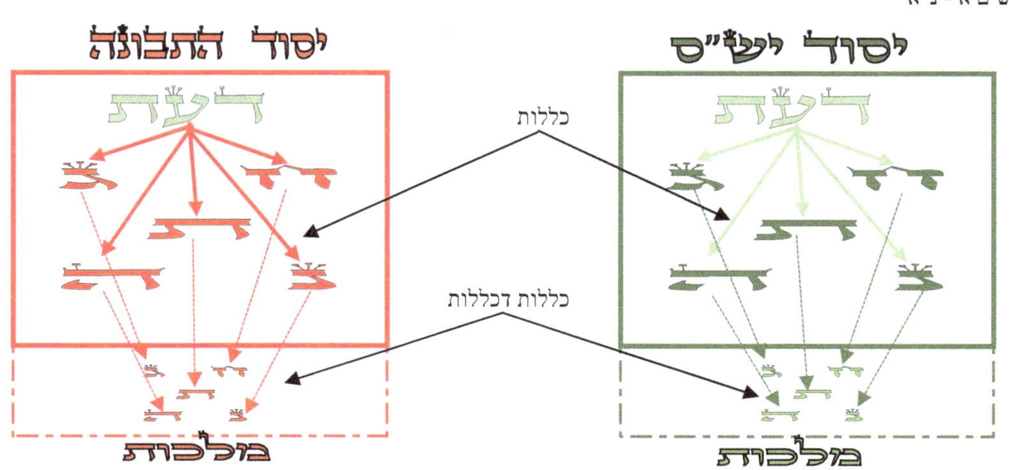

תרשימים שער ט׳ פרק א׳

תרשים א - נ"ב

אימא עילאה
אבא עילאה
תרין כתפין דאו"א עילאין
כשמלך המלך השביעי
המשיך הארה דהארה החו"ג מהיסודות דישסו"ת
למלכות עצמה
תבונה
ישראל סבא
תרין כתפין דישסו"ת
יסודות דישסו"ת
מלכויות דישסו"ת
שליש עליון דתפארת
מלכות
בי"ע

תרשים א - נ"ג

יסוד
כל
מלכות
כל"ה

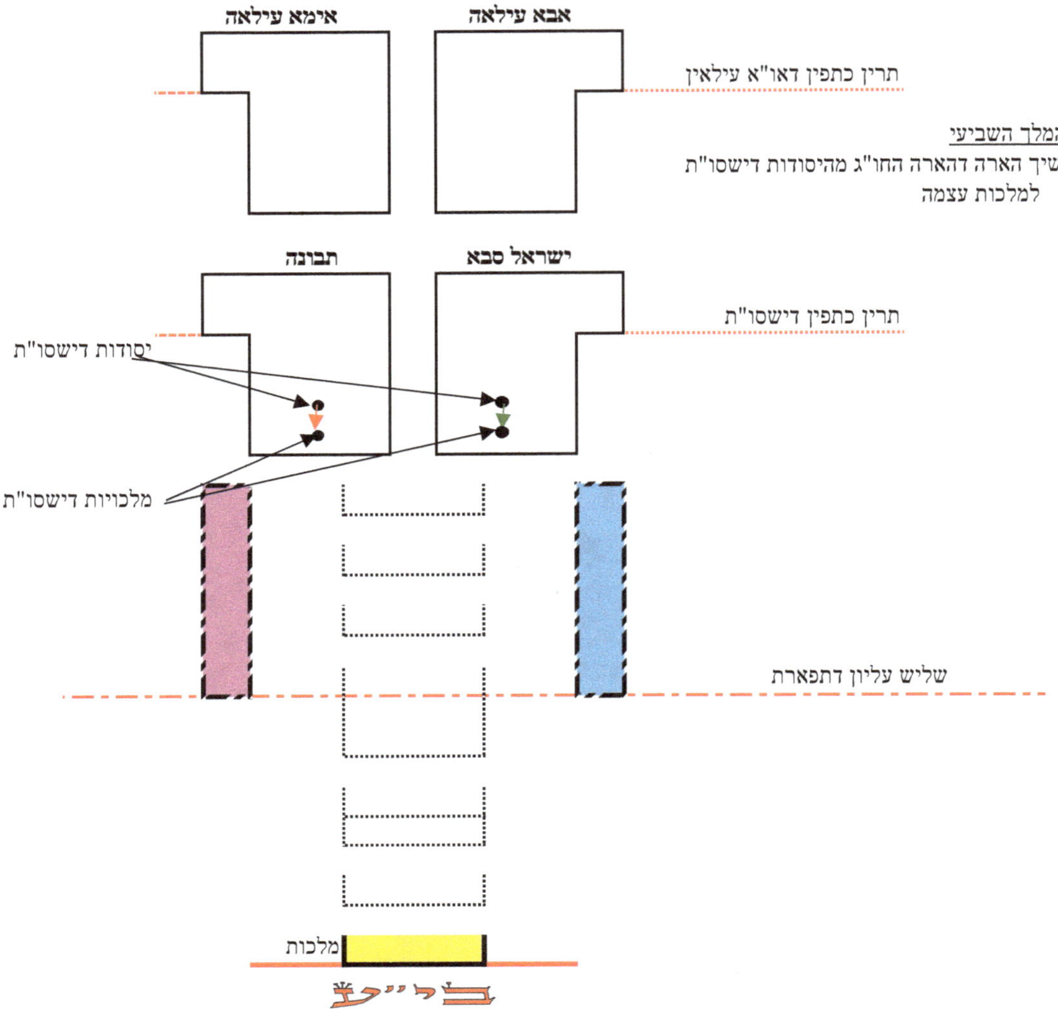

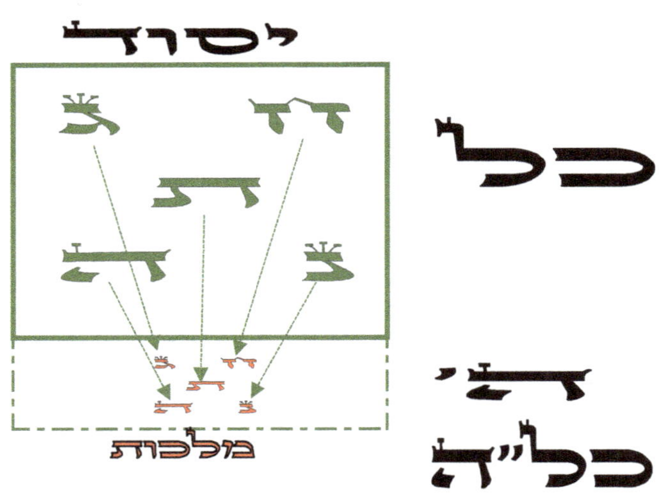

תרשים א - נ"ד

אימא עילאה
אבא עילאה
כשנשברה המלכות
תרין כתפין דאו"א עילאין
תבונה
ישראל סבא
תרין כתפין דישסו"ת
שליש עליון דתפארת
אחורי ישסו"ת
ירד כלי פנימי דמלכות לבריאה
בריאה
ירד כלי אמצעי דמלכות ליצירה
יצירה
ירד כלי חיצוני דמלכות לעשיה
עשיה

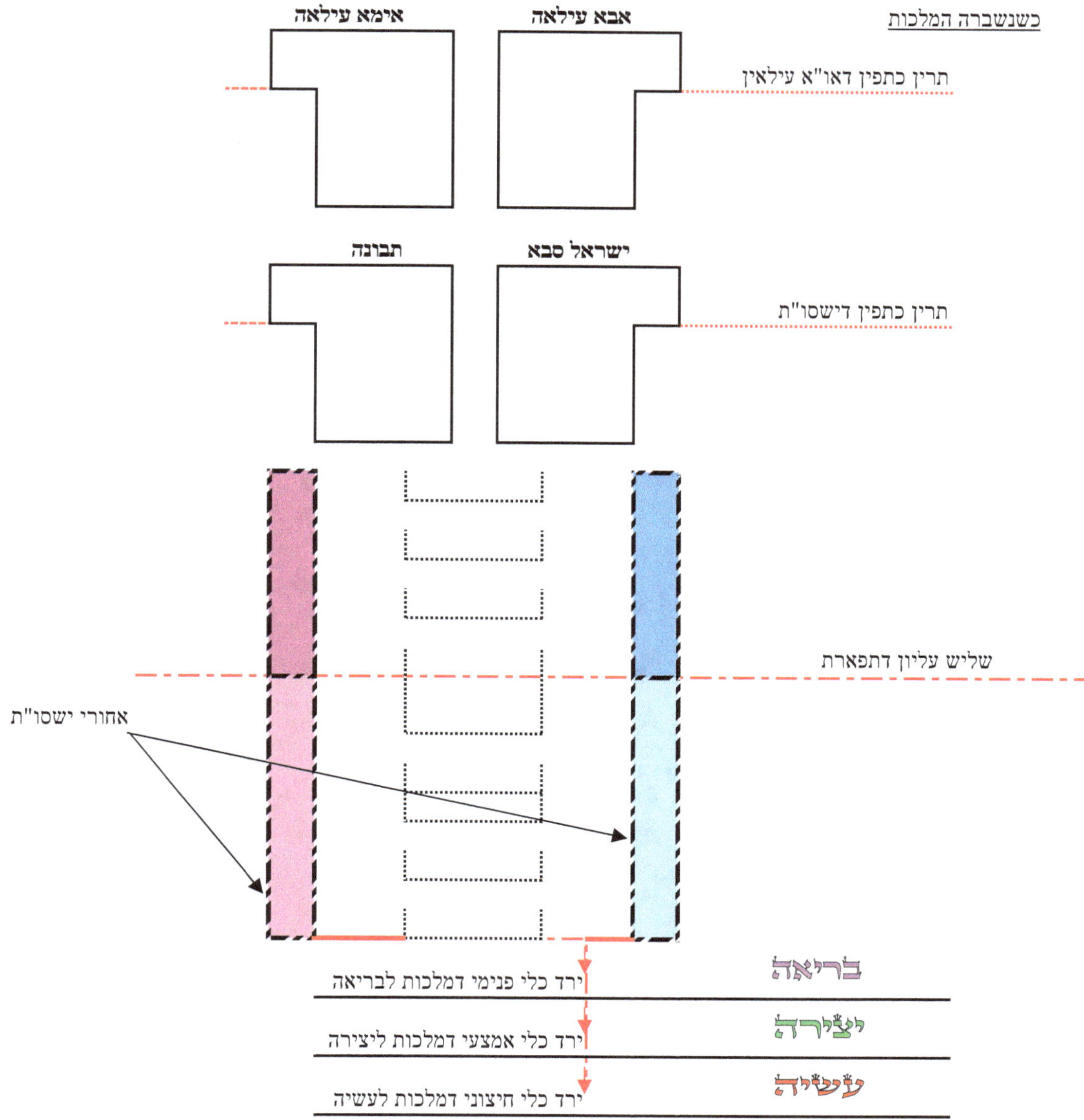